复旦卓越·21世纪旅游管理系列

旅游政策法律与法规

吴璇欧　张岩岩　主编

TWENTY-FIRST CENTURY TOURISM MANAGEMENT SERIES

复旦大学出版社
www.fudanpress.com.cn

旅游管理专业是全球十大热门行业之一,高级旅游管理人才在全球一直都是很紧缺的,近年来,在国际人才市场上,旅游管理人才出现了供不应求的局面。随着2010年上海世博会和越来越多的国际大型活动将在中国举行,中国对旅游、酒店管理专业人才的需求也日益增大。预计到2010年,高级旅游管理人才将成为职场上炙手可热的高薪阶层。

同时,随着中国职业教育(应用型本科和高职高专)的蓬勃发展,职业院校毕业生就业率逐年提高,毕业生越来越受到各行各业的欢迎。旅游管理专业是与实践紧密结合的专业,为此,在编写本套丛书的时候,我们主要考虑了以下几点。

一、强化实践性

目前,市场上出版的一些实践型本科、高职高专教材主要是供教师授课使用的。但是现实情况是,实践性教学一般占到应用型本科和高职高专总学时数的三分之一到二分之一,为高等教育和高等职业教育的重要环节,因此,在本套丛书的编写中,我们增加了很多与实践相结合的栏目与内容。

二、教材内容与职业资格证书紧密衔接

"双证制"是高等职业教育的特色所在,因此,在本套教材的编写中,我们力图使本套教材的问世切实符合教学以及教育发展的特点,以职业目标和劳动过程为教材编写导向,通过岗位调研,在进行职业分析、确定职业能力的基础上改造传统的学科化教材,突出了职业教材的能力特色。

三、编写体例创新

高等教材改革,要彻底革命,还需脱胎换骨。脱胎,就是走出普教教材的学科模式;换骨,就是建立具有职教特色、能力特色的职教教材的编写体例。在本套教材的编写中,我们力求做到与传统的实践型本科、高职高专教材有所不同。例如,每章前面都配有学习目标、关键概念,章内还配有要点提示、资料补充、课件使用、活动背景等小单元,每章后按教学需要配不同程度的习题和案例。

四、出版形式创新

以电子化教学资源丰富纸制教材,增加教材的直观性和仿真性。过去的教材,只是纸制的教材、教参、试题,版本单一,而且由于教材出版周期的问题,教材内容往往与技术发展实际有一定距离,因而学校对教材内容滞后,需要增加新技术、新工艺的呼声甚高。在本套教材的编写中,我们着重开发电子仿真教具,通过电脑演示、模拟原理等手段,学生能对工作原理一目了然,不仅丰富了教材、节省了学校人财物的投入,而且使学生在静态中的接受知识变为了在动态中的理解知识。

卓越·21世纪旅游管理教材编写委员会

　　《旅游政策法律与法规》一书是高校旅游类专业必备教材之一。因为旅游业的发展，使得与旅游相关的法律、法规在不断地出台和修正。作者在编写本教材时广泛参考了国内近年来已有的教科书，无论是在内容上还是形式上都对本书进行了一定的创新。

　　与以往的常规教材相比，本教材将旅游视角内的法律法规及制度进行整合，分成四篇内容：一是基础篇，包括旅游法律基础一章，旨在法律范畴中具体认识旅游法律关系的构成；二是核心篇，包括旅游合同、旅行社管理、导游人员管理三大部分，这是旅游法律法规的精髓，也是旅游业正常、有序发展最根本的法律保障；三是要素篇，包括旅游饭店、旅游交通运输、旅游资源、旅游出入境四大块。旅游是由吃、住、行、游、购、娱几大要素构成的，它们既是旅游业的组成，也是旅游业的物质保障，与之相关的法律法规是指导旅游业发展必不可少的要素；四是权益篇，包括旅游安全与保险、旅游者权益保护、旅游投诉三个方面，旨在旅游过程中用以预防和救济，服务于旅游实践。

　　本书具体分工如下（以撰写章节先后为序）：

　　张岩岩：第一、二、三、四章；

　　吴璇欧：第五、六、七、八、九章；

　　渠丽娜：第十、十一章；

　　全书由吴璇欧、张岩岩主编，渠丽娜参编。

　　由于我国的旅游行业大法尚未出台，旅游法律法规仍在修改和完善，对书中不妥之处，敬请广大同行、读者予以指正。

编者
2010年3月

目录

前言 ··· 1

基 础 篇

第一章 旅游法律基础 ··· 3
第一节 旅游法的概述 ··· 3
一、旅游法的产生 ··· 3
二、旅游法的概念及调整对象 ·· 4
三、旅游法的作用 ··· 6
四、旅游法的形式及构成框架 ·· 6
第二节 旅游法律关系 ··· 7
一、旅游法律关系的概念及特征 ··· 7
二、旅游法律关系的构成要素 ·· 8
三、旅游法律关系的确立与保护 ··· 11

核 心 篇

第二章 旅游合同法律制度 ··· 17
第一节 旅游合同及其订立 ··· 17
一、旅游合同的概念及特征 ··· 17
二、旅游合同的形式和内容 ··· 18
三、旅游合同订立的程序 ·· 20
第二节 旅游合同的履行 ··· 22
一、合同履行的原则 ·· 22
二、合同履行的具体规则 ·· 23
三、合同履行的抗辩权 ··· 24
四、关于格式条款 ··· 25
第三节 旅游合同的效力 ··· 27
一、合同的变更、转让、终止和解除 ·· 27
二、合同的效力 ·· 30

第四节 旅游合同的违约责任 ·················· 33
一、违约责任的概念及特征 ·················· 33
二、归责原则 ·················· 34
三、承担方式 ·················· 34
四、责任免除 ·················· 36

第三章 旅行社管理法规制度 ·················· 46
第一节 旅行社管理概述 ·················· 46
一、旅行社的概念及法律特征 ·················· 46
二、旅行社的业务范围 ·················· 47
第二节 旅行社的设立制度 ·················· 47
一、旅行社的设立条件 ·················· 47
二、旅行社的申报审批 ·················· 48
三、旅行社分支机构的设立 ·················· 49
四、旅行社的变更和终止 ·················· 51
五、外商投资旅行社的规定 ·················· 51
第三节 旅行社的经营制度 ·················· 52
一、旅行社的经营原则 ·················· 52
二、旅行社的业务经营规则 ·················· 52
三、旅行社对旅游者权益的保护 ·················· 54
四、旅行社的经营权利 ·················· 58
第四节 旅行社的监督检查及法律责任 ·················· 59
一、旅游行政管理部门对旅行社的监督检查 ·················· 59
二、旅行社的法律责任 ·················· 60
第五节 旅行社质量保证金制度 ·················· 63
一、旅行社质量保证金制度概述 ·················· 63
二、质量保证金的适用范围 ·················· 65
三、质量保证金的赔偿工作 ·················· 65
四、理赔标准 ·················· 66
五、罚则 ·················· 69
第六节 旅行社投保旅行社责任险的法律规定 ·················· 69
一、旅行社投保旅行社责任险概述 ·················· 69
二、投保范围 ·················· 70
三、保险期限和保险金额 ·················· 70
四、投保方式和索赔 ·················· 71
五、监督管理 ·················· 71
六、罚则 ·················· 71

第四章　导游人员管理法规与制度 ································ 74
第一节　导游人员概述 ·· 74
一、导游人员的概念及分类 ·· 74
二、导游人员工作应遵循的原则 ······································ 76
第二节　导游人员资格考试与职业等级考核制度 ················ 76
一、导游人员资格考试制度 ·· 76
二、导游证管理制度 ··· 77
三、导游人员职业等级考核制度 ······································ 79
第三节　导游人员的权利和义务 ·· 80
一、导游人员的权利 ··· 80
二、导游人员的义务 ··· 80
三、导游人员的法律责任 ··· 83
第四节　导游人员相关管理制度 ·· 84
一、旅行社对导游人员的日常管理 ··································· 84
二、旅游行政管理部门对导游人员的管理 ························· 85

要　素　篇

第五章　旅游饭店管理法规制度 ··· 91
第一节　旅游饭店管理法规制度概述 ·································· 91
一、旅游住宿业管理法规制度 ··· 91
二、《中国旅游饭店行业规范》 ······································· 93
三、旅游饭店星级评定制度 ·· 99
第二节　食品安全管理法律制度 ·· 101
一、食品安全管理法律制度概述 ···································· 101
二、食品生产和经营的法律规定 ···································· 103
三、食品卫生安全管理监督制度 ···································· 106
四、食品安全事故处理 ·· 107
第三节　娱乐场所管理法规制度 ·· 109
一、娱乐场所管理法规制度概述 ···································· 109
二、娱乐场所管理法规制度的主要内容 ·························· 109

第六章　旅游交通运输管理法规 ·· 135
第一节　旅游交通运输管理概述 ·· 135
一、旅游交通运输的概况 ··· 135
二、旅游交通运输法规及基本原则 ································· 137
三、旅游交通客运合同 ·· 137

第二节 旅客航空运输管理法规 ……………………………………………… 139
一、旅客航空运输管理法规概述 …………………………………………… 139
二、旅客航空运输管理法规的主要内容 …………………………………… 140

第三节 旅客铁路运输管理法规 ……………………………………………… 144
一、旅客铁路运输管理法规概述 …………………………………………… 144
二、旅客铁路运输管理法规的主要内容 …………………………………… 144

第四节 旅客公路运输管理法规 ……………………………………………… 147
一、旅客公路运输管理法规概述 …………………………………………… 147
二、旅客公路运输管理法规的主要内容 …………………………………… 148

第七章 旅游资源管理法规 …………………………………………………… 157

第一节 旅游资源管理概述 …………………………………………………… 157
一、旅游资源的概念及分类 ………………………………………………… 157
二、旅游资源质量等级评定 ………………………………………………… 158

第二节 风景名胜区管理制度 ………………………………………………… 160
一、风景名胜区的概述 ……………………………………………………… 160
二、风景名胜区的管理 ……………………………………………………… 161

第三节 自然保护区管理制度 ………………………………………………… 167
一、自然保护区的概述 ……………………………………………………… 167
二、自然保护区的管理 ……………………………………………………… 168
三、法律责任的确定 ………………………………………………………… 170

第四节 文物保护管理制度 …………………………………………………… 170
一、文物的法律定义及权属 ………………………………………………… 170
二、文物资源的保护管理 …………………………………………………… 172
三、文物管理的法律责任 …………………………………………………… 176

第八章 旅游出入境管理法规 ………………………………………………… 201

第一节 中国公民出入境管理制度 …………………………………………… 201
一、中国公民出入境管理概述 ……………………………………………… 201
二、中国公民出入境管理的相关规定 ……………………………………… 203

第二节 外国人入出境管理制度 ……………………………………………… 206
一、外国人入出境管理概述 ………………………………………………… 206
二、外国人入出境管理的规定 ……………………………………………… 207

第三节 中国出入境边防检查和卫生检疫管理制度 ………………………… 210
一、中国出入境边防检查制度 ……………………………………………… 210
二、中国出入境卫生检疫管理制度 ………………………………………… 213

第四节 国际旅游者的法律地位 ……………………………………………… 215

一、国际旅游者法律地位的概述 ………………………………………… 215
二、主权国家对外国人的管辖权 ………………………………………… 215
三、外国人的待遇 ………………………………………………………… 216

权 益 篇

第九章 旅游安全与保险管理法律制度 ………………………………… 233
第一节 旅游安全管理法律法规制度 …………………………………… 233
一、旅游安全管理概述 …………………………………………………… 233
二、旅游突发事件处理办法 ……………………………………………… 240
第二节 旅游保险法律法规制度 ………………………………………… 243
一、旅游保险制度概述 …………………………………………………… 243
二、旅游保险合同 ………………………………………………………… 244
三、旅游意外保险合同 …………………………………………………… 246

第十章 旅游者权益保护 …………………………………………………… 249
第一节 消费者权益保护法律制度概述 ………………………………… 249
一、消费者和消费者权益保护法 ………………………………………… 249
二、《消费者权益保护法》的基本原则 ………………………………… 251
第二节 旅游消费者的法律地位 ………………………………………… 253
一、旅游消费者的概念及特征 …………………………………………… 253
二、旅游消费者法律地位的确立 ………………………………………… 254
第三节 旅游消费者权益保护 …………………………………………… 255
一、旅游消费者的合法权益与经营者的义务 …………………………… 255
二、旅游消费者合法权益的保护 ………………………………………… 256
三、旅游消费者争议的解决及法律责任 ………………………………… 257

第十一章 旅游投诉处理法规与制度 …………………………………… 262
第一节 旅游投诉制度概述 ……………………………………………… 262
一、旅游投诉的概念和特点 ……………………………………………… 262
二、旅游投诉的原因 ……………………………………………………… 264
第二节 旅游投诉的受理与处理 ………………………………………… 266
一、旅游投诉受理 ………………………………………………………… 266
二、旅游投诉受理程序 …………………………………………………… 267
三、旅游投诉处理程序 …………………………………………………… 267

基础篇

旅游政策法律与法规

第一章 旅游法律基础

 学习目标

- 了解旅游法产生的原因及旅游法的作用；
- 掌握旅游法的概念，调整对象以及旅游法律关系的构成要素；
- 理解旅游法律关系的产生、变更和消灭等诸种情况；
- 熟知旅游法律关系的保护。

第一节 旅游法的概述

一、旅游法的产生

法，属于历史范畴，是生产力发展到一定历史阶段引起生产关系发生变化的结果。因而，法的产生与社会经济基础有着密切的关系。旅游法是随着旅游业的发展而产生的，又在旅游业的发展中不断得到完善。

旅游现象是人类社会经济发展到一定程度的产物。旅游活动源于古代的旅行，但当时参加人数有限，消遣旅游只限于社会特权阶层。工业革命的影响使旅游活动普及到社会中产阶层，旅游业作为一个经济产业诞生了。然而此时，作为专门的旅游法律还未出现。第二次世界大战后，以计算机为标志的现代科学技术革命、民航飞机的应用以及长期的国际和平环境，促使旅游活动发展到大众共同参与的现代旅游阶段。旅游人数的增多，旅游活动的频繁发生，对社会经济、文化、环境等产生了积极的作用，可同时也存在着消极的影响。为解决旅游各部门或主体之间的矛盾和纠纷，规范引导旅游业向健康的方向发展，大约在 20 世纪 50 年代末至 60 年代初，一些旅游发达国家开始意识到旅游立法的重要性，纷纷制定旅游相关法律。这些国家或是制定单行旅游法规，或是以旅游基本法为龙头，单行法规为配套，建立旅游法律体系。如法国 1959 年颁布了单行法规《旅行社法令》；韩国在 20 世纪 60 年代以后旅游立法体系不断完善，颁布了旅游基本法《观光基本法》以及《关于扶植国际会议产业的法律》、《观光振兴法》等单行法规。

目前，我国的旅游法律法规是改革开放后逐渐制定和颁布的。改革开放之前，我国旅游业处于低级发展阶段，旅游接待部门基本上是国家机关及其下属事业单位。旅游活动带有政府指令性质，由于不考虑接待成本，不按照市场规律经营，旅游业尚未形成一种经济产业，因而旅游法律没有产生的经济基础。自20世纪七八十年代以来，从入境创汇开始，随着国内游的逐渐崛起，我国旅游业从事业接待型向经济产业型转变，旅游市场经济体制逐步建立，迫切需要旅游立法。在这种背景下，我国旅游单行条例应运而生。如1985年制定了《旅行社管理暂行条例》、《风景名胜区暂行管理条例》，1991年制定了《旅游投诉暂行规定》，1999年制定了《导游人员管理条例》等。如今，旅游业是国民经济第三产业的重要组成部分，很多省市甚至把旅游业作为支柱产业、重点产业、先导产业来发展。旅游市场的持续增长，旅游消费的多元化发展，旅游业对外开放的加快，促进了我国旅游法律法规的日益完善。

总之，现代旅游的发展使旅游立法成为必然。旅游法律法规的制定，为解决旅游主体之间的矛盾提供了依据，不仅保护了旅游活动各主体的正当权益，维护了旅游发展的良好秩序，也促进了旅游业向持续健康的方向发展。

二、旅游法的概念及调整对象

旅游法是调整旅游活动领域中各种社会关系的法律规范的总称。法是一种社会规范，它调整的是社会活动中人与人之间的关系。在旅游活动中会产生各种社会关系，某些社会关系通过法律的手段来进行调整，即旅游法的调整对象。纵观旅游活动中的各主体，可将旅游法的调整对象归纳为以下三种关系。

（一）纵向关系

1. 国家行政管理机关与旅游经营者之间的关系

国家行政管理机关主要指旅游行政管理机关，即国家到地方各级旅游局，以及依法对旅游业实施管理的各级行政机关，如海关、边防、工商、价格、交通等部门。国家行政管理机关除了制定和贯彻执行有关旅游业的法律、法规、方针、政策之外，对旅游经营者的旅游经营活动也负有监督管理的职责，它同旅游经营者的关系主要表现为领导与被领导、管理与被管理、监督与被监督的关系。如旅游局对旅行社、旅游景（区）点、旅游资讯等各类旅游企业进行行业管理；受理旅游者对旅游企业的投诉；对违反规定的旅游企业进行处罚，某些方面，国家行政管理部门也为旅游经营者提供一定的市场服务和业务帮助，两者之间还表现为服务与被服务的关系。如为旅游企业提供政策和信息服务等。

2. 旅游企业与其从业人员之间的关系

旅游业属于服务行业，从业人员往往直接参与对客服务。旅游企业需要聘用具有良好职业道德的工作人员，以利于企业的经营管理。作为独立的经营实体，旅游企业有权对其从业人员进行管理，制定工作职责，实施薪酬标准、福利待遇、奖惩制度等。同时，从业人员接受旅游企业的工作任务，通过劳动获取相应报酬。例如，导游人员接受旅行社分配的导游任务,按接待计划安排和组织游客参观、游览。旅行社对聘用的导游人员按照劳动部门的有关规定,每月定时发放工资及其他合法的劳动报酬。因而,旅游企业与其从业人员之间是基于劳动合同而产生的管理与被管理的关系。

(二) 横向关系

1. 旅游企业之间的相互关系

旅游业是一项综合产业,由各种能满足旅游者需求、提供旅游产品的企业所构成。因而广义的旅游企业既包括直接从事旅游经营的旅行社、饭店、旅游购物商店等企业,也包括旅游相关企业,如交通、通讯、景点等单位。只要涉及食、住、行、游、购、娱等旅游六大要素的经营单位,都有可能在旅游者的旅游活动中产生社会关系。如,为游客安排住宿,旅行社要与旅游饭店之间发生业务关系;为游客安排行程,旅行社要与民航、铁路、公路、水运等交通企业产生业务往来。所以,旅游企业之间是基于旅游经营活动而产生的等价有偿的合同关系。

2. 旅游者与旅游企业之间的关系

旅游者是构成旅游的主体,是旅游三大基本要素之一,没有旅游者,旅游活动就无法实现。旅游者在游览过程中,会产生多方面的需求,因而同旅游经营单位发生社会关系。旅游者通过支付一定的费用,成为旅游消费者,从而享有一定的权利。因旅游企业收取了费用,相应地必须承担一定的义务。旅游者与旅游企业之间是基于消费而产生的权利义务关系。

3. 旅游者与国家行政管理机关之间的关系

在旅游活动中,旅游者更多的是同旅游企业发生关系,因为一方是旅游产品的需求者,另一方是旅游市场产品的供应者。当两个主体产生纠纷时,旅游者可通过多种方式解决问题。可以采取法律的手段,也可采取行政的手段。当旅游者采取行政手段时,就要同国家行政管理机关发生关系。国家行政机关是基于行政职权,解决旅游者同旅游企业之间的纠纷。旅游者有权对发生的问题进行投诉,行政机关有义务对投诉的问题进行处理。

(三) 涉外关系

1. 中国旅游企业与外国经营机构之间的关系

目前,除了国内旅游,入境旅游和出境旅游构成了我国旅游业的另两大市场。经过改革开放 30 年的发展,我国已成为全球第四大入境旅游国,入境旅游人数年均增幅达 15.3%。同时,出境旅游市场也处在发展的活跃期,已有 137 个国家和地区成为中国公民团队旅游的目的地。我国的旅游国际合作领域不断扩大,旅游企业同外国经营机构之间的业务往来不断增多,两者之间通过旅游合同来约定旅游服务内容、收费标准、服务质量、责任范围等,从而形成等价有偿的权利义务关系。

2. 外国旅游者在华法律地位所具有的涉外关系

如前所述,我国入境旅游市场的发展,使来华旅游的外国旅游者逐渐增多。作为旅游主体,因其外国公民身份,中国法律对外国旅游者在华旅游作出了特别规定。如《外国人出入境管理法》规定,外国旅游者入出中国国境应经过中国政府主管机关许可,持有效证件；外国人持有效的签证或者居留证件，可以前往中国政府规定的对外国人开放的地区旅行，外国人前往不对外人开放的地区旅行，必须向当地公安机关申请旅行证件。再如《旅游安全管理暂行办法》规定，处理外国旅游者重大伤亡事故时，立即通过外事管理部门通知有关国家驻华使领馆和组团单位；对在华死亡的外国旅游者严格按照外交部《外国人在华死亡后的处理程序》进行处理。可以说，同我国旅游者相比，外国旅游者作为法律主体具有涉外因素，因而其在华旅游发生的社会关系，具有涉外法律关系。

三、旅游法的作用

（一）明确旅游活动中各主体的权利和义务

国家通过旅游立法，规定旅游活动主体可以自主决定为或不为某种行为，即明确权利，从而保护主体的合法权益。同时，法律还规定了旅游活动主体必须作出或不作出一定的行为，即明确义务，从而使主体承担某种必须履行的责任。明确旅游活动主体的权利和义务，使其在从事旅游活动时有一个评判行为的标准，其行为合法有效，就会受到法律的保护，反之，其行为违法无效，就会受到相应的制裁。

（二）为旅游业的发展创建良好的环境

国家把旅游业发展的基本原则、方针和政策，以法的形式确定为国家意志，通过法的强制力保证其贯彻实施，使旅游活动各主体，各享其权，各尽其责。这对旅游业，特别是对某些尚不成熟的旅游市场，起到了很好的调节作用，规范了旅游市场秩序，抵制了某些不良因素的产生，从而为旅游业的发展创造了良好的环境。

（三）为国家机关及其公职人员行使权力提供法律依据

国家机关可以发挥行政职能，对旅游活动主体从事的旅游活动进行管理和监督。国家机关不同，职责不同，管理范围也不同，旅游法律法规的制定，确立了各国家机关在旅游活动领域的行政职权，防止了多头管理。同时，旅游法律法规明确了对旅游活动主体的保护原则和处罚方法，保证了国家机关的旅游行政行为有法可依。

（四）完善了法律自身的发展

法作为一种上层建筑，由一定的经济基础决定。如今，我国的旅游已经逐步发展成为一个产业，并在国民经济中占有一席之地。现存的法律法规已无法全面细致地规范旅游业，这一方面源于我国立法尚不完善，另一方面是旅游业的特殊性决定的。在旅游领域相继出台的一些法律法规，丰富了我国的法律体系，进一步完善了法律自身的发展。

四、旅游法的形式及构成框架

（一）旅游法的形式

旅游法是调整旅游活动领域中各种社会关系的法律规范的总称。这里强调"各种法律规范的总称"，表明"旅游法"是一个广义的概念。我国现今并没有一部完整的旅游法，即以旅游法命名的由国家立法机关制定的法律。到目前为止,我国的旅游体系主要由以下几部分构成:旅游相关法律与法规、国务院行政法规、旅游部门规章、地方旅游法规等。因而我国旅游法的表现形式,既包括国家的法律、法规、规章,也包括地方的法规。

法律,这里指狭义的法律,专指拥有立法权的国家机关依照立法程序制定的规范性文件。在我国就是全国人民代表大会及其常务委员会制定的规范性文件。在旅游法体系中,主要表现为调整旅游活动中各种法律关系的有关法律。如《合同法》、《消费者权益保护法》等。

法规,在法律体系中,主要指国务院行政法规、地方性法规、自治区条例及经济特区法规等。法规即指国务院、地方人大及其常委会、民族自治区人大和经济特区人大制定的规范性文件。在旅游法体系中,主要表现为国务院及地方立法机关制定的单行旅游行政法规。如《旅行社条例》、《北京市旅游管理条例》等。

规章是行政性法律规范文件,规章主要指国务院组成部门及直属机构,省、自治区、直辖市人民政府和经国务院批准的较大的市和人民政府,在它们的职权范围内,为执行法律、法规需要而制定的规范性文件。在旅游法体系中,主要表现为主管部门制定和颁布的单行旅游规章。如《旅行社投保旅行社责任保险办法》、《无锡市旅游船舶污染防治和安全管理办法》等。

(二) 旅游法的构成框架

如前所述,旅游法不是一个单一的法律,而是由相关法律组成的体系。从立法机关制定的法律到地方部门制定的规章,从相关法律到直接调整旅游关系的法规,都是其组成部分。

本书从旅游法的理论分析出发,系统阐述了旅游市场管理法律制度(如《合同法》)、旅游企业的管理法律制度(如《旅行社条例》、《导游人员管理条例》)、旅游相关要素的法律制度(如旅游食品卫生管理、娱乐场所管理、旅游交通管理、旅游资源管理等)以及旅游者权益保护法律制度(如《消费者权益保护法》、《旅游投诉》),章节内容涵盖了调整旅游活动中各种社会关系的主要法律规范。

第二节 旅游法律关系

一、旅游法律关系的概念及特征

旅游法律关系是指旅游法律规范所确认和调整的旅游活动参加者之间的权利义务关系。旅游法律关系同其他社会关系相比,具有以下特征。

(一) 以相应的旅游法律规范的存在为前提

人的社会关系多种多样,只有那些纳入旅游法律规范调整范畴的社会关系,才是旅游法律关系。所以,旅游法律规范是旅游法律关系产生的前提。如果没有相应的旅游法律规范的存在,就不可能产生旅游法律关系。

(二) 以旅游权利和旅游义务为内容的社会关系

旅游活动参与者之间的关系体现在旅游法中,即被规定为权利和义务。所以,旅游法律关系是以旅游法中的权利、义务为纽带而形成的社会关系,法律规定双方当事人相互享有旅游权利,承担旅游义务。旅游法律权利和义务是旅游法律关系区别于其他社会关系的重要标志。

(三) 由国家强制力保证其实施的社会关系

旅游法中当事人双方的权利和义务由立法者用法律的方式加以规定,从而体现了国家意志。旅游法律关系同国家制裁相联系,具有特殊的威慑力。国家维护当事人的合法权利,保护其权利不受侵犯,同时要求当事人必须履行相应的义务,否则,法律将强制其履行。所以,旅游法律关系是由国家强制力保证其实施的社会关系。

二、旅游法律关系的构成要素

旅游法律关系的构成要素包括主体、客体和内容。三个要素必须同时具备,缺少任何一个要素,都无法构成旅游法律关系,其中任何一个要素发生变更,也会引起旅游法律关系的改变。

(一) 主体

旅游法律关系的主体是旅游法律关系的参加者,即在旅游法律关系中依法享有权利和承担义务的人或组织。成为旅游法律关系主体必须满足两个条件:权利能力和行为能力。旅游法律关系主体的权利能力是指主体享有权利和承担义务的能力或资格。如只有依法取得导游证的个人,才能成为导游活动中旅游法律关系的主体。旅游法律关系主体的行为能力是指权利主体能够以自己的行为享有权利和承担义务的能力。如只有具备完全民事行为能力的人,才有资格以个人名义与旅行社签订游览合同并成为这一合同关系的主体。

目前,我国旅游法律关系的主体主要包括:

1. 旅游者

旅游者包括国际游客和国内游客两类。前者指来华旅游的外国人和来祖国大陆旅游的华侨、港澳台同胞。后者指本国公民。

2. 旅游经营单位或相关社会组织

这主要指旅行社、旅游饭店、旅游景区、旅游交通、旅游定点餐馆、商店、车船公司、娱乐场所等直接从事旅游经营的经济组织或个人,以及从事旅游规划、咨询、策划、研究、人才培养等同旅游相关的社会组织。

3. 国家旅游行政管理部门

国家旅游行政管理部门包括旅游行政管理部门和其他行政管理机关。前者主要指国家旅游局和地方各级旅游局,它们分别代表国家和地方政府参与旅游活动。后者则主要指规划、工商、文物、环保、交通、海关、金融、公安等行政管理部门。这些行政部门在行使职能的过程中,通常作为旅游法律关系的管理主体。

4. 外国旅游组织

在我国的国际旅游业务中,无论是入境旅游还是出境旅游,一般都由我国旅游经营单位同外国旅游组织进行接洽,两者因旅游业务形成了旅游合同关系,外国旅游组织必然成为旅游法律关系中的主体。

(二)客体

旅游法律关系的客体,是指旅游法律关系主体之间权利和义务所共同指向的对象。旅游法律关系的客体包括物、行为和智力成果。

1. 物

物,指能为旅游法律关系主体所控制,并具有一定经济价值的客观实体。物是旅游法律关系中最普遍的客体。如,旅游资源、旅游基础设施、旅游商品、旅游景观等。

2. 行为

行为,是指旅游法律关系主体为实现权利和承担义务而进行的有意识的活动。表现为提供一定的劳务或完成一定的工作。例如,导游人员向旅游者提供导游服务,旅游行政管理部门对旅游经营单位的监督管理行为等。

3. 智力成果

智力成果,即非物质财富,指脑力劳动创造的成果。包括商标、专利、著作、发明等。智力成果可以转化为物质财富,因而成为旅游法律关系的客体。例如,旅游饭店的注册商标可以依法转让。

(三)内容

旅游法律关系的内容,是指旅游法律关系的主体依法享有的权利和承担的义务。旅游法律关系的内容是旅游法律关系的核心。

1. 旅游法律关系主体的权利

旅游权利,是指国家通过法律规定,许可和保障旅游法律关系主体可以自主决定为或不为某种行为。

旅游权利的含义包括三个方面:

(1)旅游法律关系主体可以依法作出或不作出一定的行为。例如,旅游者有权决定是否参加旅行社组织的旅游活动;旅游商店经营者有权决定是否卖出某种商品。

(2)旅游法律关系主体可以依法要求他人作出或不作出一定的行为。例如,旅游者有权要求饭店对房型、价格进行明确说明;旅游景区有权要求旅游者禁止进入未开放地段。

(3)当主体权利受到侵犯时,有权依法请求国家机关予以保护。例如,旅行社不按合同规定提供旅游服务,旅游者可依法向旅游行政管理机关进行投诉。

2. 旅游法律关系主体的义务

旅游义务,与旅游权利相对称的概念,是指旅游法律关系主体依法承担的某种必须履行的责任。

旅游义务的含义包括三个方面：

（1）旅游法律关系主体必须依法作出一定的行为。例如，在旅游行程中的自由活动时间，旅游者应当选择自己能够控制风险的活动项目，并在自己能够控制风险的范围内活动。

（2）旅游法律关系主体必须依法不作出一定的行为。例如，旅行社不得以低于旅游成本的报价招徕旅游者，未经旅游者同意，旅行社不得在旅游合同约定之外提供有偿服务。

（3）义务承担者不履行义务时，国家机关依法采取必要的强制措施，强制义务承担者履行义务。例如，未征得旅游者同意，将旅游业务委托给其他旅行社，由旅游行政管理部门责令改正，处2万元以上10万元以下的罚款；情节严重的，责令停业整顿1个月至3个月。

旅游权利和旅游义务是紧密联系、相互依存、不可分割的。没有无义务的权利，也没有无权利的义务，即不存在只享受旅游权利而不承担旅游义务或只承担旅游义务而不享有旅游权利的旅游法律关系主体，而且往往一方的旅游权利是另一方的旅游义务，反之亦然。

案例阅读①

【案情介绍】

某小学学生王某，由学校组织，到某旅游公司确定的景点进行社会实践活动，学校代旅游公司收取了活动的费用。王某在旅游公司组织进行"翻山越岭"拓展训练活动中摔伤，被送往当地医院，王某身上多处骨折，第一次住院20余天，费用已由旅游公司支付。因伤势未好，出院后又在另外两家医院进行治疗，但因费用问题协商未果，故将学校及旅游公司诉至法院。法院审理中，王某的伤情经鉴定为九级伤残。故王某增加诉讼请求，要求学校及旅游公司赔偿各项经济损失将近13万元。

庭审中，学校代理人辩称，学校是中间人，学生自愿报名、由旅游公司来组织活动，交的费用是由旅游公司来收取，学校并没有从中渔利。王某的伤害应是意外事故，学校不应当承担监护责任，对损害的发生并没有过错，因此没有法律依据要求其赔偿。事情发生后，校方为解决问题曾经在王某起诉前做了大量协调工作，使王某得到合理赔偿。综上，学校不应该承担赔偿责任。

旅游公司代理人辩称，不同意王某的诉讼请求。在事实上王某与旅游公司没有合同上的法律关系，也没有法定的对王某的监护义务，并且在此事件过程中，旅游公司也没有任何过错的侵权行为。王某本身应该对其自身的伤害行为承担一定的过错

---

① 本案例选自中国法院网，标题为"学校组织拓展训练学生受伤　旅游公司被判赔10万"。

责任。

请分析该案中,旅游法律关系的主体、客体和内容。

【分析与提示】

1. 王某由学校"组织"参加社会实践活动,旅游公司是该活动的承揽单位。王某因交付费用而有权利参加拓展训练活动,同时,旅游公司因收取了费用必须为其安排相关活动。表面上,同旅游公司直接具有合同关系的是学校,但是学校只是学生的代理人,实际发生合同关系的当事人是学生与旅游公司。在本案中具体指王某和旅游公司。在此合同关系中权利义务共同指向的对象是"翻山越岭"拓展训练活动。王某作为参与者有安全游玩的权利,而举办单位旅游公司有义务提供满足游客人身安全需要的项目。

2. 法院经审理认为,旅游公司在组织学生进行拓展训练过程中,对王某等学生负有安全保障的义务。王某参加拓展训练项目时被摔伤,旅游公司应承担赔偿责任,对王某因致伤造成的合理经济损失应予以赔偿;学校在活动中已履行了相关义务,且不存在过错,故不承担民事责任。

三、旅游法律关系的确立与保护

(一)旅游法律关系的确立

旅游法律关系的确立表现为三种状态。即旅游法律关系的产生、变更和终止。

旅游法律关系的产生,指使原本没有法律联系的当事人间建立起由国家强制力保障实现的旅游法律关系。

旅游法律关系的变更,指由于某种原因使得已经存在的旅游法律关系内部要素发生部分或全部改变,即旅游法律关系的主体、客体、内容发生了变化,从而使主体之间形成了另一种新的旅游法律关系。

旅游法律关系的终止,指当事人之间的旅游法律关系的消灭。旅游法律关系可以依当事人的协议或义务的履行而终止,也可以依不可抗力或当事人依法实施的单方宣告行为而终止。

在旅游活动中,一种法律关系的产生、变更和终止,不是无缘无故的,而是基于某种客观事实或者人的具体活动。这些由法律规定的,能引起旅游法律关系的产生、变更和终止的客观现象,就是旅游法律事实。

根据是否以主体的意志为转移,旅游法律事实可分为事件和行为两大类。

1. 事件

事件,是指不以主体的意志为转移,引起旅游法律关系形成、变更或消灭的客观情况。如社会革命、战争、罢工等社会事件和地震、台风、洪水等自然灾害。这两种事件对于特定的当事人而言,都是不可避免的,是其主观意志不可控制的。但当这些事件出现时,旅游主体之间的权利与义务关系就有可能产生,也有可能发生变更,甚至完全归于消灭。例如,"5·12"汶川大地震后,一些旅行社延迟或终止了原计划赴川的旅游活动,地震引起了旅行社同旅游者之间旅游法关系的变更或终止。

2. 行为

行为,即主体有意识的活动,这种活动必须是主体通过外部表现出来的。因为人们的意志有善意与恶意、合法与违法之分,故其行为也可以分为善意行为与恶意行为、合法行为与违法行为。善意行为、合法行为能够引起法律关系的形成、变更和消灭。例如,旅游者同旅行社签订旅游合同,两者之间便产生了旅游法律关系。旅行社依合同规定安排旅游活动后,两者的旅游法律关系终止。同样,恶意行为、违法行为也能够引起法律关系的形成、变更和消灭。如商家向旅游者出售不合格产品,可能引起旅游者权益保护的法律关系。

(二)旅游法律关系的保护

国家通过立法的形式,调整旅游各主体之间的权利义务关系,因而,旅游法律关系一经形成,就受到国家法律的保护。这种保护就是由国家机关监督旅游法律关系主体是否正确行使权利和切实履行义务,并通过制裁侵犯他人合法权益或不履行应尽义务的主体来实现。

根据违法性质,旅游法律责任主要有三种:行政责任、民事责任和刑事责任。因而,旅游法律关系的保护机构主要是行政管理部门和司法机关。旅游法律关系的保护方法主要有以下三种。

1. 追究行政责任

追究行政责任,是指国家行政管理机关对实施违法行为,尚未构成犯罪的旅游法律关系主体给予的行政制裁。旅游行政责任主要是行政处罚。如限期整改,没收违法所得;处以罚款;逾期不改,停业整顿;情节严重,吊销营业执照等。

2. 追究经济责任

追究经济责任,指国家司法机关对违反旅游法律法规,对国家、社会组织和个人造成损失的旅游法律关系主体,给予的法律制裁。例如,判令有过错的一方必须支付违约金或赔偿金。

3. 追究刑事责任

追究刑事责任,指国家司法机关对违反旅游法律法规且构成犯罪的旅游法律关系主体给予的法律制裁,即行为人因实施了触犯刑法的行为,而必须承担刑罚。

本章小结

本章的理论性较强,主要阐述了旅游法的概念和调整对象、旅游法律关系的构成和确立。本章主要为学好后面的内容做铺垫。学习过程中,首先要明确我国旅游法的范畴,然后在此基础上,能够掌握旅游法律关系的构成要素,并能根据实际案例分析各要素构成,熟知能引起旅游法律关系产生、变更和消灭的客观情况。

思考与练习

1. 旅游法的概念和调整对象是什么？
2. 旅游法的作用有哪些？
3. 旅游法律关系的构成要素有哪些？
4. 什么是旅游法律事实？

核心篇

旅游政策法律与法规

第二章 旅游合同法律制度

学习目标

- 了解旅游合同的概念、形式、内容及订立程序;
- 理解旅游合同履行的原则和抗辩权;
- 掌握旅游合同履行的具体规则、旅游合同的变更、转让、终止和解除;
- 熟知格式条款以及违约责任的具体规定。

第一节 旅游合同及其订立

一、旅游合同的概念及特征

《中华人民共和国合同法》第二条规定:"本法所称合同是平等主体的自然人、法人,其他组织之间设立、变更、终止民事权利义务关系的协议。"由于旅游主体多元化,涉及的行业部门众多,它们之间的合同并不是每个都能体现旅游活动的特点,所以根据上述法律规定,严格意义上讲,旅游合同应当是旅游者与旅游经营者之间设立、变更、终止民事权利义务关系的协议。

根据法律上是否确定了一定的名称,合同分为有名合同和无名合同。有名合同,是指法律上已经确定了特定名称的合同。譬如我国《合同法》分则中确定了买卖、借款、租赁、运输、保管、委托等15种合同就是有名合同。对于有名合同,应当直接适用法律的规定。旅游合同并不是有名合同,对此《合同法》第一百二十四条规定:"本法分则或者其他法律没有明文规定的合同,适用本法总则的规定,并可以参照本法分则或者其他法律最相类似的规定。"实践中,旅游合同的认定和旅游纠纷的解决,主要是依照合同法的相关规定和有关主管部门的行政法规与规章进行的,如合同法分则中的有名合同"保管合同"、"委托合同"都是旅游合同可以参照的法律规定。再如旅游合同必须记载事项要参照《旅行社条例》的规定。旅游合同具有一般合同应具有的特征。

（一）合同当事人的法律地位平等

当事人法律地位平等，意味着合同的各方当事人，不论是自然人、法人还是其他社会组织，不论其经济实力强弱，也不论其社会地位高低，其法律地位没有上下高低之分，一律平等。不存在领导与被领导的关系，也不存在命令与服从的关系。具体到旅游合同关系中，旅游经营者和旅游者是具有平等法律地位的民事主体，任何一方都不得将自己的意志强加给另一方。合同当事人的法律地位平等是民法平等原则的具体体现，也是合同关系与以命令服从为特征的行政关系的根本区别。

（二）合同是双方或多方的民事法律行为

民事法律行为是公民或者法人设立、变更、终止民事权利和民事义务的合法行为。合同是一种民事法律行为，因此，只有当事人作出的意思表示符合法律要求，合同才具有法律效力，并受到法律的保护。如果当事人作出了违法的意思表示，即使达成协议，也不能产生法律约束力。合同的这种民事法律行为，在主体方面要求有2个以上的当事人，也就是说，合同是双方或多方的民事法律行为，不是单方的民事法律行为。如，某一旅游者同旅行社签订的旅游合同，就是双方的民事法律行为，而旅游合同一般具有团体性。团体旅游中一定数目的游客与旅行社缔结合同，是多方的民事法律行为。

（三）合同是当事人意思表示一致的协议

合同是双方或者多方的民事法律行为，因而合同是合意的结果，各方当事人须互相作出意思表示。只有各方当事人的意思表示一致，合同才成立。只有一方当事人的意思表示，或是各方当事人均有意思表示，但相互的意思表示达不成一致，合同也不能成立。

二、旅游合同的形式和内容

（一）旅游合同的形式

旅游合同的形式，就是当事人采用什么样的外在形式作为旅游合同内容的载体。《合同法》第十条规定："当事人订立合同，有书面形式、口头形式和其他形式。""法律、行政法规规定采用书面形式的，应当采用书面形式。当事人约定采用书面形式的，应当采用书面形式。"据此，旅游合同采用的形式可包括书面形式、口头形式和其他形式。

1. 书面形式

书面形式是指合同书、信件和数据电文（包括电报、电传、传真、电子数据交换和电子邮件）等可以有形地表现所载内容的形式。一些旅游法规，对旅游合同应当采取书面形式作了规定。如《旅行社条例》第二十八条规定："旅行社为旅游者提供服务，应当与旅游者签订旅游合同……"，《中国公民出国旅游管理办法》第十三条规定："组团社经营出国旅游业务，应当与旅游者订立书面旅游合同。"在旅游实践中，为避免部分旅游合同不规范而引发的合同陷阱与纠纷，国家旅游行政部门曾推荐了《国内旅游组团合同》、《出境旅游合同》、《大陆居民赴台湾地区旅游合同》等示范文本。部分省市也根据实际情况，制定适合本省的旅游合同范本（见本篇附录《济南市国内旅游组团合同（示范文本）》），以减少交易成本,保障双方权利权益。这些合同范本都属于书面形式的合同。

2. 口头形式

口头形式是指当事人只用语言为意思表示订立合同。包括当面交谈、电话联系等。口头形式简便易行,其缺点是发生合同纠纷时难以取证,不易分清责任,确定当事人之间的权利义务关系有一定难度。因而在旅游实践中,为避免发生不必要的纠纷,特别是针对那些权利和义务不能同时作为的旅游活动,不提倡使用口头形式订立合同。

3. 其他形式

其他合同形式主要包括推定形式和默示形式。推定形式是指当事人不直接使用语言和文字,而是通过某种有目的的行为来进行意思表示。如,客房租期已满,饭店和客人均未提出终止合同,而是由客人继续交房费,饭店继续接受房费,这种行为可以推定饭店已经同意延长租赁期。默示形式是指当事人既不用口头形式、书面形式,也不用实施任何行为,而是以消极的不作为的方式进行的意思表示。默示方式只有在法律有特别规定的情况下才能运用,否则,如果把当事人的一切默示都视为默认某种意思表示,就会造成混乱。

(二) 旅游合同的内容

合同的内容是指当事人享有的权利和承担的义务。合同当事人享有的权利、义务是通过合同条款确定下来的。因而,合同的内容主要以合同条款的方式表现。《合同法》第十二条规定合同的内容由当事人约定,一般包括以下条款:

(1) 当事人的名称或者姓名和住所;

(2) 标的;

(3) 数量;

(4) 质量;

(5) 价款或者报酬;

(6) 履行期限、地点和方式;

(7) 违约责任;

(8) 解决争议的方法。

当事人可以参照各类合同的示范文本订立合同。

《合同法》规定了合同的主要条款,这些条款只具有提示与示范作用。合同的主要条款或者合同的内容要由当事人约定,一般包括这些条款,但不限于这些条款。据此,旅游合同的主要内容应当包括:当事人相关资料、旅游服务、旅游价格、履行期限、违约责任等。

旅行社是最直接从事旅游活动的经营实体,为此《旅行社条例》对旅行社和旅游者之间的合同内容作了更具体的规定。旅行社为旅游者提供服务,应当与旅游者签订旅游合同并载明下列事项:

(1) 旅行社的名称及其经营范围、地址、联系电话和旅行社业务经营许可证编号;

(2) 旅行社经办人的姓名、联系电话;

(3) 签约地点和日期;

(4) 旅游行程的出发地、途经地和目的地;

(5) 旅游行程中交通、住宿、餐饮服务安排及其标准；
(6) 旅行社统一安排的游览项目的具体内容及时间；
(7) 旅游者自由活动的时间和次数；
(8) 旅游者应当交纳的旅游费用及交纳方式；
(9) 旅行社安排的购物次数、停留时间及购物场所的名称；
(10) 需要旅游者另行付费的游览项目及价格；
(11) 解除或者变更合同的条件和提前通知的期限；
(12) 违反合同的纠纷解决机制及应当承担的责任；
(13) 旅游服务监督、投诉电话；
(14) 双方协商一致的其他内容。

三、旅游合同订立的程序

《合同法》规定：当事人订立合同，采取要约、承诺方式。订立合同是个协商的过程，这个过程需要经过两个步骤：要约和承诺。

（一）要约

1. 要约的概念及要件

要约是希望和他人订立合同的意思表示。发出要约的一方称为要约人，接受要约的一方称为受要约人。要约一旦得到受要约人的承诺，该要约就产生法律效力。因此要约必须满足下列条件：第一，内容具体确定。这是指要约的内容必须具有足以使合同成立的主要条款。而且这些条款不能含糊不清，否则受要约人难以做出承诺。第二，表明经受要约人承诺，要约人即受该意思表示约束。要约必须具有订立合同的意图，一项有效的要约，已经包含了合同成立所需要具备的基本条件，如果受要约人接受此要约，双方就达成了订立合同的合意，合同也即告成立。合同如果有效成立，要约人就要受该要约的约束。

2. 要约邀请

要约邀请是希望他人向自己发出要约的意思表示。要约邀请只是引诱他人发出要约，对发出人而言没有法律拘束力，即使相对人作出承诺，也不能成立合同。因而要约邀请不是订立合同的必经步骤。

要约与要约邀请虽然都是发出人的某种意思表示，但是两者具有不同的法律意义。因此有必要明确要约邀请的范围。我国《合同法》规定："寄送的价目表、拍卖公告、招标公告、招股说明书、商业广告等为要约邀请。商业广告的内容符合要约规定的，视为要约。"以旅行社为例，其投放的媒体广告，如果只起招徕顾客、吸引顾客注意的作用属于要约邀请，而一条具体的线路报价单，则应视为要约。

3. 要约的生效

合同法规定，要约到达受要约人时生效。确定要约的到达时间，在口头对话的情况下，应当以相对人了解要约内容为标准来确定；在非口头对话的情况下，合同法进一步规定:采用数据电文形式订立合同,收件人指定特定系统接收数据电文的,该数据电文进入该特定系统的时间,视为到达时间;未指定特定系统的,该数据电文进入收件人的任何系统的首次时间,视为到达时间。

4. 要约的撤回与撤销

要约可以撤回。撤回要约的通知应当在要约到达受要约人之前或者与要约同时到达受要约人。

要约可以撤销。撤销要约的通知应当在受要约人发出承诺通知之前到达受要约人。有下列情形之一的,要约不得撤销:

(1) 要约人确定了承诺期限或者以其他形式明示要约不可撤销;
(2) 受要约人有理由认为要约是不可撤销的,并已经为履行合同作了准备工作。

5. 要约的失效

有下列情形之一的,要约失效:

(1) 拒绝要约的通知到达要约人;
(2) 要约人依法撤销要约;
(3) 承诺期限届满,受要约人未作出承诺;
(4) 受要约人对要约的内容作出实质性变更。

(二) 承诺

1. 承诺的概念及要件

承诺是受要约人同意要约的意思表示。一项有效的承诺需要满足下列条件:第一,承诺必须由受要约人本人、或其法定代表人或其委托代理人向要约人作出。承诺是对要约的全部接受,只对要约人和受要约人有拘束力,所以,承诺必须向要约人作出,对要约人以外的人作出的承诺,合同不能成立。第二,承诺的内容应当与要约的内容一致。受要约人对要约的内容作出实质性变更的,为新要约。第三,承诺有一定的期限。如果要约规定了承诺期限,应当在要约确定的期限内到达要约人。要约没有确定承诺期限的,以对话方式作出的要约,应当即时作出承诺,但当事人另有约定的除外,以非对话方式作出的要约,承诺应当在合理期限内到达。受要约人超过承诺期限发出承诺的,除要约人及时通知受要约人该承诺有效的以外,为新要约。第四,承诺必须有明确的同意与要约人订立合同的意思表示。承诺必须清楚明确,不能含糊,否则达不成合意,合同无法成立。

2. 承诺的方式

《合同法》规定,承诺应当以通知的方式作出,但根据交易习惯或者要约表明可以通过行为作出承诺的除外。据此,承诺的方式有如下几种:第一,以通知的方式作出。视要约的方式而定,通知可以是口头的,也可以是书面的,明示的方式即可。第二,依交易习惯默示的承诺方式。这种方式一般适用于是长期合作伙伴关系的双方当事人,根据以往的交易习惯或依据当地的交易习惯,一方向另一方发出要约以后,另一方在规定的时间内没有作出意思表示的,则认为已经承诺。第三,行为承诺,即要约中表明可以通过行为作出承诺的,则受要约人从实施行为着手履行合同时起,视为已经承诺。

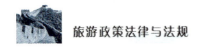

3. 承诺的生效与撤回

《合同法》规定:"承诺通知到达要约人时生效。承诺不需要通知的,根据交易习惯或者要约的要求作出承诺的行为时生效。"这里我国对承诺生效的时间采用的是到达主义。对于迟延承诺,《合同法》规定:"受要约人在承诺期限内发出承诺,按照通常情形能够及时到达要约人,但因其他原因承诺到达要约人时超过承诺期限的,除要约人及时通知受要约人因承诺超过期限不接受该承诺的以外,该承诺有效。"

承诺对要约的内容作出非实质性变更的,除要约人及时表示反对或者要约表明承诺不得对要约的内容作出任何变更的以外,该承诺有效,合同的内容以承诺的内容为准。

承诺可以撤回,承诺撤回是指受要约人作出承诺以后,阻止承诺发生法律效力的意思表示。撤回承诺的通知应当在承诺通知到达要约人之前或者与承诺通知同时到达要约人,才能阻止承诺生效。

4. 承诺生效的法律意义

承诺生效,合同成立。即承诺生效的时间与合同成立的时间是一致的,承诺一旦生效合同即告成立。

当事人采用合同书形式订立合同的,自双方当事人签字或者盖章时合同成立。当事人采用信件、数据电文等形式订立合同的,可以在合同成立之前要求签订确认书。签订确认书时合同成立。法律、行政法规规定或者当事人约定采用书面形式订立合同,当事人未采用书面形式但一方已经履行主要义务,对方接受的,该合同成立。采用合同书形式订立合同,在签字或者盖章之前,当事人一方已经履行主要义务,对方接受的,该合同成立。

合同是双方当事人协商一致的结果,因此,合同订立的过程可能需要当事人反复商讨,往往就是要约—新要约—更新的要约—承诺的过程。例如,旅行社向旅游者报价,构成要约;旅游者对行程比较满意,但是要求降低价格,构成新的要约;旅行社因为价格太低,提出减少某些游玩项目,又构成新要约;旅游者接受旅行社的新要约,即构成承诺,合同成立。

第二节　旅游合同的履行

一、合同履行的原则

合同履行,指的是合同生效以后,双方当事人按照合同规定,完成各自承担的义务以实现合同目的的行为。订立合同的目的在于实施行为,即履行合同。合同的解除、变更以及违约责任的规定,也要围绕合同的履行而展开。因而合同履行是合同法律效力的主要内容,是整个合同法的核心。合同的履行需要遵循如下原则:

(一) 全面履行原则

《合同法》第六十条第一款规定:"当事人应当按照约定全面履行自己的义务。"这一规定确立了合同全面履行原则。全面履行原则,要求当事人按合同约定的标的及其质量、数量,合同约定的履行期限、地点、方式等全面完成合同义务。

(二) 诚实信用原则

《合同法》第六十条第二款规定:"当事人应当遵循诚实信用原则,根据合同的性质、目的和交易习惯履行通知、协助、保密等义务。"此规定确认诚实信用作为合同履行的基本原则。诚实信用原则就是要求当事人在实施合同时,应诚实守信,以善意的方式履行其义务,不得滥用权利及规避义务,同时,应协助对方当事人履行合同,在不损害他人利益和社会利益的前提下追求自己的利益。

二、合同履行的具体规则

合同履行的具体规则,是指法律规定的在某种场合下,当事人履行合同时必须共同遵守的具体规范。规则不同于原则,前者是具体的规定,后者是抽象的概括。前者针对具体的个性问题,后者具有普遍的指导意义。合同履行的具体规则如下。

(一) 协议补充规则

旅游合同生效后,当事人就质量、价款或者报酬、履行地点等内容没有约定或者约定不明确的,可以协议补充;不能达成补充协议的,按照合同有关条款或者交易习惯确定。

(二) 合同内容约定不明确时的履行规则

旅游合同当事人就有关合同内容约定不明确,依照协议补充规则仍不能确定合同内容,适用下列规定:

(1) 质量要求不明确的,按照国家标准、行业标准履行;没有国家标准、行业标准的,按照通常标准或者符合合同目的的特定标准履行。

(2) 价款或者报酬不明确的,按照订立合同时履行地的市场价格履行;依法应当执行政府定价或者政府指导价的,按照规定履行。

(3) 履行地点不明确,给付货币的,在接受货币一方所在地履行;交付不动产的,在不动产所在地履行;其他标的,在履行义务一方所在地履行。

(4) 履行期限不明确的,债务人可以随时履行,债权人也可以随时要求履行,但应当给对方必要的准备时间。

(5) 履行方式不明确的,按照有利于实现合同目的的方式履行。

(6) 履行费用的负担不明确的,由履行义务一方负担。

(三) 执行政府定价或政府指导价的合同履行规则

执行政府定价或者政府指导价的,在合同约定的交付期限内政府价格调整时,按照交付时的价格计价。逾期交付标的物的,遇价格上涨时,按照原价格执行;价格下降时,按照新价格执行。逾期提取标的物或者逾期付款的,遇价格上涨时,按照新价格执行;价格下降时,按照原价格执行。

（四）向第三人履行债务的规则

当事人约定由债务人向第三人履行债务的，债务人未向第三人履行债务或者履行债务不符合约定，应当向债权人承担违约责任。

（五）第三人代为履行债务的规则

当事人约定由第三人向债权人履行债务的，第三人不履行债务或者履行债务不符合约定，债务人应当向债权人承担违约责任。例如，旅行社委托地接社带团，如果地接社没有按照旅游合同的约定提供服务，则旅游者有权要求旅行社给予赔偿。

（六）不得因变动而拒绝履行合同的规则

合同生效后，当事人不得因姓名、名称的变更或者法定代表人、负责人、承办人的变动而不履行合同义务。

三、合同履行的抗辩权

抗辩权是指能够阻止相对人请求权效力的权利。通过行使抗辩权，当事人一方能够拒绝向相对人履行义务，但是相对人的权利并不因此而消灭。合同履行中的抗辩权主要有同时履行抗辩权、先履行抗辩权和不安抗辩权三种。

（一）同时履行抗辩权

所谓同时履行抗辩权，是指双务合同中的当事人一方，在对方未履行合同或者履行不符合约定时，有拒绝给付的权利。同时履行抗辩权的构成要件包括：第一，在同一双务合同中双方当事人互负给付义务；第二，双方债务均已届清偿期；第三，对方未履行债务；第四，对方有履行债务的能力。在旅游合同中，旅游经营者应依合同的约定提供旅游服务，旅游者则支付约定的服务报酬。在一般情况下，旅游者在旅游开始前即给付旅游费用，因此旅游过程中很难产生同时履行抗辩权的问题。

（二）先履行抗辩权

所谓先履行抗辩权，是指当事人互负债务，有先后履行顺序的，先履行一方未履行之前或履行不符合约定时，后履行一方拒绝对方当事人请求履行的权利。先履行抗辩权的构成要件：第一，在同一双务合同中双方当事人互负债务；第二，双方债务须有先后履行顺序；第三，先履行一方未履行债务或其履行不符合约定。例如，在旅游合同中约定先交费后旅游，旅游者在未交足团费前，对要求参加旅游活动的旅游者，旅行社有权予以拒绝。

（三）不安抗辩权

所谓不安抗辩权，是指当事人互负债务，有先后履行顺序的，先履行的一方当事人有确切证据证明另一方当事人有丧失或可能丧失履行债务的能力时，有中止合同履行的权利。

我国《合同法》第六十八条规定："应当先履行债务的当事人，有确切证据证明对方有下列情形之一的，可以中止履行：（1）经营状况严重恶化；（2）转移财产、抽逃资金，以逃避债务；（3）丧失商业信誉；（4）有丧失或者可能丧失履行债务能力的其他情形。"先履行一方行使不安抗辩权时必须负有两项义务：一是举证的义务，"当事人没有确切证据而中止履行的,应当承担违约责任";二是通知义务,"当事人依法中止履行的,应当及时通知对方。"如果没有及时做出通知甚至根本未做出通知,表明先履行的一方并没有正当行使抗辩权,将有可能构成违约。

不安抗辩权从性质上讲是一种延期抗辩权。行使权利的一方中止履行合同是暂时的,一旦对方提供适当担保时,应当恢复履行。所以,中止合同履行,既不同于终止合同也不同于解除合同,合同对当事人仍然是有效的。只有当中止履行后,对方在合理期限内未恢复履行能力并且未提供适当担保的,中止履行的一方才可以解除合同。

四、关于格式条款

格式条款,是指当事人为了重复使用而预先拟定,并在订立合同时未与对方协商的条款。存在格式条款的合同就是格式合同。由于这种合同体现了拟定者的意志,可能会忽略相对人的利益,为避免格式条款潜在的不公平性,《合同法》对格式合同作了如下规定。

(一) 对提供格式条款的一方予以限制

第一,公平拟定义务,即提供方应当遵循公平原则确定各方的权利义务。公平原则要求提供方本着公正的观念明确自己的权利和义务,同时要兼顾他人利益和社会公共利益。第二,提示、说明的义务。提供一方应采取合理的方式提请对方注意免除或者限制其责任的条款,按照对方的要求,对该条款予以说明。

(二) 格式条款的无效

格式条款无效,是指格式条款不具有法律效力。格式条款具有下列情形,该条款无效。
(1) 一方以欺诈、胁迫的手段订立合同,损害国家利益;
(2) 恶意串通,损害国家、集体或者第三人利益;
(3) 以合法形式掩盖非法目的;
(4) 损害社会公共利益;
(5) 违反法律、行政法规的强制性规定;
(6) 造成对方人身伤害的;
(7) 因故意或者重大过失造成对方财产损失的;
(8) 提供格式条款一方免除其责任、加重对方责任、排除对方主要权利的,该条款无效。

(三) 格式条款的解释

合同当事人在履行合同时,对格式条款的含义可能产生不同的理解,不同的理解会产生不同的法律后果。为此《合同法》第四十一条规定:"对格式条款的理解发生争议的,应当按通常理解予以解释。对格式条款有两种以上解释的,应当作出不利于提供格式条款一方的解释。格式条款和非格式条款不一致的,应当采用非格式条款。"据此,对格式条款的解释应当依照不利于提供者的原则和非格式条款优先的原则。

就旅游合同而言,在现实生活中,旅游者和旅行社零星地订立一个旅游合同的现象并不普遍。绝大多数旅游合同是由旅行社为旅游者提供的格式合同,这样做节约了交易成本和时间,使交易更加高效。但是由于旅游业的特点致使游客在对旅游产品的信息掌握方面处于相对弱势地位。某些旅游经营者利用格式合同蒙蔽旅游者,把有利于自己,不利于旅游者的格式条款写进合同中。例如,有的合同载有如此类似的条款:"以出团确认的行程为准,本公司保留最终解释权","在旅游目的地任何游客必须自费参加由当地接待统一安排的活动项目","在旅行期间,对于第三人造成的伤害,本公司概不负责"等等。更有甚者,有些旅行社在合同中玩起了文字游戏,成为"合同陷阱"。如"旅客所住宿的是三星级标准",令游客误认为是"三星级酒店",这些条款明显违反了合同法所应遵循的公平、平等、自愿、诚信等原则。由于一般的旅游者面对格式合同中大量具体详细的条款经常不加以注意就签订了旅游合同,一旦发生纠纷,制定格式合同的一方会以合同中的格式条款减轻或免除自己的责任。为此,国家旅游行政部门制定了《国内旅游组团合同》、《出境旅游合同》、《大陆居民赴台湾地区旅游合同》等范本,这些范本可以有效避免因格式条款产生纠纷,保护了旅游消费者合法权益。

案例阅读①

【案情介绍】

2006 年 7 月 21 日,宋某报名参加某旅行社组织的黄山双卧 5 日游,在所附的行程表中约定的住宿及参观景点的标准分别为:"山下住双人标间(独立卫生间),景点大门票(缆车 65 元/次,环保车 20 元/人)",后因旅行社未支付缆车费用,遂以欺诈的名义,将旅行社投诉到质监所。

旅行社辩称,合同中并没有约定所交纳的团费中包含缆车费用,旅行社在景点大门票后面,用括号将缆车及环保车的价格标出,是为了提示游客,是出于好意,游客如果需要乘坐缆车游览,费用需要自理,旅行社并没有欺诈游客。

质监所经过调查,发现同等价位的该类旅游行程一般均不包括乘坐缆车及环保车费用,旅游报价通常都只含有景点的大门票。那么旅行社是否要承担责任呢?

【分析与提示】

1. 本案是由于旅行社书面表达不准而引发的投诉。从字面上通常都可以理解为,括号内的内容是对前面所表达内容的解释和补充,旅游合同一般均为格式合同,根据《合同法》的相关规定,"对格式合同的理解发生争议的,应当按照通常理解予以解释。对格式条款有两种解释的,应当作出不利于提供格式条款一方的解释",旅行社在景点大门票后面,用括号将缆车及环保车括住,给人的理解就是景点大门票包含缆车及环保车的费用,也就是说旅行社提供的服务里面有乘坐缆车的项目,由于旅行社未能给游客提供该项目,属于旅行社擅自减少旅游项目,同时根据格式条款的解释应当遵循不利于拟定者的原则,质监

---

① 本案例选自宁波旅游网政务版,标题为"括号的代价"。

所责令旅行社赔付游客乘坐缆车的花费65元。

2. 旅行社的行为是否构成欺诈呢？所谓欺诈，是指故意告知虚假信息或隐瞒真实情况，使他人作出违背自己真实意思的表示。欺诈首先在主观上须有欺诈的故意，这种故意包含两层意思：第一是使相对人陷于错误的故意，即行为人明知自己所表示的情事不真实，并且明知相对人有陷入错误的可能；第二是有使相对人陷于错误而作出意思表示的故意。这两种故意从根本上妨碍了被欺诈人意思形成的自由。其次，须有欺骗他人的行为，欺诈行为是故意把不真实的情况表示给别人。本案中，旅行社并不存在欺诈的故意，也没有实施欺诈行为，只是在表述上出现错误。

第三节 旅游合同的效力

一、合同的变更、转让、终止和解除

（一）合同的变更

合同的变更，是指依法成立的合同，尚未履行完毕之前，由当事人达成协议对其内容所进行的修改。合同变更是针对有效成立的合同而言的，对于尚未成立的合同或无效合同，谈不上合同变更问题。

合同的变更，仅指内容的局部变更。如，调整旅游线路，增减价款或者酬金，改变结算方式等。对合同内容进行全部修改，属于重新订立合同，不是合同的变更。另外，合同变更是对原合同内容的修改；不涉及主体的变更。合同变更以后，自然要产生新的债权债务内容，所以就涉及新的债权债务的履行问题。如果当事人对合同变更的内容约定不明确的，推定为未变更。

在一般情况下，合同的变更是双方法律行为，必须双方当事人协商一致，并在原来合同的基础上达成新的协议；此外，基于法律的直接规定而变更合同，在出现法律规定的情形时，无须征得对方当事人的同意，向人民法院或者仲裁机构申请，亦能产生法律上的效力。法律、行政法规规定变更合同应办理批准、登记手续的，应遵守其规定。

案例阅读①

【案情介绍】

2008年9月上旬，一对夫妇与某旅行社签订旅游合同，约定旅行社组织该夫妇于当月26日至次月4日赴云南9日游，每人支付旅游费6 880元。在旅游途中，该夫妇乘坐的

---

① 本案例选自江苏旅游诚信网，标题为"未经协商改变游客行程 旅行社被判退还旅游费4 128元"。

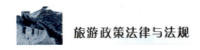

车发生交通事故,丈夫受伤,妻子为照顾丈夫无法继续参加旅游,向旅行社提出立即返沪的要求。由于回沪机票日期无法更改,旅行社派车将该夫妇送到丽江。而丽江不是旅游合同中约定的景点,同时未征得该夫妇同意,旅行社就安排他们参加丽江其他旅游团去当地古城、泸沽湖、鱼水寨等景点游览,共用去住宿餐饮费、车费、门票2 900元。

审理中,旅行社认为,虽然途中发生意外,但妻子没有受伤,加上丈夫伤情也不需护理,该夫妇客观上都去了旅行社安排游览的景点,应视为原告夫妇放弃了原先旅游合同的约定,同意变更新景点。

【分析与提示】

法院认为,除旅游景点是合同必要条款之外,旅途交通安全也是旅行社应履行的合同法定义务。这对夫妇在旅游途中遭遇交通事故,致丈夫受伤。妻子为照顾其丈夫,无法继续参加旅游。虽然夫妇返回丽江后,旅行社也另行安排了部分景点供其游览,但没有证据证明这种安排是双方对合同行程协商一致变更的结果,因此旅行社已构成违约,应承担相应的违约责任。据此,法院作出旅行社退还旅游费4 128元的判决。

(二) 合同的转让

合同的转让,是指当事人一方依法将合同的权利或义务全部或部分转让给第三人的行为。

合同转让只是改变合同履行的主体,并不引起合同内容的变更,转让后的权利人或义务人,即第三人所享有的权利或义务仍是原合同约定的,因此,转让前后的合同内容具有一致性。根据转让的内容,在旅游活动中,最常见的是合同权利的转让和义务的转让。

1. 权利的转让

《合同法》规定,债权人可以将合同的权利全部或者部分转让给第三人。但法律还规定出现下列三种情形之一,合同权利不得转让:根据合同性质不得转让;按照当事人约定不得转让;依照法律规定不得转让。此外,债权人转让权利的,应当通知债务人。未经通知,该转让对债务人不发生效力。债权人转让权利的通知不得撤销,但经受让人同意的除外。例如,旅行社同旅游者签订旅游合同,如果旅游者因自身原因不能出行,可通知旅行社,让他人代其参加旅行。未经通知,旅行社可拒绝向第三人履行义务。由于旅游行业的特殊性,某些旅行可能涉及的手续比较复杂,如出国旅行的签证,还有机票的实名制,使得旅游者权利的转让不具有可行性,所以旅行社在和旅游者签订合同时,往往对此类事情做出约定,在这种情况下,旅游者就无权转让自己的权利。

2. 义务的转让

《合同法》规定,债务人可将合同的义务全部或者部分转让给第三人的,但应当经债权人同意。据此上位法,《旅行社条例实施细则》中明确规定:"旅游行程开始前,当发生约定的解除旅游合同的情形时,经征得旅游者的同意,旅行社可以将旅游者推荐给其他旅行社组织、接待,并由旅游者与被推荐的旅行社签订旅游合同。未经旅游者同意的,旅行社不得将旅游者转交给其他旅行社组织、接待。"

此外,合同当事人一方的合并和分立也会引起合同主体的变更。当事人订立合同后合并的,由合并后的法人或者其他组织行使合同权利,履行合同义务。当事人订立合同后分立的,除债权人和债务人另有约定的以外,由分立的法人或者其他组织对合同的权利和义务享有连带债权,承担连带债务。

（三）合同的终止

合同的终止,又称合同的消灭,是指由于一定的法律事实的发生,使合同中的权利义务在客观上不再存在。《合同法》第九十一条规定:有下列情形之一的,合同的权利义务终止:

（1）债务已经按照约定履行;

（2）合同解除;

（3）债务相互抵消;

（4）债务人依法将标的物提存;

（5）债权人免除债务;

（6）债权债务同归于一人;

（7）法律规定或者当事人约定终止的其他情形。

债务已经按照约定履行,合同的目的得以实现。一方面可使合同债权得到满足,另一方面也使得合同债务归于消灭,产生合同的权利义务终止的后果。这是导致合同终止的最佳原因,也是旅游合同终止的最常见情况。然而,由于实际情况的复杂多变,在上述原因中,导致旅游合同终止的另一个常见原因,就是旅游合同的解除。

（四）合同的解除

1. 合同解除的概念和特征

合同的解除,是指合同有效成立后,在一定条件下终止合同效力,消灭合同关系的行为。合同解除有以下法律特征:

（1）合同解除是对有效合同的解除。合同解除的目的在于提前消灭合同关系。因而,合同解除以有效成立的合同为对象,这是合同解除与合同无效制度的不同之处。

（2）合同的解除必须具有解除事由。合同一经有效成立,即具有法律约束力,当事人应当按照约定全面履行自己的义务,全面履行是合同法的重要原则,也是判定当事人是否存在违约事实和承担违约责任的重要依据。然而,实践中,主客观情况可能发生变化。使合同履行成为不必要或不可能,这是合同解除制度存在的依据,但是为保障当事人的权利,合同解除必须具备一定的条件,否则便失去了合同订立的目的。

（3）合同解除必须通过解除行为实现。具备合同解除的条件,合同并不必然解除。要使合同解除,还需要实施解除行为。解除行为有两种类型:一是享有解除权一方的单方行为;二是当事人双方协商。

（4）合同解除的效果是使合同关系消灭。合同解除后,合同当事人的权利义务终止。

2. 合同解除的条件

（1）法定解除。

合同解除的条件由法律直接加以规定,称为法定解除。《合同法》第九十四条规定,有下列情形之一的,当事人可以解除合同:因不可抗力致使不能实现合同目的;在履行期限届满之前,当事人一方明确表示或者以自己的行为表明不履行主要债务;当事人一方迟延履行主要债务,经催告后在合理期限内仍未履行;当事人一方迟延履行债务或者有其他违约行为致使不能实现合同目的;法律规定的其他情形。

(2) 协议解除。

协议解除,是指当事人双方通过协商同意解除合同的行为。协议解除有的是在订立原合同时,约定了可以解除合同的情形,即设定了解除权。一旦条件成立时,享有解除权的当事人可以解除合同。协议解除也可以在合同履行过程中,双方协商一致解除合同。其实质是在原合同当事人之间重新成立一个合同,主要内容为废弃双方原合同关系,使基于原合同发生的债权债务归于消灭。

3. 合同解除的程序

(1) 单方解除的程序。

单方解除,即享有合同解除权的一方当事人可以解除合同。行使解除权时,权利人不需经对方当事人同意,即可发生解除合同的法律效果。但解除权的行使并非毫无限制,合同法对其行使期限和行使方式均有明确规定。

法律规定或者当事人约定解除权行使期限,期限届满当事人不行使的,该权利消灭。法律没有规定或者当事人没有约定解除权行使期限,经对方催告后在合理期限内不行使的,该权利消灭。

当事人依法主张解除合同的,应当通知对方。合同自通知到达对方时解除。对方有异议的,可以请求人民法院或者仲裁机构确认解除合同的效力。法律、行政法规规定解除合同应当办理批准、登记等手续的,依照其规定。

(2) 协议解除的程序。

协议解除相当于重新成立一个以解除原合同为目的的合同,因此,应遵循订立合同的一般程序,同时具备合同的有效要件。即当事人具有相应的行为能力;意思表示真实;内容不违反法律、法规和社会公共利益;采取适当的形式。

4. 合同解除的效力

《合同法》第九十七条规定:"合同解除后,尚未履行的,终止履行;已经履行的,根据履行情况和合同性质,当事人可以要求恢复原状、采取其他补救措施,并有权要求赔偿损失。"该条规定,确立了合同解除的两方面效力:一是将来发生效力,即终止履行;二是合同解除可以产生溯及力,即引起恢复原状,采取补救措施等法律后果,这与无效合同、可撤销合同撤销后,自始无效是不同的。

二、合同的效力

(一) 有效合同

合同成立,并不意味着合同有效。只有符合法律规定的生效条件的合同,才是有效合同。有效合同具有合同的效力,在当事人之间产生法律约束力。依法成立的合同,自成立时生效。我国法律规定合同要生效且有法律效力必须具备以下几个要件:

(1) 当事人有相应的民事行为能力。民事行为能力是指独立地行使民事权利、履行民事义务的能力。公民的民事行为能力分为完全民事行为能力、限制民事行为能力和无民事行为能力。具有完全民事行为能力的人,具备订立合同的主体资格。限制民事行为能力和无民事行为能力的人,一般不能订立合同,由他的法定代理人代理民事活动。法人的民事行为能力只能限制在其核准登记的生产经营和业务范围内,因此,法人具有就其生产经营和业务范围内的缔约能力。

(2) 当事人意思表示真实。意思表示真实是指行为人希望设立、变更或终止民事法律关系的内在意志与外部表示完全一致。

(3) 合同不违反法律或社会公共利益。一是合同的内容合法,即约定的双方当事人的权利义务,应符合法律的规定和社会公共利益的要求。二是合同的目的合法,即当事人缔约的原因,不得违反法律和公共秩序及善良风俗的要求。

另外,《合同法》规定,法律、行政法规规定应当办理批准、登记等手续的合同,必须依照规定办理批准、登记等手续才能生效。

(二) 无效合同

无效合同是相对于有效合同而言的,是指已经成立但因欠缺生效要件而不具有法律约束力的合同。《合同法》第五十二条规定:有下列情形之一的,合同无效:

(1) 一方以欺诈、胁迫的手段订立合同,损害国家利益;

(2) 恶意串通,损害国家、集体或者第三人利益;

(3) 以合法形式掩盖非法目的;

(4) 损害社会公共利益;

(5) 违反法律、行政法规的强制性规定。

无效合同,自始无效。合同部分无效,不影响其他部分效力的,其他部分仍然有效。

(三) 可撤销合同

可撤销合同,又叫可变更、可撤销合同。是指合同欠缺生效要件时,一方当事人可以依法请求人民法院或仲裁机构作出裁定,从而使合同的内容变更或效力归于消灭的合同。根据法律规定,有以下情况之一的,当事人一方有权请求人民法院或者仲裁机构变更或者撤销合同:

(1) 因重大误解订立的合同。

重大误解是指行为人因对行为的性质、标的物的品种、质量、规格和数量等发生错误认识,使行为的后果与自己的意思相悖,并造成较大损失的行为。存在重大误解,一是行为人在订立合同时的误解,在订立合同后不存在误解行为,当事人不得以订立合同后发生的事实为由拒绝履行义务。二是必须是当事人因自己的疏忽导致的。

(2) 在订立合同时显失公平的。

合同显失公平是指一方当事人利用优势或者利用对方没有经验,致使双方的权利与义务明显违反公平、等价有偿原则。

(3) 因欺诈而订立的合同。

欺诈是指一方当事人故意告知对方虚假信息或故意隐瞒真实情况,诱使对方当事人作出违背自己真实意思的错误表示。

(4) 因胁迫而订立的合同。

胁迫指为达到非法的目的,给他人精神上造成巨大的压力或对他人财产、身体进行要挟,迫使对方作出违背真实意思的表示。

(5) 因乘人之危而订立的合同。

乘人之危是指一方当事人乘对方处于危难之机,为牟取不正当利益,迫使对方作出不真实的意思表示,严重损害对方利益。

可撤销合同是一种相对有效的合同,在有权利的一方行使撤销权之前,合同对双方当事人都是有效的。法律规定,撤销权在下列情况下,归于消灭:具有撤销权的当事人自知道或者应当知道撤销事由之日起一年内没有行使撤销权;具有撤销权的当事人知道撤销事由后明确表示或者以自己的行为放弃撤销权。当事人请求变更的,人民法院或者仲裁机构不得撤销合同。

(四) 效力待定合同

效力待定的合同是指合同虽然已经成立,但因不完全符合有关生效要件的规定,因此其效力能否发生,须经权利人确定。

此类合同与无效合同、可撤销合同的不同之处在于,不是因行为人违反法律的禁止性规定及危害社会公共利益而使合同无效,也不是因意思表示不真实而导致合同撤销,主要是订立合同的当事人缺乏主体资格而造成的。当事人缺乏主体资格主要分为以下几种情况:

(1) 限制民事行为能力人订立的合同。

根据我国法律规定,10周岁以上不满18周岁的未成年人和不能完全辨认自己行为的精神病人为限制民事行为能力人。对限制民事行为能力人依法不能独立实施的行为,《合同法》规定:限制民事行为能力人订立的合同,经法定代理人追认后,该合同有效,但纯获利益的合同或者与其年龄、智力、精神健康状况相适应而订立的合同,不必经法定代理人追认。相对人可以催告法定代理人在一个月内予以追认。法定代理人未作表示的,视为拒绝追认。合同被追认之前,善意相对人有撤销的权利。撤销应当以通知的方式作出。

(2) 无权代理人而订立的合同。

无权代理,是指无权代理人代理他人从事民事行为。由于行为人缺乏代理权,所以其与他人订立的合同存在瑕疵。《合同法》第四十八条规定:"行为人没有代理权、超越代理权或者代理权终止后以被代理人名义订立的合同,未经被代理人追认,对被代理人不发生效力,由行为人承担责任。相对人可以催告被代理人在一个月内予以追认。被代理人未作表示的,视为拒绝追认。合同被追认之前,善意相对人有撤销的权利。撤销应当以通知的方式作出。"

需要指出的是,并不是所有的无权代理人签订的合同都是效力待定合同。无权代理人实施一定的行为后,善意相对人有理由相信其有代理权,在此情形下,被代理人应当承担代理的法律后果。这种代理行为被称为"表见代理"。表见代理一般需要表见事由,表见事由包括:工作证、空白合同书、介绍信及商业惯例等。被代理人因表见代理成立而承担民事责任,因此造成的损失,可依法请求无权代理人给予相应的赔偿。

(3) 无处分权人订立的合同。

对无处分权人处分他人财产而订立的合同。《合同法》第五十一条规定:"无处分权的人处分他人财产,经权利人追认或者无处分权的人订立合同后取得处分权的,该合同有效。"

(五) 无效合同和撤销合同的法律后果

(1) 返还财产:合同无效或者被撤销后,因该合同取得的财产,应当予以返还;不能返还或者没有必要返还的,应当折价补偿。

(2) 赔偿损失:有过错的一方应当赔偿对方因此所受到的损失,双方都有过错的,应当各自承担相应的责任。

(3) 收归国库、返还集体或第三人:当事人恶意串通,损害国家、集体或者第三人利益的,因此取得的财产收归国家所有或者返还集体、第三人。

第四节 旅游合同的违约责任

一、违约责任的概念及特征

违约责任,是指合同当事人不履行合同义务或履行合同义务不符合约定时,应承担的民事责任。违约责任具有以下特征:

(1) 以合同有效成立,合同义务存在为前提。

违约责任是违反有效合同的责任。合同有效是承担违约责任的前提,如果合同成立后无效或者被撤销均不会产生违约责任。这一特征使违约责任区别于《合同法》上的缔约过失责任。

(2) 当事人不履行或不完全履行合同的责任。

合同有效成立后,即在当事人双方产生法律约束力。一方未按合同约定提供给付或履行合同义务不符合约定条件,即其履行存在瑕疵,这两种情况都构成违约行为,违约方因而需要承当违约责任。

(3) 当事人一方对另一方承担的责任。

违约责任具有相对性,一般来说违约责任只能发生在存在合同关系的当事人之间。所以,合同当事人一方因第三人的原因造成违约的,仍应当向另一方承担违约责任。当事人一方和第三人之间的纠纷,依照法律规定或者按照约定解决。

(4) 有补偿性和一定的任意性。

一方违约后,以完全补偿为原则,违约方必须赔偿对方因违约而遭受的全部损失。其主要目的是使债权人所受到的损失能够及时得到弥补或补救,从而平衡权益。因而违约责任具有补偿性。此外,违约责任还具有一定的任意性。当事人可以在法律允许的范围内,自行约定违约责任。《合同法》第一百一十四条规定:"当事人可以约定一方违约时应当根据违约情况向对方支付一定数额的违约金,也可以约定因违约产生的损失赔偿额的计算方法。"同时在不违反法律和社会公共秩序的情况下,当事人也可以通过预先约定免责条款,免除未来的违约责任。

二、归责原则

违约责任中的归责原则,是指合同当事人不按照约定履行合同义务以后,确定其是否承担责任的法律标准。归责原则有过错责任原则和严格责任原则两种。前者以合同当事人违反合同约定的义务,主观上有无过错作为确定责任的要件。后者指违约行为发生后,不考虑当事人主观上有无过错或过失,只要当事人存在违约事实,违约责任即告成立。《合同法》第一百零七条规定:"当事人一方不履行合同义务或者履行合同义务不符合约定的,应当承担继续履行、采取补救措施或者赔偿损失等违约责任",据此,我国对违约责任的归责原则适用严格责任原则。

违约责任的归责原则直接决定着违约责任的构成要件。严格责任原则之下,违约责任的构成仅以当事人不履行或不适当履行合同约定的义务为要件,违约方能否免责在于证明是否有免责事由的存在。因而,这种归责原则有利于促使当事人认真地履行合同,以维护合同的严肃性。

三、承担方式

违约责任的承担方式,即承担违约责任的具体方式。根据我国法律,违约责任的承担方式有以下几种。

(一)继续履行

继续履行,是指一方当事人不履行或者不按约定履行合同义务时,在合同履行期限届满后,另一方当事人要求其继续履行合同规定的义务。继续履行以违约为前提,体现了法的强制性。对于金钱债务,无条件适用继续履行。即当事人一方未支付价款或者报酬的,对方可以要求其支付价款或者报酬。对于非金钱债务,有条件适用继续履行的,可以请求继续履行,但下列情形除外:法律上或者事实上不能履行;债务的标的不适于强制履行或者履行费用过高;债权人在合理期限内未要求履行。

(二)采取补救措施

采取补救措施,是指合同不适当履行后,违约一方采取的使履行缺陷得以消除的具体措施。根据《合同法》的规定,质量不符合约定的,应当按照当事人的约定承担违约责任。对违约责任没有约定或者约定不明确,不能达成补充协议的,也不能按照合同有关条款或者交易习惯确定的,受损害方根据标的的性质以及损失的大小,可以合理选择要求对方承担修理、更换、重作、退货、减少价款或者报酬等违约责任。

(三)赔偿损失

赔偿损失,是指当事人一方依法或者依约定弥补因违约行为给对方带来的损失,赔偿方式主要指金钱赔偿。赔偿损失是对守约方所遭受损失的一种补偿,而不是对违约行为的惩罚。损失赔偿额应当相当于因违约所造成的损失,包括合同履行后可以获得的利益,但不得超过违反合同一方订立合同时预见到或者应当预见到的因违反合同可能造成的损失。当事人一方违约后,对方应当采取适当措施防止损失的扩大,没有采取适当措施致使损失扩大的,不得就扩大的损失要求赔偿。当事人因防止损失扩大而支出的合理费用,由违约方承担。

(四)违约金

违约金,是指当事人一方不履行或不适当履行债务时,按照约定或者法律规定,给付他方的一定数额的金钱。

违约金预先确定,主要具有补偿性,有限度地体现惩罚性。《合同法》第一百一十四条规定:"当事人可以约定一方违约时应当根据违约情况向对方支付一定数额的违约金,也可以约定因违约产生的损失赔偿额的计算方法。约定的违约金低于造成的损失的,当事人可以请求人民法院或者仲裁机构予以增加;约定的违约金过分高于造成的损失的,当事人可以请求人民法院或者仲裁机构予以适当减少。当事人就迟延履行约定违约金的,违约方支付违约金后,还应当履行债务。"

(五)定金责任

定金,是指合同当事人为了确保合同的履行,根据双方约定,由当事人一方在合同履行前,按合同标的额的一定比例预先给付对方的金钱。定金具有担保功能,具体体现在法律对定金罚则的规定上。根据《合同法》规定,债务人履行债务后,定金应当抵作价款或者收回。给付定金的一方不履行约定的债务的,无权要求返还定金;收受定金的一方不履行约定的债务的,应当双倍返还定金。定金的数额原则上是由当事人约定的,但法律对其最高限额又作了限定,不能超过主合同标的额的20%。定金作为一种违约责任形式,不能和违约金同时适用。《合同法》第一百一十六条规定:"当事人既约定违约金,又约定定金的,一方违约时,对方可以选择适用违约金或者定金条款。"

 案例阅读①

【案情介绍】

2006年4月17日,王女士与宁波中旅签订了韩国4日游的合同,合同约定出团时间为4月29日。4月19日王女士付定金200元,旅行社为其开具了收据。25日,旅行社告

---

① 本案例选自宁波旅游网政务版,标题为"支付定金而未付清团费的旅游合同是否有效?"。

知王女士由于此团其他游客出团时间有变动,导致游客人数达不到成团人数而取消4月29日的旅游行程。王女士认为旅行社擅自终止旅游合同,应承担违约责任,根据双方签订的旅游合同要求宁波中旅赔偿合同总价20%的违约金。旅行社则辩称王女士因未付清团款,所以合同不具法律效力,因此无需承担违约责任,只答应退还给王女士定金200元。因与旅行社就赔偿问题未能达成一致,王女士向宁波市旅游质监所投诉。宁波市旅游质监所接到投诉后,对王女士的投诉事由进行了调查核实,王女士投诉属实。

【分析与提示】

1. 本案的焦点是,王女士与宁波中旅签订的旅游合同是否有效,如有效,旅行社又应承担什么样的违约责任?根据《中华人民共和国合同法》第三十二条规定:"当事人采用书面合同形式订立合同的,自双方当事人签字或者盖章时合同成立。"王女士与宁波中旅就旅游出团事宜双方意思表达明确,王女士具有缔约合同的能力,且该旅游合同不存在《合同法》中规定的合同无效的情形,因此可认定王女士与宁波中旅签订的旅游合同为有效合同并且双方在签字盖章时合同成立。

2. 《合同法》第四十四条规定:"依法成立的合同,自成立时生效。"由此可见,王女士与宁波中旅签订的旅游合同的生效与王女士未付清团款没有关系。依法成立的合同,对当事人均具有法律约束力。《合同法》第一百零七条规定:"当事人一方不履行合同义务或者履行合同义务不符合约定的,应当承担继续履行、采取补救措施或者赔偿损失等违约责任。"据此,宁波中旅因组团人数不够取消旅游行程,未按照合同约定履行义务,使王女士未能如期参加韩国旅游,应当承担违约责任。

3. 双方签订的旅游合同第六条规定:甲(游客)、乙(旅行社)双方任何一方要求中止合同的,应当提前7个工作日通知对方。违约方未在规定时间通知对方的,应支付旅游合同总价的20%的违约金。《合同法》第一百一十六条规定:"当事人既约定违约金,又约定定金的,一方违约时,对方可以选择适用违约金或者定金条款。"王女士要求宁波中旅承担违约金,于法有据,予以支持。宁波市旅游质监所责令宁波中旅赔偿王女士违约金2 116元。

四、责任免除

为了保障当事人的合法权益,法律规定了违约行为的承担方式,但并不是所有的违约行为都要受到法律的制裁。违约责任的免除主要存在两种情况:债权人放弃追究债务人的违约责任;存在免责事由。

免责事由,是指违约方对违约行为免于承担违约责任的事由。免责事由分为法定的免责事由和约定的免责事由。

(一) 法定免责事由

法定免责事由是由法律直接规定可以免除当事人违约责任的事由,主要指不可抗力。

1. 不可抗力的概念

所谓不可抗力,是指不能预见、不能避免并不能克服的客观情况。不可抗力的构成要件为:第一,不能预见。该客观情况发生在订立合同之后。在订立合同时,以一般人的预见能力为标准加以判断,当事人无法知道事件是否发生、何时何地发生、发生的情况如何;第二,不能避免,不能克服。即当事人主观上无法防止事件的发生,也不能以自身的能力战胜这种客观情况。

2. 不可抗力的范围

(1) 自然灾害。

社会科学技术的进步使人类逐步提高了对自然灾害的预见能力,但是,人类至今仍无法抗拒它,也无法消除自然灾害对人类的影响。遇到阻碍合同履行的自然灾害,如台风、洪水、冰雹、海啸、泥石流等,当事人可作为不可抗力为由免除责任。

(2) 政府行为。

当事人在合同签订之后,政府颁布新的政策、法律或采取新的行政措施,导致合同不能履行,应免除债务人不履行合同的责任。如征收、征用、禁令、禁运等等。

(3) 社会异常事件。

这主要是指社会中团体行为引致的事件,如战争、罢工、骚乱等。

3. 不可抗力的法律限制

不可抗力作为免责条款是法定的,当事人不得约定将不可抗力排除在免责事由之外,即无论当事人是否在合同中约定不可抗力条款,都不影响其法律效力的存在。《合同法》第一百一十七条又规定:"因不可抗力不能履行合同的,根据不可抗力的影响,部分或者全部免除责任,但法律另有规定的除外。当事人迟延履行后发生不可抗力的,不能免除责任。"

4. 发生不可抗力时的义务

因不可抗力不能履行合同的一方当事人负有通知义务和提供证明的义务。《合同法》第一百一十八条规定:"当事人一方因不可抗力不能履行合同的,应当及时通知对方,以减轻可能给对方造成的损失,并应当在合理期限内提供证明。"如未尽通知义务,则给对方造成的不必要的损失,不能以不可抗力为由要求免责。发生不可抗力时的通知义务,有利于对方及时采取措施,防止损失扩大,这体现了合同履行的诚实信用原则。

(二) 约定免责事由

约定免责事由是指当事人约定的免责条款。所谓免责条款是指当事人在合同中约定免除将来可能发生的违约责任的条款。一般情况下,双方当事人约定的免责条款,法律承认其效力。但是免责条款不能排除当事人的基本义务,也不得违反法律和社会公共利益,否则无效。《合同法》第四十条规定,提供格式条款一方免除其责任、加重对方责任、排除对方权利的免责条款无效。《合同法》第五十三条规定,合同中的下列免责条款无效:造成对方人身伤害的;因故意或者重大过失造成对方财产损失的。

本章小结

旅游业务中涉及合同类别有多种,本章主要结合《合同法》的基本规定,着重介绍旅游合同。学习本章,要从旅游合同的概念入手,明确其形式及内容,理解并掌握旅游合同的履行、效力和违约责任等法律规定。同时本章的学习要结合《旅行社条例》及《实施细则》中有关旅游合同的规定,除了要求对概念和基本知识识记外,更重要的是会运用《合同法》基本原理和法律规定分析解决实际案例。

思考与练习

1. 什么是旅游合同?法律、法规对旅游合同的形式及内容作了哪些规定?
2. 什么是格式条款?如何理解以格式条款订立旅游合同的利与弊?
3. 旅游合同的变更与转让应符合哪些条件?
4. 什么是不可抗力?试举出旅游过程中,可能发生的不可抗力。
5. 简述旅游合同的违约责任。

附录:

《济南市国内旅游组团合同(示范文本)》

(试行)

济南市国内旅游组团合同说明

本合同示范文本系根据《中华人民共和国合同法》和《旅行社条例》等有关法律、法规,参照国家旅游局、国家工商总局《中国公民出境旅游合同范本》制定,一经签订对签约双方当事人具有约束力。旅游者在签订合同前请仔细阅读以下合同说明,该说明为合同的组成部分。

一、报名与参团

(1) 旅游者参加旅游应选择具有旅游行政管理部门核发的旅行社业务经营许可证的旅行社。旅行社业务经营许可证上的营业地址与合同中的旅行社营业地址应当一致。出发前应当与旅行社签订书面合同,交纳旅游费用后要求旅行社开具由济南市税务局印制的发票。合同从签订之日起生效,至本次旅游旅游者离开旅行社安排的交通工具时结束。

(2) 旅游者或旅游者的委托人与旅行社签订合同和填写各种报名资料时,内容要真实、准确,并自行携带有效的身份证件以备查验。旅游者提供的电话或传真须是经常使用或能够及时联系到的,否则旅行社联系不到旅游者的,不承担由此产生的损失。

(3)旅行社收取的团费中不包括个人意外保险,旅游者可自主选择购买人身意外保险。

(4)老人、军人、儿童等特殊人群的收费标准由旅游者、旅行社根据游览景点优惠、服务标准的不同协商约定。约定之外增加的费用应由旅游者自负,减少的费用应由旅行社退还旅游者。持相关特殊证件的旅游者应提前告知旅行社。

(5)旅游者应按旅行社规定的时间、地点准时到达集合地点。旅游者未准时到达集合地点,也未能在行程中途加入旅游团的,视为旅游者自愿解除合同,旅行社可按照本合同约定要求赔偿。约定不派全陪的,旅行社出发前应告知旅游者旅游目的地的具体接洽办法。

(6)旅行社收取的团款中所列门票指旅游景点的第一道门票费。其他游览项目及收费标准由双方另行约定。

(7)旅游者与旅行社签订合同后,应当按照约定履行合同。旅游者本人如不能成行,可以在与旅行社协商同意后,让他人代为履行合同,因代为履行合同增加的费用,由旅游者支付。

(8)旅游者可以与旅行社约定购物与自费项目的次数、收费标准;可以有权拒绝参加合同中未约定的购物和其他旅游活动。

二、违约处理原则

(1)旅行社因故意或过失未达到合同所规定的内容或未达到国家行业标准而造成旅游者直接经济损失的,旅行社应当赔偿损失。旅游者违反合同规定,对其自身的损失责任自负;给旅行社造成的损失应承担赔偿责任。

(2)旅行社在旅游质量问题发生前后已采取下列措施的或具备下列情形的,应减轻或免除责任:

a. 对安全状况已给予充分说明、提醒、劝诫、警告或事先说明的,并已采取了防止危害发生的必要措施的;

b. 发生的违约问题属非故意、非过失、非自身原因或无法预知和控制,并已采取了预防措施的;

c. 质量问题发生后,旅行社积极主动采取了善后处理措施补救的;

d. 质量问题的发生是全部或部分由于旅游者自身的过错造成的。

(3)一方违约后,另一方应当采取适当的措施防止损失扩大;没有采取适当措施致使损失扩大的,不得就扩大的损失要求赔偿。

三、不可抗力问题

旅游者、旅行社双方签订合同后,因不可抗力原因不能履行或变更合同的,部分或者全部免除责任,但法律另有规定的除外。

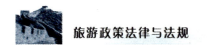

四、中途离团或弃团问题

旅游者应当遵守团队纪律,配合导游完成旅游活动。旅游者在旅程中未经旅行社同意自行离团不归的,视为单方面解除合同,不能要求旅行社退还旅游费用。途中旅游者因伤病无法继续旅行,且持有医院诊断证明,旅行社应将未发生费用退还旅游者。因旅行社原因,造成途中旅游者无人负责,或导游擅自离开旅游团队,旅行社应承担旅游者滞留期间所支出的食宿费等直接费用,退还未旅游项目的费用,并赔偿未旅游项目费用一倍的违约金。

五、交通问题

航班、列车时刻应当以民航、铁道部门的批准时间为准。合同签订后,交通费如遇政府调整票价,该费用的退补,依照《合同法》第六十三条办理。因非归责于旅行社方面的原因,造成飞机、火车等航班改点、延误,或旅游者在搭乘飞机、轮船、火车、长途汽车、地铁、索道、公共交通等运输工具时受到人身伤害和财产损失的,旅行社应协助旅游者向提供上述服务的经营者追索赔偿。

六、财物保管问题

旅游者应妥善保管好随身携带的财物,以免损坏或遗失。事先未与旅行社签订保管协议或未听从旅行社警示、提醒而丢失的,旅游者自行承担责任。

七、旅游者的权利

旅游者在旅游过程中,有权监督导游人员佩证上岗;有权要求导游人员按旅游者和旅行社订立的合同内容和国家行业标准提供服务;有权得到对旅游过程中可能危及旅游者人身安全、财产安全情况的事先说明或者明确警示;旅游者认为旅行社未按旅游合同标准提供服务并对旅游者造成损失的,有权要求得到赔偿;旅游者的人格尊严、民族风俗习惯应受尊重。

八、旅游者的义务

(1) 遵守国家和地方的法律及有关规定,旅游者不得在旅游过程中从事违法活动。

(2) 不得侵害他人的权利和利益,旅游者在行使权利时,不得损害国家、社会、集体的利益和他人的合法权益。

(3) 遵守公共秩序,尊重社会公德,旅游者应当尊重旅游服务人员的人格,与团队人员之间互相尊重、互相协助;尊重当地的民族风俗习惯和风土人情;严禁在景观、建筑上乱刻乱画,不得有随地吐痰、乱扔垃圾等不文明行为。

(4) 遵守合同约定,协助旅行社完成旅游服务。旅游者应当确保自身身体条件能够完成旅游活动,并对旅行社服务活动予以积极配合,不得以个人原因强迫旅行社改变旅游团队的行程或擅自离团活动。

(5) 旅游过程中与旅行社发生纠纷,应当本着平等的原则协商解决或行程结束后通过合法的争议方式解决。旅游者不得以服务质量等问题为由,拒绝登机(车、船),或采取其他方式拖延行程,扩大影响及损失,以强迫旅行社接受其提出的条件。

济南市国内旅游组团合同

合同编号:_____;
甲方:_____等____人(旅游者);
姓名:_____,性别:____,身份证号_____。
姓名:_____,性别:____,身份证号_____。
……
乙方:_____(旅行社);
经营范围:_____;
营业地址:_____;
联系电话:_____;
旅行社业务经营许可证编号:_____。

甲方自愿购买乙方所销售的旅游产品。为保证旅游服务质量,明确双方的权利、义务,本着平等协商的原则,现就有关事宜达成如下协议:

一、旅游时间

_____年___月___日至_____年___月___日,共___天___夜,行程中的在途时间包含在内。

二、旅游出发时间地点、目的地及返回时间地点

(1) 出发地:_____,出发时间:_____,集合地点:_____;
(2) 途经地:_____(详见旅游行程计划说明书);
(3) 目的地:_____(详见旅游行程计划说明书);
(4) 返回时间:_____,返回地点:_____。

三、地接旅行社(旅行目的地的接洽旅行社)

(1) 地接旅行社名称:_____;
(2) 地址:_____;
(3) 经营范围:_____;
(4) 地接旅行社业务经营许可证编号:_____。

四、旅游安排及标准

(1) 往返大交通:_____;

(2) 门票：_____；
(3) 地接车辆：_____；
(4) 住宿：_____；
(5) 供餐：_____；
(6) 导游服务：提供全程导服□/地接□。

五、游览项目内容及时间

_____（详见旅游行程计划说明书）。

六、自由活动的时间和次数

_____（详见旅游行程计划说明书）。

七、旅游费用及交纳方式

(1) 成人旅游费用为_____元(人民币)/人；身高1.1米以上的儿童按成人标准收费，不足1.1米(含1.1米)的儿童由双方协商收费_____元(人民币)/人；对未按成人缴纳旅游费用的儿童不提供_____、_____、_____、_____；

共计_____人_____元(人民币)(该费用为旅游者的基本交通、住宿、餐饮费用，不含以下费用：① 非合同约定的行程发生的费用；② 自费项目有关费用；③ 自由活动期间的费用；④ 行程中发生的旅游者个人费用，包括：交通工具上的非免费餐饮费；行李超重费；住宿期间的洗衣、电话、电报、饮料及酒类费用等)。

(2) 付款方式：现付：_____，汇款：_____，其他方式：_____；

(3) 签订本合同之日，甲方应预付人民币_____元，余款应于出发前_____日付讫(如甲方不能按照本合同约定的时间足额支付旅游费用，乙方有权解除合同并要求甲方支付因此给乙方造成的损失)。

八、购物次数、停留时间及购物场所的名称

_____（详见旅游行程计划说明书）。

九、另行付费的游览项目及价格

_____（详见旅游行程计划说明书）。

十、解除和变更合同的约定

(一) 甲方解除合同

旅游者可以在旅游活动开始前通知旅行社解除本合同，但须承担旅行社已经为办理本次旅游支出的必要费用，并按如下标准支付违约金：

(1) 在旅游开始前第5日(不含第5日当天)以前通知到乙方的，甲方应支付全部旅

游费用的_____%。

(2)在旅游开始前第5日至第3日(不含第3日当天)前通知到乙方的,甲方应支付全部旅游费用的_____%。

(3)在旅游开始前第3日至第1日(不含第1日当天)前通知到乙方的,甲方应支付全部旅游费用的_____%。

(4)在旅游开始前1日通知到乙方的,甲方应支付全部旅游费用的_____%。

(5)在旅游开始日或开始后通知到乙方或未通知乙方而不参团的,甲方应支付全部旅游费用的_____%。

(二)乙方解除合同

旅行社可以在旅游活动开始前通知旅游者解除本合同,并按如下标准支付违约金:

(1)在旅游开始前第5日(不含第5日当天)以前通知到甲方的,乙方支付全部旅游费用的_____%。

(2)在旅游开始前第5日至第3日(不含第3日当天)前通知到甲方的,乙方支付全部旅游费用的_____%。

(3)在旅游开始前第3日至第1日(不含第1日当天)前通知到甲方的,乙方支付全部旅游费用的_____%。

(4)在旅游开始前1日通知到甲方的,乙方支付全部旅游费用的_____%。

(5)在旅游开始日及以后通知到甲方的,乙方支付全部旅游费用的_____%。

因旅游线路涉及的城市、景点发生社会动荡、恐怖活动、重大传染性疾病、自然灾害等有可能危及旅游者人身安全的情况,且双方又未能达成变更协议的,乙方可在出发前解除合同,旅游费用在扣除实际发生的费用后返还旅游者,乙方无需承担其他解除合同的责任。

(三)变更合同

双方可以协商更改合同约定,协商不成的按解除合同的约定履行,首先提出变更的一方承担违约责任。

行程中因不可抗力(自然灾害、政府行为等)或不可归责于旅行社的意外情况(天气变化、道路堵塞、列车航班晚点、重大礼宾活动等),导致无法按照约定的线路、交通、食宿安排等继续履行合同的,旅行社可以在征得团队内半数以上成员同意后对相应内容予以变更,但团队成员无法达成多数意见或因情况紧急无法征求意见时,由旅行社决定;因变更超出的费用由旅游者承担,节省的费用应当返还旅游者。

(四)乙方委托的第三方有违反本合同约定行为的,视同乙方违约,应当由乙方按照本合同约定向甲方承担违约责任。

(五)甲、乙双方在履行合同的过程中按照各自的过错承担相应的责任。

十一、不能成团的约定

如报名参团的人数不足_____人不能成团,乙方应于约定出发日_____日前通

知到甲方,并按以下方式解决:

(1) 甲方_____(同意或者不同意,打钩无效)组团社在_____个月之内延期出团。

(2) _____(同意或者不同意,打钩无效)转_____旅行社出团,若同意转团,乙方应与接受委托的旅行社签订委托协议,确定接待旅游者的各项服务安排及其标准,约定双方的权利、义务,增加或减少费用该如何承担等相关问题。同时,接受委托的旅行社应具备法律规定的相应资质。

(3) _____(同意或者不同意,打钩无效)改为散客团,费用如有增减,由乙方退回或由甲方补足。

甲方如均不同意按前3项约定方式解决的,自乙方通知日起本合同解除,乙方退还甲方全部团款,乙方不承担违约责任。因乙方原因不能按前3项方式解决的,视为变更合同协商不成,按本合同第十条约定承担违约责任。

十二、其他约定

(1) 包机机票☐、打折机票☐、不得改签☐、签转☐和退票☐。

(2) 旅游意外险:甲方_____(同意或者不同意,打钩无效)委托乙方办理个人投保的旅游意外险。

(3)《旅游行程计划说明书》经甲、乙双方签字作为合同附件,与合同具有同等法律效力。

十三、补充条款(如空格不够,可另附页)

_____
_____
_____
_____

十四、纠纷解决

本合同履行中发生争议,由双方协商解决;协商不成的可向合同签订地的旅游、工商、价格等有关部门申请调解解决。也可依法向旅行社所在地人民法院起诉。

本合同一式两份,自双方签字盖章之日起生效,签约双方各持一份。

甲方签字(盖章):_____ 乙方签字(盖章):_____

联系电话:_____ 联系电话:_____

证件号码:_____ 签约代表:_____

住址:_____ 签约地点:_____

签约日期: 年   月   日

济南市旅游投诉电话:0531-66608777

济南市旅游市场监督电话:0531-66608770
电子邮箱:jnzj@jnta.gov.cn
济南市旅游监察大队监制
济南市旅行社协会印制
地址:济南市历下区龙鼎大道1号龙奥大厦F1334室
邮编:250101

第三章 旅行社管理法规制度

学习目标

➢ 了解旅行社的概念及申请设立外商投资旅行社的规定；
➢ 理解旅行社经营原则、旅行社的监督检查及法律责任；
➢ 掌握旅行社经营范围和经营权利、旅行社及分支机构设立的主要内容；
➢ 熟知旅行社的业务经营规则、旅游者权益的保护、旅行社质量保证金制度及旅行社责任保险制度的法律规定。

第一节　旅行社管理概述

一、旅行社的概念及法律特征

《旅行社条例》（以下简称《条例》）规定："旅行社，是指从事招徕、组织、接待旅游者等活动，为旅游者提供相关旅游服务，开展国内旅游业务、入境旅游业务或者出境旅游业务的企业法人。"据此，旅行社应当具有下列特征。

（1）具有法人资格的企业。

旅行社是具备了法人条件从事旅游业务的企业，法人是指具有民事权利能力和民事行为能力，依法独立享有民事权利和承担民事义务的组织。旅行社的成立必须具备《条例》中规定的条件，并依法进行审批登记，才能取得企业法人资格。同时作为企业，旅行社是营利性的经济组织，自主经营、独立核算，对经营成果的好坏独自承担经济责任。

（2）提供旅游服务。

旅行社从事的经营活动，主要围绕"旅游"展开。招徕、组织、接待旅游者提供的相关旅游服务主要包括：安排交通、住宿、餐饮、观光游览、休闲度假等服务；提供导游（领队）、旅游咨询、旅游活动设计服务；接受委托，代订或代办交通、代订住宿和代办出境、入境、签证等手续。

二、旅行社的业务范围

根据《条例》规定,旅行社从事的业务主要包括:国内旅游业务、入境旅游业务和出境旅游业务。

国内旅游业务,是指旅行社招徕、组织和接待中国内地居民在境内旅游的业务。

入境旅游业务,是指旅行社招徕、组织、接待外国旅游者来我国旅游;香港特别行政区、澳门特别行政区旅游者来内地旅游;台湾地区居民来大陆旅游,以及招徕、组织、接待在中国内地的外国人,在内地的香港特别行政区、澳门特别行政区居民和在大陆的台湾地区居民在境内旅游的业务。

出境旅游业务,是指旅行社招徕、组织、接待中国内地居民出国旅游,赴香港特别行政区、澳门特别行政区和台湾地区旅游,以及招徕、组织、接待在中国内地的外国人、在内地的香港特别行政区、澳门特别行政区居民和在大陆的台湾地区居民出境旅游的业务。

旅行社依法取得旅行社业务经营许可后,就可以经营国内旅游业务和入境旅游业务,但是只能由拥有出境旅游业务经营权的旅行社从事出境旅游业务,提供出境、签证手续等服务。旅行社获取出境旅游经营权需要符合法律其他规定。

第二节 旅行社的设立制度

一、旅行社的设立条件

旅行社作为企业法人,要有自己的场所以及必要的财产和经费。为此,《条例》规定,申请设立旅行社,经营国内旅游业务和入境旅游业务的,应当具备下列条件:

(1) 有固定的经营场所。

固定的经营场所,是指旅行社拥有产权的营业用房,或者是租用的、租期不少于1年的营业用房。营业用房应当满足业务经营的需要,即旅行社可根据自己的经营范围和业务量来选定营业用房的面积,以适合开展旅游业务。

(2) 有必要的营业设施。

《旅行社条例实施细则》(以下简称《实施细则》)规定,营业设施应当至少包括下列设施、设备:2部以上的直线固定电话、传真机、复印机,具备与旅游行政管理部门及其他旅游经营者联网条件的计算机。

(3) 有不少于30万元的注册资本。

注册资本,是指旅行社在工商行政管理部门登记注册的资本额,也即旅行社所填报的财产总额,它反映了旅行社法人的财产权。注册资本是旅行社存在和从事经营活动的物质基础,同时注册资本也能反映旅行社的规模,起到信用担保的作用。《条例》规定的注册资本是旅行社设立时必须拥有的法定资本最低额度,可以高出该额度,不能低于该额度。

对于经营出境旅游业务的旅行社,《条例》第 8 条作了进一步规定:"旅行社取得经营许可满 2 年,且未因侵害旅游者合法权益受到行政机关罚款以上处罚的,可以申请经营出境旅游业务。"由此可见,除了满足上述条件外,国家对经营出境旅游业务的旅行社还有旅游服务质量上的要求。

二、旅行社的申报审批

(一)申报材料

《实施细则》规定,申请设立旅行社,应当向省、自治区、直辖市旅游行政管理部门(简称省级旅游行政管理部门,下同)提交下列文件:

(1)设立申请书。内容包括申请设立的旅行社的中英文名称及英文缩写,设立地址,企业形式、出资人、出资额和出资方式,申请人、受理申请部门的全称、申请书名称和申请的时间。

(2)法定代表人履历表及身份证明。法定代表人,是指依照法律或法人章程规定代表法人行使职权的负责人。一般认为法人的正职行政负责人为其唯一法定代表人。例如旅行社的董事长、执行董事或总经理。法定代表人对外的职务行为即为法人行为,其后果由法人承担。

(3)企业章程。旅行社企业章程是旅行社设立的最基本条件和最重要的法律文件。企业章程作为旅行社组织与行为的基本准则,是其对内进行管理的依据。章程中公开申明的企业宗旨、营业范围、资本数额以及责任形式等内容,为旅行社对外表明信用和相对人了解公司组织和财产状况提供依据。旅行社章程一经有关部门批准即对外产生法律效力。

(4)依法设立的验资机构出具的验资证明。

(5)经营场所的证明。

(6)营业设施、设备的证明或者说明。

(7)工商行政管理部门出具的企业名称预先核准通知书。

(二)旅行社的审批

1. 国内游与入境游的审批

《条例》规定,申请设立旅行社,经营国内旅游业务和入境旅游业务的,应当向所在地省级旅游行政管理部门或者其委托的设区的市级旅游行政管理部门提出申请,并提交相关证明文件。

受理申请的旅游行政管理部门应当自受理申请之日起 20 个工作日内作出许可或者不予许可的决定。予以许可的,向申请人颁发旅行社业务经营许可证,申请人持旅行社业务经营许可证向工商行政管理部门办理设立登记；不予许可的，书面通知申请人并说明理由。

除了对材料进行审核，受理申请的旅游行政管理部门可以对申请人的经营场所、营业设施、设备进行现场检查，或者委托下级旅游行政管理部门检查。

2. 出境游的审批

《条例》及其《实施细则》中规定，申请经营出境旅游业务的，应当向国务院旅游行政主管部门或者其委托的省级旅游行政管理部门提出申请，并向国务院旅游行政主管部门提交原许可的旅游行政管理部门出具的、证明其经营旅行社业务满2年、且连续2年未因侵害旅游者合法权益受到行政机关罚款以上处罚的文件。

受理申请的旅游行政管理部门应当自受理申请之日起20个工作日内作出许可或者不予许可的决定。予以许可的，向申请人换发旅行社业务经营许可证，旅行社应当持换发的旅行社业务经营许可证到工商行政管理部门办理变更登记；不予许可的，书面通知申请人并说明理由。

国务院旅游行政主管部门可以委托省级旅游行政管理部门受理旅行社经营出境旅游业务的申请，并作出许可或者不予许可的决定。

旅行社申请经营边境旅游业务的，适用《边境旅游暂行管理办法》的规定。

旅行社申请经营赴台湾地区旅游业务的，适用《大陆居民赴台湾地区旅游管理办法》的规定。

三、旅行社分支机构的设立

（一）旅行社分社的设立

旅行社分社（简称分社，下同），是指由设立社控制的不具有法人资格的分支机构。它以设立社的名义从事旅游经营活动，其经营活动的责任和后果，由设立社承担。旅行社分社的设立不受地域限制。分社的经营范围不得超出设立分社的旅行社的经营范围。

1. 分社的设立条件

（1）硬件条件。

分社作为营业机构，也要具备一定的硬件设施，对此《条例》及《实施细则》规定，设立分社要有固定的经营场所和必要的营业设施，其具体要求同设立一个旅行社的要求相同。即拥有具有产权的营业用房，或者租用的、租期不少于1年的营业用房且营业用房应当满足业务经营的需要；至少拥有2部以上的直线固定电话；传真机、复印机；具备与旅游行政管理部门及其他旅游经营者联网条件的计算机。

（2）名称要求。

分社的名称中应当包含设立社名称、分社所在地地名和"分社"或者"分公司"字样。

2. 分社的设立程序

《条例》及《实施细则》规定，旅行社设立分社的，应当持旅行社业务经营许可证副本向分社所在地的工商行政管理部门办理设立登记,并自设立登记之日起3个工作日内,持下列文件向分社所在地与工商登记同级的旅游行政管理部门备案:

(1) 设立社的旅行社业务经营许可证副本和企业法人营业执照副本;

(2) 分社的营业执照;

(3) 分社经理的履历表和身份证明;

(4) 增存质量保证金的证明文件。

没有同级的旅游行政管理部门的,向上一级旅游行政管理部门备案。

旅行社分社备案后,受理备案的旅游行政管理部门应当向旅行社颁发旅行社分社备案登记证明。

(二) 旅行社服务网点的设立

服务网点是指旅行社设立的,为旅行社招徕旅游者,并以旅行社的名义与旅游者签订旅游合同的门市部等机构。服务网点同样不具有法人资格,以设立社的名义对外从事活动。设立社设立服务网点的区域范围,应当在设立社所在地的设区的市的行政区划内。设立社不得在该区域范围外设立服务网点。

1. 服务网点的设立要求

《实施细则》规定,服务网点应当设在方便旅游者认识和出入的公众场所。服务网点的名称、标牌应当包括设立社名称、服务网点所在地地名等,不得含有使消费者误解为是旅行社或者分社的内容,也不得作易使消费者误解的简称。

服务网点应当在设立社的经营范围内招徕旅游者、提供旅游咨询服务。旅行社服务网点应当接受旅行社的统一管理,不得从事招徕、咨询以外的活动。旅行社设立的办事处、代表处或者联络处等办事机构,不得从事旅行社业务经营活动。

2. 服务网点的设立程序

《条例》及《实施细则》规定,旅行社设立专门招徕旅游者、提供旅游咨询的服务网点应当依法向服务网点所在地的工商行政管理部门办理设立登记手续,登记后应当在3个工作日内,持下列文件向服务网点所在地与工商登记同级的旅游行政管理部门备案:

(1) 设立社的旅行社业务经营许可证副本和企业法人营业执照副本;

(2) 服务网点的营业执照;

(3) 服务网点经理的履历表和身份证明。

没有同级的旅游行政管理部门的,向上一级旅游行政管理部门备案。

服务网点备案后,受理备案的旅游行政管理部门应当向旅行社颁发旅行社服务网点备案登记证明。

(三) 设立社对分社、服务网点的管理

设立社应当与分社、服务网点的员工,订立劳动合同。旅行社员工的独立性比较大,通过劳动合同明确设立社与分社、门市部员工之间的权利和义务,一方面有利于保护劳动者的合法权益;另一方面也有利于防止旅行社人员的频繁流动。

设立社应当加强对分社和服务网点的管理,对分社实行统一的人事、财务、招徕、接待制度规范,对服务网点实行统一管理、统一财务、统一招徕和统一咨询服务规范。旅行社对分支门市的"四个统一"规范了旅行社的内部操作,从而减少旅游业务操作的任意性,避免旅游纠纷,有利于旅行社的专业化、网络化、品牌化发展。

四、旅行社的变更和终止

(一)旅行社的变更

旅行社的变更,是指经营业务的变更,或者是设立登记事项中某一项或某几项的改变。

旅行社业务的变更,即增加出境旅游业务。如前所述,国务院旅游行政主管部门或者其委托的省、自治区、直辖市旅游行政管理部予以许可的,旅行社持换发的旅行社业务经营许可证到工商行政管理部门办理变更登记。

旅行社名称、经营场所、出资人、法定代表人等登记事项变更的,应当到工商行政管理部门办理相应的变更登记,并在登记办理完毕之日起10个工作日内,持已变更的企业法人营业执照向原许可的旅游行政管理部门备案,换领旅行社业务经营许可证。需要特别指出的是,在变更出资人时,未经批准,旅行社不得引进外商投资。

(二)旅行社的终止

旅行社终止经营的,应当到工商行政管理部门办理相应的注销登记,并在登记办理完毕之日起10个工作日内,持工商行政管理出具的注销文件向原许可的旅游行政管理部门备案,交回旅行社业务经营许可证。

五、外商投资旅行社的规定

(一)概念

外商投资旅行社,是指依照中华人民共和国法律的规定,在中国境内设立的,由中国投资者和外国投资者共同投资或者仅由外国投资者投资的旅行社。

外商投资旅行社是一个总的概念,包括中外合资经营旅行社、中外合作经营旅行社和外资旅行社。

(二)申请设立

设立外商投资旅行社,由投资者向国务院旅游行政主管部门提出申请,并提交符合条件(与经营国内游和入境游业务的旅行社申请设立的条件相同)的相关证明文件。国务院旅游行政主管部门应当自受理申请之日起30个工作日内审查完毕。同意设立的,出具外商投资旅行社业务许可审定意见书;不同意设立的,书面通知申请人并说明理由。

申请人持外商投资旅行社业务许可审定意见书、章程,合资、合作双方签订的合同向

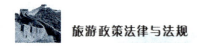

国务院商务主管部门提出设立外商投资企业的申请。国务院商务主管部门应当依照有关法律、法规的规定,作出批准或者不予批准的决定。予以批准的,颁发外商投资企业批准证书,并通知申请人向国务院旅游行政主管部门领取旅行社业务经营许可证,申请人持旅行社业务经营许可证和外商投资企业批准证书向工商行政管理部门办理设立登记;不予批准的,书面通知申请人并说明理由。

(三)外商投资旅行社的经营

外商投资旅行社不得经营中国内地居民出国旅游业务以及赴香港特别行政区、澳门特别行政区和台湾地区旅游的业务,但是国务院决定或者我国签署的自由贸易协定和内地与香港、澳门关于建立更紧密经贸关系的安排另有规定的除外。

第三节 旅行社的经营制度

一、旅行社的经营原则

《条例》第四条规定:"旅行社在经营活动中应当遵循自愿、平等、公平、诚信的原则,提高服务质量,维护旅游者的合法权益。"

(一)自愿原则

自愿原则是指旅行社可以自由地基于自己的意愿进行旅游活动。它是市场经济对法律提出的要求。自愿原则要求旅行社,一方面有权按照自己的真实意愿独立自主地选择、决定交易相对人和交易条件,建立、变更和终止旅游法律关系;另一方面不能违背交易主体的意志,以欺诈、胁迫等方式与其发生旅游法律关系。

(二)平等原则

平等原则是指旅行社与旅游者或其他组织法律地位的平等。旅行社必须以平等协商的方式与他人开展旅游经营活动,不得把自己的意志强加给对方。

(三)公平原则

公平原则是旅行社应公正、合情合理地从事经营活动,正当行使权利和义务,保证公平交易,以维持与另一方交易主体的利益均衡。

(四)诚实信用原则

诚实信用原则是指旅行社在市场活动中应讲信用,恪守诺言,诚实不欺,行使权利不侵害他人与社会的利益。

二、旅行社的业务经营规则

(一)出境旅游限定在国家规定的目的地

《条例》第二十五条规定:"经营出境旅游业务的旅行社不得组织旅游者到国务院旅游

行政主管部门公布的中国公民出境旅游目的地之外的国家和地区旅游。"具体讲,出境旅游只能在国家旅游局已经公布的目的地国家或地区开展。目前,已有137个国家和地区成为中国公民团队旅游的目的地。

(二)不得转让、出租或者出借旅行社业务经营许可证

旅行社及其分社、服务网点,应当将旅行社业务经营许可证、旅行社分社备案登记证明或者旅行社服务网点备案登记证明,与营业执照一起,悬挂在经营场所的显要位置。旅行社业务经营许可证不得转让、出租或者出借。

转让、出租或者出借旅游业务经营许可证的行为包括:

(1)除招徕旅游者和依法委托地接社接待外,准许或者默许其他企业、团体或者个人,以自己的名义从事旅行社业务经营活动的;

(2)准许其他企业、团体或者个人,以部门或者个人承包、挂靠的形式经营旅行社业务的。

(三)规范经营,不得开展非法活动

旅行社为旅游者安排或者介绍的旅游活动不得含有违反有关法律、法规规定的内容,旅行社不得安排的活动主要包括:

(1)含有损害国家利益和民族尊严内容的;

(2)含有民族、种族、宗教歧视内容的;

(3)含有淫秽、赌博、涉毒内容的;

(4)其他含有违反法律、法规规定内容的。

(四)合法聘用导游和领队人员

《条例》规定,旅行社聘用导游人员、领队人员应当依法签订劳动合同,并向其支付不低于当地最低工资标准的报酬。

旅行社不得要求导游人员和领队人员接待不支付接待和服务费用或者支付的费用低于接待和服务成本的旅游团队,旅行社不得要求导游人员和领队人员承担接待旅游团队的相关费用。这些费用主要包括:

(1)垫付旅游接待费用;

(2)为接待旅游团队向旅行社支付费用;

(3)其他不合理费用。

导游、领队的报酬主要是由基本工资和带团补贴两部分组成。如果从业人员的工资报酬很低,旅行社将无费用或者费用低于成本的团队委派给导游和领队,或者要求导游和领队承担相关费用,势必会造成从业人员为谋求最基本的保障而将亏损成本转嫁到下游商家甚至旅游者身上。《条例》的上述规定,不仅有利于规范旅游市场秩序,而且有利于维护旅游消费者的权益。

(五)选择具有资格和服务能力的接待部门

《实施细则》第三十二条规定:"旅行社招徕、组织、接待旅游者,其选择的交通、住宿、餐饮、景区等企业,应当符合具有合法经营资格和接待服务能力的要求。"旅行社虽

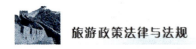

然是直接面对旅游者从事旅游业务,但是其本身并不能提供旅游活动中的所有服务。从旅行社的角度约束承揽旅游服务的部门,简化旅游法律关系,有利于保障旅游者的合法权益。

(六) 非法滞留情况须上报

《条例》第四十条规定:"旅游者在境外滞留不归的,旅行社委派的领队人员应当及时向旅行社和中华人民共和国驻该国使领馆、相关驻外机构报告。旅行社接到报告后应当及时向旅游行政管理部门和公安机关报告,并协助提供非法滞留者的信息。"

同时,《条例》和《实施细则》还规定,旅行社接待入境旅游发生旅游者非法滞留我国境内的,应当及时向所在地县级以上旅游行政管理部门、公安机关和外事部门报告,并协助提供非法滞留者的信息。

(七) 规范业务档案

旅行社应当妥善保存招徕、组织、接待旅游者的各类合同及相关文件、资料,以备县级以上旅游行政管理部门核查。合同及文件、资料的保存期,应当不少于2年。

旅行社不得向其他经营者或者个人,泄露旅游者因签订旅游合同提供的个人信息;超过保存期限的旅游者个人信息资料,应当妥善销毁。

除上述旅行社业务经营规则外,为倡导旅游文明行为,维护中国人良好形象,《实施细则》还规定,在旅游行程中,旅行社及其委派的导游人员、领队人员应当提示旅游者遵守文明旅游公约和礼仪。

三、旅行社对旅游者权益的保护

(一) 提供的服务信息必须真实可靠

《条例》第二十四条规定:"旅行社向旅游者提供的旅游服务信息必须真实可靠,不得作虚假宣传。"所谓真实可靠是指提供的信息和客观事实相符,并且内容完整准确,来源可以信赖。就旅行社而言,在对外宣传中,要对旅游行程、服务标准、旅游费用等事项做真实的描述,可靠的说明,不得含有虚假内容,不得使用模糊不清的表述欺骗和误导旅游者。

(二) 不主动提供旅游合同以外的有偿服务

《条例》第二十七条规定:"旅行社不得以低于旅游成本的报价招徕旅游者。未经旅游者同意,旅行社不得在旅游合同约定之外提供其他有偿服务。"合同约定之外的其他有偿服务,是指旅游合同约定以外,需要旅游者另行支付费用的项目,即所谓的"自费项目"。《条例》对旅行社提供额外的有偿服务设定了限制条件,即事先必须经过旅游者的同意,这样做体现了旅游经营的自愿原则,有效防止旅行社通过安排自费项目谋取利益,保护了旅游者的合法权益,防范了旅游业的不正当操作。

(三) 公平签订书面合同

《条例》规定,旅行社为旅游者提供服务,应当与旅游者签订旅游合同,合同中的内容包括旅行社统一编排的游览项目的具体内容及时间,旅游者自由活动的时间和次数,旅游者应当缴纳的旅游费用,旅行社安排的购物次数、停留时间及购物场所的名称,需要旅游者另行付费的项目及价格,解除或者变更合同的条件和提前通知的期限等14项(详见第二章第一节,旅游合同的内容)。旅行社在与旅游者签订旅游合同时,应当对旅游合同的具体内容作出真实、准确、完整的说明。

同时,为了贯彻旅行社公平经营的原则,《实施细则》进一步规定,在签订旅游合同时,旅行社不得要求旅游者必须参加旅行社安排的购物活动或者需要旅游者另行付费的旅游项目。同一旅游团队中,旅行社不得由于下列因素,提出与其他旅游者不同的合同事项:

(1)旅游者拒绝参加旅行社安排的购物活动或者需要旅游者另行付费的旅游项目的;

(2)旅游者存在的年龄或者职业上的差异。但旅行社提供了与其他旅游者相比更多的服务,或者旅游者主动要求的除外。

(四)安排合格的导游、领队,督导其规范执业

《条例》及《实施细则》规定,旅行社组织中国内地居民出境旅游的,应当为旅游团队安排领队全程陪同。旅行社为接待旅游者委派的导游人员或者为组织旅游者出境旅游委派的领队人员,应当持有国家规定的导游证、领队证。

旅行社及其委派的导游人员和领队人员不得有下列行为:

(1)拒绝履行旅游合同约定的义务。

对于合同约定的义务,旅行社及其委派的导游和领队人员都应当严格履行,不得以任何借口、理由,拒绝履行合同。

(2)非因不可抗力改变旅游合同安排的行程。

旅行社及其委派的导游人员和领队人员的下列行为,属于擅自改变旅游合同安排的行程:减少游览项目或者缩短游览时间的;增加或者变更旅游项目的;增加购物次数或者延长购物时间的;其他擅自改变旅游合同安排的行为。

在旅游行程中,当发生不可抗力、危及旅游者人身、财产安全,或者非旅行社责任造成的意外情形,旅行社不得不调整或者变更旅游合同约定的行程安排时,应当在事前向旅游者作出说明;确因客观情况无法在事前说明的,应当在事后作出说明。

(3)欺骗、胁迫旅游者购物或者参加需要另行付费的游览项目。

在旅游行程中,旅游者有权拒绝参加旅行社在旅游合同之外安排的购物活动或者需要旅游者另行付费的旅游项目。旅行社及其委派的导游人员和领队人员不得因旅游者拒绝参加旅行社安排的购物活动或者需要旅游者另行付费的旅游项目等情形,以任何借口、理由,拒绝继续履行合同、提供服务,或者以拒绝继续履行合同、提供服务相威胁。

旅行社违反旅游合同约定,造成旅游者合法权益受到损害的,应当采取必要的补救措施,并及时报告旅游行政管理部门。

【案情介绍】

62岁的王青大妈在报纸上看到北京某旅行社九寨沟之旅的广告,称能特别安排黑虎寨之游,全国仅此一家,且名为摄影团。10月10日至22日,王青等7位老人参加了这一摄影团。但是,王青等人展开行程后,旅行社却以黑虎寨偏僻、交通不便为由,取消了原定行程,后又擅自取消参观卧龙大小熊猫馆的行程;而且名为"摄影团",旅行社却没有提供摄影导游服务,导游连基本的摄影知识都不懂,还将原定一天的摄影时间压缩为半天,而且是下午到达景点,光线很弱,照相效果极差。11月,王青等人将旅行社告上法院,一审法院判令旅行社赔偿7名团员每人导游费、交通费625.2元。王青等人不服此判决,上诉至北京市第一中级法院。

试分析本案中旅行社存在哪些违规行为?

【分析与提示】

1.《旅行社条例》规定,"旅行社向旅游者提供的旅游服务信息必须真实可靠,不得作虚假宣传。"本案中,旅行社广告所称内容与实际服务内容不符,称"摄影团"却没提供相应的摄影服务。

2.《旅行社条例》规定,旅行社及其委派的导游人员和领队人员非因不可抗力不得改变旅游合同安排的行程。旅行社擅自取消原定景点,压缩行程,构成违约。

3. 北京市第一中级人民法院审理认为,被告旅行社在履行合同中严重违约,未按时接团,擅自变更、取消约定景点,发生交通事故延误时间,未按合同约定标准提供食宿,使游客未充分领略到精选的世界自然风景区的风光,应承担赔偿责任,据此判令北京某旅行社赔偿王青等7人违约损失,每人所得金额为旅费的一半,即1 490元。

(五)规范业务委托、业务推荐的程序与责任

1. 业务委托

业务委托主要是指旅行社与旅游者签订旅游合同后,为履行合同义务将实际业务接待活动委托给其他旅行社完成的行为。这种委托关系主要体现在客源地旅行社和目的地旅行社之间。

《条例》及《实施细则》规定,旅行社需要对旅游业务作出委托的,应当委托给具有相应资质的旅行社,征得旅游者的同意,将旅游目的地接受委托的旅行社的名称、地址、联系人和联系电话,告知旅游者。并与接受委托的旅行社就接待旅游者的事宜签订委托合同,确定接待旅游者的各项服务安排及其标准,约定双方的权利、义务。

旅行社将旅游业务委托给其他旅行社的,应当向接受委托的旅行社支付不低于接待和服务成本的费用;接受委托的旅行社不得接待不支付或者不足额支付接待和服务费用

---

① 本案例选自中国法院网,标题为"擅改行程 北京一旅行社被判赔款"。

的旅游团队。

委托合同只是改变了为旅游者服务的直接接待者,没有改变原有旅游合同的权利义务关系。所以,《条例》规定,受托旅行社违约,造成旅游者合法权益受到损害的,委托旅行社应当承担相应的违约或赔偿责任。作出委托的旅行社赔偿后,可以向接受委托的旅行社追偿。接受委托的旅行社故意或者重大过失造成旅游者合法权益损害的,应当承担连带责任。

2. 业务推荐

业务推荐,即转团,是指在旅游行程开始前,旅游活动无法成行,组团的旅行社将旅游者推荐给其他旅行社进行组织、接待的行为。

《实施细则》第三十五条规定:"旅游行程开始前,当发生约定的解除旅游合同的情形时,经征得旅游者的同意,旅行社可以将旅游者推荐给其他旅行社组织、接待,并由旅游者与被推荐的旅行社签订旅游合同。未经旅游者同意的,旅行社不得将旅游者转交给其他旅行社组织、接待。"

业务推荐的条件是出现约定的解除合同的情形,而且必须经过旅游者的同意,否则,组团社将旅游者转团,将构成违约行为。同时旅游者同意参加被推荐的旅行社组织、接待的活动,应当与之签订旅游合同,从而形成新的合同关系,与原旅行社的合同关系则同时废止。

案例阅读

【案情介绍】

高先生一家参加了 A 旅行社组织的泰国、香港旅游,双方签订了旅游合同,确定了游览行程,高先生全额交纳了旅游费用。

旅游团出发当日在机场,高先生才发现,真正操作出境游的旅行社已经不是 A 旅行社了,而是变成了 B 旅行社。事已至此,高先生也只好随团出境。

行程中,高先生又发现全团 18 个旅游者分别来自不同的四家旅行社。因而,旅游者手中的旅游行程各不相同。高先生一家在泰国的旅游行程包括古式按摩和骑大象,但是泰国地接旅行社的导游要求高先生一家必须交费才能享受这两项活动。

泰国地接旅行社的导游要求旅游者必须参加旅游行程之外的"自费项目",并且拿出了三套自费项目的价目表让游客选择。高先生表示拒绝后,泰国地接社的导游于是当众对高先生说,你们如果不参加自费项目,我就要赔钱,我是不能赔钱的。泰国治安不是很好,什么事情都可能发生。高先生分明感到泰国导游在威胁,只好违心地购买了一套自费项目。而实际上,他们一家根本没去看其中的一些表演。旅游团回国后,高先生找到了 A 旅行社,要求旅行社给个说法。

A 旅行社的负责人表示:组团人数不足,将若干家旅行社的旅游者拼成一个团,是旅

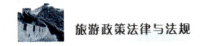

行社的通常做法。高先生一家出国旅游的有关事务,已经交由B旅行社操作,有问题应该找B旅行社。而B旅行社负责人说,高先生一家是A旅行社交过来的旅游者,一切都是按照A旅行社的要求操作的,请高先生还是去找A旅行社。本案依法该如何处理?

【分析与提示】

1. 未经旅游者同意,旅行社不得将旅游者转交给其他旅行社组织、接待。本案中,A旅行社没有经过旅游者的同意,擅自将旅游者转让给B旅行社,按照规定,在旅游过程中发生的问题仍然由A旅行社承担一切法律责任。

2. A旅行社应退还向高先生一家重复收取的费用。高先生一家与A旅行社之间达成了旅游合同,双方就旅游服务的内容、服务档次等进行了约定。经查实,高先生与A旅行社双方合同约定的服务内容中,包括泰国的古式按摩和骑大象活动,而泰国地接社仍然要求高先生一家交纳古式按摩和骑大象活动的费用,属重复收费,A旅行社应当将重复收取的费用退还。

3. 旅行社不得欺骗、强迫旅游者参加另行付费的游览项目。在完成合同约定的参观游览内容后,如果有时间,旅行社可以向旅游者推荐一些旅游行程、费用之外的旅游项目,但是必须尊重旅游者的意愿。质监所责令A旅行社应当退赔高先生一家被迫交纳的自费项目费用。

(六)提供服务符合人身、财产安全需要

《条例》第三十九条规定:"旅行社对可能危及旅游者人身、财产安全的事项,应当向旅游者作出真实的说明和明确的警示,并采取防止危害发生的必要措施。发生危及旅游者人身安全的情形的,旅行社及其委派的导游人员、领队人员应当采取必要的处置措施并及时报告旅游行政管理部门;在境外发生的,还应当及时报告中华人民共和国驻该国使领馆、相关驻外机构、当地警方。"

为旅游者提供符合人身、财产安全需要的服务是旅行社应尽的义务。在旅游行程中,除了旅行社安排的活动,旅游者还存在自由活动的时间。在自由活动时间里,旅游者应当选择自己能够控制风险的活动项目,并在自己能够控制风险的范围内活动。

四、旅行社的经营权利

《条例》及《实施细则》从多方面要求旅行社对旅游消费者的权益加以保护,作为旅游合同当事人的一方,履行义务的同时必须拥有相应的权利。旅游者在享受权利的时候也必须履行自己的义务。没有无权利的义务,也没有无义务的权利。为此,《实施细则》规定,旅行社及其委派的导游人员、领队人员在经营、服务中享有下列权利:

(1) 要求旅游者如实提供旅游所必需的个人信息,按时提交相关证明文件;

(2) 要求旅游者遵守旅游合同约定的旅游行程安排,妥善保管随身物品;

(3) 出现突发公共事件或者其他危急情形,以及旅行社因违反旅游合同约定采取补

救措施时,要求旅游者配合处理防止扩大损失,以将损失降低到最低程度;

(4) 拒绝旅游者提出的超出旅游合同约定的不合理要求;

(5) 制止旅游者违背旅游目的地的法律、风俗习惯的言行。

第四节 旅行社的监督检查及法律责任

一、旅游行政管理部门对旅行社的监督检查

为保障旅游法律法规的正确实施,及时纠正违法行为,维护旅游者及旅游经营企业的合法权益,国家旅游行政部门或相关部门应依法对旅行社的行为进行监督检查。国家行政机关对旅行社的监督检查主要包括以下几个方面。

(一) 保存文件

受理旅行社申请或者备案的旅游行政管理部门,可以要求申请人或者旅行社,对申请设立旅行社、办理《条例》规定的备案时提交的证明文件、材料的原件,提供复印件并盖章确认,交由旅游行政管理部门留存。

(二) 检查材料

旅游、工商、价格、商务、外汇等有关部门应当依法加强对旅行社的监督管理,发现违法行为,应当及时予以处理。

旅行社及其分社应当接受旅游行政管理部门对其旅游合同、服务质量、旅游安全、财务账簿等情况的监督检查,并按照国家有关规定向旅游行政管理部门报送经营和财务信息等统计资料。

县级以上旅游行政管理部门对旅行社及其分支机构实施监督检查时,可以进入其经营场所,查阅招徕、组织、接待旅游者的各类合同、相关文件、资料,以及财务账簿、交易记录和业务单据等材料,旅行社及其分支机构应当给予配合。县级以上旅游行政管理部门对旅行社及其分支机构监督检查时,应当由2名以上持有旅游行政执法证件的执法人员进行。否则,旅行社及其分支机构有权拒绝检查。

旅行社应当按年度将下列经营和财务信息等统计资料,在次年3月底前,报送原许可的旅游行政管理部门:

(1) 旅行社的基本情况,包括企业形式、出资人、员工人数、部门设置、分支机构、网络体系等;

(2) 旅行社的经营情况,包括营业收入、利税等;

(3) 旅行社组织接待情况,包括国内旅游、入境旅游、出境旅游的组织、接待人数等;

(4) 旅行社安全、质量、信誉情况,包括投保旅行社责任保险、认证认可和奖惩等。

对上述资料中涉及旅行社商业秘密的内容,旅游行政管理部门应当予以保密。

（三）调查处理投诉

旅行社损害旅游者合法权益的，旅游者可以向旅游行政管理部门、工商行政管理部门、价格主管部门、商务主管部门或者外汇管理部门投诉，接到投诉的部门应当按照其职责权限及时调查处理，并将调查处理的有关情况告知旅游者。

（四）及时公告

旅游、工商、价格等行政管理部门应当及时向社会公告监督检查的情况。公告的内容包括旅行社业务经营许可证的颁发、变更、吊销、注销情况，旅行社的违法经营行为以及旅行社的诚信记录、旅游者投诉信息等。

县级以上旅游行政管理部门应当通过本部门或者上级旅游行政管理部门的政府网站向社会发布。

质量保证金存缴数额降低、旅行社业务经营许可证的颁发、变更和注销的，国务院旅游行政主管部门或者省级旅游行政管理部门应当在作出许可决定或者备案后20个工作日内向社会公告。

旅行社违法经营或者被吊销旅行社业务经营许可证的，由作出行政处罚决定的旅游行政管理部门，在处罚生效后10个工作日内向社会公告。

旅游者对旅行社的投诉信息，由处理投诉的旅游行政管理部门每季度向社会公告。

县级以上旅游行政管理部门，可以在其法定权限内，委托符合法定条件的同级旅游质监执法机构实施监督检查。

二、旅行社的法律责任

为了保证旅行社经营的规范性和旅游者的合法权益，《条例》及《实施细则》规定了旅行社罚则。

（1）根据《条例》第四十六条规定，有下列情形之一的，由旅游行政管理部门或者工商行政管理部门责令改正，没收违法所得，违法所得10万元以上的，并处违法所得1倍以上5倍以下的罚款；违法所得不足10万元或者没有违法所得的，并处10万元以上50万元以下的罚款。

① 未取得相应的旅行社业务经营许可，经营国内旅游业务、入境旅游业务、出境旅游业务的。

② 分社的经营范围超出设立分社的旅行社的经营范围的。

③ 旅行社服务网点从事招徕、咨询以外的活动的。

此外，根据《实施细则》第五十二条规定，服务网点超出设立社经营范围招徕旅游者、提供旅游咨询服务，或者旅行社的办事处、联络处、代表处等从事旅行社业务经营活动的，由县级以上旅游行政管理部门依照上述规定处罚。

（2）根据《条例》第四十七条规定，旅行社转让、出租、出借旅行社业务经营许可证的，由旅游行政管理部门责令停业整顿1个月至3个月，并没收违法所得；情节严重的，吊销旅行社业务经营许可证。受让或者租借旅行社业务经营许可证的,由旅游行政管理部门或者工商行政管理部门责令停止非法经营,没收违法所得,并处10万元以上50万元以下的罚款。

(3) 根据《条例》第五十条规定,旅行社有下列情形之一的,由旅游行政管理部门责令改正;拒不改正的,处1万元以下的罚款。

① 变更名称、经营场所、法定代表人等登记事项或者终止经营,未在规定期限内向原许可的旅游行政管理部门备案,换领或者交回旅行社业务经营许可证的。

② 设立分社未在规定期限内向分社所在地旅游行政管理部门备案的。

③ 不按照国家有关规定向旅游行政管理部门报送经营和财务信息等统计资料的。

(4) 根据《条例》第五十一条规定,外商投资旅行社经营中国内地居民出国旅游业务以及赴香港特别行政区、澳门特别行政区和台湾地区旅游业务,或者经营出境旅游业务的旅行社组织旅游者到国务院旅游行政主管部门公布的中国公民出境旅游目的地之外的国家和地区旅游的,由旅游行政管理部门责令改正,没收违法所得,违法所得10万元以上的,并处违法所得1倍以上5倍以下的罚款;违法所得不足10万元或者没有违法所得的,并处10万元以上50万元以下的罚款;情节严重的,吊销旅行社业务经营许可证。

(5) 根据《条例》第五十二条规定,旅行社为旅游者安排或者介绍的旅游活动含有违反有关法律、法规规定的内容的,由旅游行政管理部门责令改正,没收违法所得,并处2万元以上10万元以下的罚款;情节严重的,吊销旅行社业务经营许可证。

(6) 根据《条例》第五十三条规定,旅行社向旅游者提供的旅游服务信息含有虚假内容或者作虚假宣传的,由工商行政管理部门依法给予处罚。违反本条例的规定,旅行社以低于旅游成本的报价招徕旅游者的,由价格主管部门依法给予处罚。

(7) 根据《条例》第五十四条规定,旅行社未经旅游者同意在旅游合同约定之外提供其他有偿服务的,由旅游行政管理部门责令改正,处1万元以上5万元以下的罚款。

(8) 根据《条例》第五十五条规定,旅行社有下列情形之一的,由旅游行政管理部门责令改正,处2万元以上10万元以下的罚款;情节严重的,责令停业整顿1个月至3个月。

① 未与旅游者签订旅游合同。
② 与旅游者签订的旅游合同未载明本条例规定的事项。
③ 未取得旅游者同意,将旅游业务委托给其他旅行社。
④ 将旅游业务委托给不具有相应资质的旅行社。
⑤ 未与接受委托的旅行社就接待旅游者的事宜签订委托合同。

此外,根据《实施细则》第五十五、五十六条规定,旅行社未将旅游目的地接待旅行社的情况告知旅游者的,或旅行社未经旅游者的同意,将旅游者转交给其他旅行社组织、接待的,由县级以上旅游行政管理部门依照上述规定处罚。

(9) 根据《条例》第五十六条规定,旅行社组织中国内地居民出境旅游,不为旅游团队安排领队全程陪同的,由旅游行政管理部门责令改正,处1万元以上5万元以下的罚款;拒不改正的,责令停业整顿1个月至3个月。

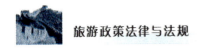

(10) 根据《条例》第五十七条规定，旅行社委派的导游人员和领队人员未持有国家规定的导游证或者领队证的，由旅游行政管理部门责令改正，对旅行社处2万元以上10万元以下的罚款。

(11) 根据《条例》第五十八条规定，旅行社不向其聘用的导游人员、领队人员支付报酬，或者所支付的报酬低于当地最低工资标准的，按照《中华人民共和国劳动合同法》的有关规定处理。

(12) 根据《条例》第五十九条规定，有下列情形之一的，对旅行社，由旅游行政管理部门或者工商行政管理部门责令改正，处10万元以上50万元以下的罚款；对导游人员、领队人员，由旅游行政管理部门责令改正，处1万元以上5万元以下的罚款；情节严重的，吊销旅行社业务经营许可证、导游证或者领队证：

① 拒不履行旅游合同约定的义务的。
② 非因不可抗力改变旅游合同安排的行程的。
③ 欺骗、胁迫旅游者购物或者参加需要另行付费的游览项目的。

此外，根据《实施细则》第五十七条规定，旅行社及其导游人员和领队人员拒绝继续履行合同、提供服务，或者以拒绝继续履行合同、提供服务相威胁的，由县级以上旅游行政管理部门依照上述规定处罚。

(13) 根据《条例》第六十条规定，旅行社要求导游人员和领队人员接待不支付接待和服务费用、支付的费用低于接待和服务成本的旅游团队，或者要求导游人员和领队人员承担接待旅游团队的相关费用的，由旅游行政管理部门责令改正，处2万元以上10万元以下的罚款。

(14) 根据《条例》第六十一条规定，旅行社违反旅游合同约定，造成旅游者合法权益受到损害，不采取必要的补救措施的，由旅游行政管理部门或者工商行政管理部门责令改正，处1万元以上5万元以下的罚款；情节严重的，由旅游行政管理部门吊销旅行社业务经营许可证。

(15) 根据《条例》第六十二条规定，有下列情形之一的，由旅游行政管理部门责令改正，停业整顿1个月至3个月；情节严重的，吊销旅行社业务经营许可证。

① 旅行社不向接受委托的旅行社支付接待和服务费用的。
② 旅行社向接受委托的旅行社支付的费用低于接待和服务成本的。
③ 接受委托的旅行社接待不支付或者不足额支付接待和服务费用的旅游团队的。

(16) 根据《条例》第六十三条规定，旅行社及其委派的导游人员、领队人员有下列情形之一的，由旅游行政管理部门责令改正，对旅行社处2万元以上10万元以下的罚款；对导游人员、领队人员处4 000元以上2万元以下的罚款；情节严重的，责令旅行社停业整顿1个月至3个月，或者吊销旅行社业务经营许可证、导游证、领队证。

① 发生危及旅游者人身安全的情形，未采取必要的处置措施并及时报告的。
② 旅行社组织出境旅游的旅游者非法滞留境外，旅行社未及时报告并协助提供非法滞留者信息的。

③旅行社接待入境旅游的旅游者非法滞留境内,旅行社未及时报告并协助提供非法滞留者信息的。

(17)根据《实施细则》第五十一条规定,擅自引进外商投资、设立服务网点未在规定期限内备案,或者旅行社及其分社、服务网点未悬挂旅行社业务经营许可证、备案登记证明的,由县级以上旅游行政管理部门责令改正,可以处1万元以下的罚款。

(18)根据《实施细则》第五十三条规定,旅行社为接待旅游者选择的交通、住宿、餐饮、景区等企业,不具有合法经营资格或者接待服务能力的,由县级以上旅游行政管理部门责令改正,没收违法所得,处违法所得3倍以下但最高不超过3万元的罚款,没有违法所得的,处1万元以下的罚款。

(19)根据《实施细则》第五十四条规定,要求旅游者必须参加旅行社安排的购物活动、需要旅游者另行付费的旅游项目,或者对同一旅游团队的旅游者提出与其他旅游者不同合同事项的,由县级以上旅游行政管理部门责令改正,处1万元以下的罚款。

(20)根据《实施细则》第五十八条规定,未妥善保存各类旅游合同及相关文件、资料,保存期不够2年,或者泄露旅游者个人信息的,由县级以上旅游行政管理部门责令改正,没收违法所得,处违法所得3倍以下但最高不超过3万元的罚款;没有违法所得的,处1万元以下的罚款。

上述处罚中,对旅行社作出停业整顿行政处罚的,旅行社在停业整顿期间,不得招徕旅游者、签订旅游合同;停业整顿期间,不影响已签订的旅游合同的履行。吊销旅行社业务经营许可证的行政处罚,由原许可的省级以上旅游行政管理部门作出。旅行社被吊销旅行社业务经营许可的,其主要负责人在旅行社业务经营许可被吊销之日起5年内不得担任任何旅行社的主要负责人。因妨害国(边)境管理受到刑事处罚的,在刑罚执行完毕之日起5年内不得从事旅行社业务经营活动。

除行政处罚外,旅行社损害旅游者合法权益的,应当承担相应的民事责任;构成犯罪的,依法追究刑事责任。

第五节　旅行社质量保证金制度

一、旅行社质量保证金制度概述

(一)旅行社质量保证金概念

旅行社质量保证金(以下简称"保证金")是指由旅行社在指定银行缴存或由银行担保提供的用于保障旅游者合法权益的专项资金。保证金实行专户管理,专款专用。银行为旅行社开设保证金专用账户。当专用账户资金额度不足时,旅行社可对不足部分申请银行担保,但担保条件须符合银行要求。

旅行社应当自取得旅行社业务经营许可证之日起3个工作日内,在国家旅游局指定

的中国境内商业银行开设专门的质量保证金账户,存入质量保证金,或者向作出许可的旅游行政管理部门提交依法取得的担保额度不低于相应质量保证金数额的银行担保。

经营国内旅游业务和入境旅游业务的旅行社,应当存入质量保证金20万元;经营出境旅游业务的旅行社,应当增存质量保证金120万元。

旅行社每设立一个经营国内旅游业务和入境旅游业务的分社,应当向其质量保证金账户增存5万元;每设立一个经营出境旅游业务的分社,应当向其质量保证金账户增存30万元。

(二)保证金的管理

1. 存款

《旅行社质量保证金存取管理办法》规定,旅行社需要存缴保证金时,须持营业执照副本、旅行社业务经营许可证副本到银行办理存款手续。存缴保证金的旅行社须与银行签订《旅行社质量保证金存款协议书》,并将复印件送许可的旅游行政管理部门备案。

为最大限度提高资金效益、简化续存手续,银行按照不少于1年定期、到期自动结息转存方式管理保证金,中途提取部分改按活期结算利息。利息收入全部归旅行社所有。

为防止保证金存单质押,银行应在存单上注明"专用存款不得质押"字样。

银行提供保证金担保的,由银行向许可的旅游行政管理部门出具《旅行社质量保证金银行担保函》。银行担保期限不得少于1年。担保期届满前3个工作日,应续办担保手续。

2. 取款

《旅行社条例》规定,旅行社自交纳或者补足质量保证金之日起3年内未因侵害旅游者合法权益受到行政机关罚款以上处罚的,旅游行政管理部门应当将旅行社质量保证金的交存数额降低50%,并向社会公告。旅行社可凭省、自治区、直辖市旅游行政管理部门出具的凭证减少其质量保证金。旅行社不再从事旅游业务的,凭旅游行政管理部门出具的凭证,向银行取回质量保证金。

据此,《旅行社质量保证金存取管理办法》规定,旅行社因解散或破产清算、业务变更或撤减分社减交、3年内未因侵害旅游者合法权益受到行政机关罚款以上处罚而降低保证金数额50%等原因,需要支取保证金时,须向许可的旅游行政管理部门提出,许可的旅游行政管理部门审核出具旅行社质量保证金取款通知书。银行根据旅行社质量保证金取款通知书,将相应数额的保证金退还给旅行社。

3. 支付使用及补存

《旅行社质量保证金存取管理办法》规定,旅游行政管理部门依法使用旅行社的保证金后,银行应根据旅游行政管理部门出具的旅行社质量保证金取款通知书及旅游行政管理部门划拨旅行社质量保证金决定书,经与旅游行政管理部门核实无误后,在5个工作日内将保证金以现金或转账方式直接向旅游者支付。

人民法院判决、裁定及其他生效法律文书认定旅行社损害旅游者合法权益,旅行社拒绝或者无力赔偿的,人民法院可以从旅行社的质量保证金账户上划拨赔偿款,银行根据人民法院判决、裁定及其他生效法律文书执行支付。

提供保证金担保的银行,在收到旅行社质量保证金取款通知书及旅游行政管理部门划拨旅行社质量保证金决定书或人民法院判决、裁定及其他生效法律文书5个工作日内,履行担保责任。

《旅行社条例》进一步规定,旅行社在旅游行政管理部门使用质量保证金赔偿旅游者的损失,或者依法减少质量保证金后,因侵害旅游者合法权益受到行政机关罚款以上处罚的,应当在收到旅游行政管理部门补交质量保证金的通知之日起5个工作日内补足质量保证金。

二、质量保证金的适用范围

《旅行社条例》第十五条规定,有下列情形之一的,旅游行政管理部门可以使用旅行社的质量保证金:

(1) 旅行社违反旅游合同约定,侵害旅游者合法权益,经旅游行政管理部门查证属实的。

旅行社与旅游者应当签订书面合同。旅游合同是旅行社与旅游者权利和义务的书面载体。旅行社或者导游、领队不履行合同,履行合同不符合约定时,如安排的交通、住宿、餐饮服务不符合约定的标准,非法转团未经旅游者同意,非因不可抗力改变旅游合同安排的行程等,旅游者对侵权行为进行投诉后,经旅游行政管理部门查证属实的可以使用质量保证金进行赔偿。划拨旅行社质量保证金的决定,应当由旅行社或者其分社所在地处理旅游者投诉的县级以上旅游行政管理部门作出。

(2) 旅行社因解散、破产或者其他原因造成旅游者预交旅游费用损失的。

旅行社解散、破产,意味着旅行社旅游经营活动的终止。旅游者因旅游费用,而成为旅行社债权人之一,因旅游活动尚未成行,旅游者有权从质量保障金中取回预交旅游费用。

除了出现上述情形,旅游行政管理部门可以依法使用质量保证金外,人民法院也有权依法划拨质量保障金。《条例》第十六条规定:"人民法院判决、裁定及其他生效法律文书认定旅行社损害旅游者合法权益,旅行社拒绝或者无力赔偿的,人民法院可以从旅行社的质量保证金账户上划拨赔偿款。"当旅游者合法权益遭到侵害时,可以选择进行行政投诉,也可以选择司法诉讼,2009年新《旅行社条例》增加了人民法院可以依法划拨质量保障金的条款,与原法规相比,多方面地保障了旅游者的合法权益。

三、质量保证金的赔偿工作

除人民法院的司法审理,旅游局分级设立旅游质量监督管理所(以下简称质监所)负责旅行社质量保证金赔偿案件的审理。各级质监所在实施保证金制度中的具体任务是,受理涉及所管范围内的旅行社的保证金赔偿请求,进行调查核实,依照规定的理赔原则及程序提出处理意见,报旅游行政管理部门核准。

各级质监所在审理保证金赔偿案件时应遵循以下原则:

第一,以事实为依据,以法律、法规为准绳公正办案,保护双方当事人的合法权益。

第二,各级质监所在办案过程中,应当先进行调解。调解无效的,应当依法进行审理。

第三,各级质监所在办案过程中,不受任何组织和个人的非法干涉。

各级旅游质监所对旅行社保证金赔偿案件应先受理,后按投诉对象移送有管辖权的质监所处理。

向质监所请求用保证金赔偿的时效期限为 90 天。时效期限以请求人受侵害事实发生时计算。超过时效的请求可以不予受理。

四、理赔标准

1997 年颁布实施的《旅行社质量保证金赔偿试行标准》对质量保证金的赔偿金额及减免责任作了规定。

(一) 理赔标准

1. 因旅行社故意或过失,造成旅游者损失的理赔标准

(1) 旅行社收取旅游者预付款后,因旅行社的原因不能成行,应提前 3 天(出境旅游应提前 7 天)通知旅游者,否则应承担违约责任,并赔偿旅游者已交预付款 10%的违约金。

(2) 因旅行社过错造成旅游者误机(车、船),旅行社应赔偿旅游者的直接经济损失,并赔偿经济损失 10%的违约金。

(3) 旅行社安排的旅游活动及服务档次与协议合同不符,造成旅游者经济损失,应退还旅游者合同金额与实际花费的差额,并赔偿同额违约金。

2. 导游违规的理赔标准

(1) 导游未按照国家或旅游行业对客人服务标准的要求提供导游服务的,旅行社应赔偿旅游者所付导游服务费用的 2 倍。

(2) 导游违反旅行社与旅游者的合同约定,损害了旅游者的合法权益,旅行社应对旅游者进行赔偿。

第一,导游擅自改变活动日程,减少或变更参观项目,旅行社应退还景点门票、导游服务费并赔偿同额违约金。

第二,导游违反约定,擅自增加用餐、娱乐、医疗保健等项目,旅行社承担旅游者的全部费用。

第三,导游违反合同或旅程计划,擅自增加购物次数,每次退还旅游者购物价款的 20%。

第四,导游擅自安排旅游者到非旅游部门指定商店购物,所购商品系假冒伪劣商品,

旅行社应赔偿旅游者的全部损失。

第五,导游私自兜售商品,旅行社应全额退还旅游者购物价款。

第六,导游索要小费,旅行社应赔偿被索要小费的2倍。

(3) 导游在旅游行程期间,擅自离开旅游团队,造成旅游者无人负责,旅行社应承担旅游者滞留期间所支出的食宿费等直接费用,并赔偿全部旅游费用30%的违约金。

3. 相关部门违规,旅行社先行赔偿的理赔标准

(1) 旅行社安排的餐厅,因餐厅原因发生质价不符的,旅行社应赔偿旅游者所付餐费的20%。

(2) 旅行社安排的饭店,因饭店原因低于合同约定的等级档次,旅行社应退还旅游者所付房费与实际房费的差额,并赔偿差额20%的违约金。

(3) 旅行社安排的交通工具,因交通部门原因低于合同约定的等级档次,旅行社退还旅游者所付交通费与实际费用的差额,并赔偿差额20%的违约金。

(4) 旅行社安排的观光景点,因景点原因不能游览,旅行社应退还景点门票、导游费并赔偿退还费用20%的违约金。

(二) 不承担责任或减免责任的条件

《保证金赔偿试行标准》第三条规定:"由于不可抗力因素或旅游者本身原因造成旅游者经济损失的,旅行社不承担赔偿责任。"

第十六条规定,旅行社在旅游质量问题发生之前已采取以下措施的,可以减轻或免除其赔偿责任。

(1) 对旅游质量和安全状况已事先对旅游者给予充分说明、提醒、劝诫、警告的。

(2) 所发生的质量问题是非故意、非过失或无法预知或已采取了预防性措施的。

(3) 质量问题发生后,已采取了善后处理措施的。

案例阅读

【案情介绍】

(1) 某市20名游客参加了某国际旅行社(以下简称旅行社)组织的"香港—澳门—泰国10日游"。双方协议明确约定了每地的旅游景点、住宿条件、用餐标准,旅游中的食、住、行、景点门票费用全包。事实上,每到一个城市,导游多半时间把游客带到商店购物,景点参观时间却很少。澳门一日游期间,景点参观时间只有3个小时,剩下的时间又被"拉"去购物。游客提意见,要求导游适当延长景点参观时间,缩短购物时间,导游却置若罔闻。导游成为"导购"。10天的旅游行程,真正参观景点的时间不足3天。除此之外,有些景点和用餐亦变成了自费项目。游览香港海洋公园时,费用自理,中午饭也自掏腰包。在泰国大部分的活动也是自行开支。旅行社如此违反合同约定,激怒了全团游客,20名游客联名投诉该旅行社,要求退还相关费用并赔偿损失。那么,游客的要求是否合法呢?

(2) 耿先生等23名旅游者与某旅行社签订旅游合同,参加该旅行社组织的"某地3日游"。双方在旅游合同中约定,旅游者每人团款380元,旅行社提供"空调旅游大巴",住宿标准为"双人标准间、独立卫生间"。在旅游协议实际履行过程中,旅行社违反约定,将合同承诺的"空调旅游大巴"换成普通大客车,将住宿标准由原来承诺的"双人标准间、独立卫生间"变成"4人间、公共卫生间"。

耿先生等23名游客认为,旅行社违反合同约定,降低服务标准,使他们的权益受到损害,要求旅行社赔偿他们的损失,具体数额为每人所交纳的团款的一半,即190元。旅行社认为,耿先生等23名旅游者选择旅游的时间是旅游旺季,旅游目的地接待能力有限,在旅行社千方百计的努力下才安排上车和住宿的,旅行社不存在主观故意。旅行社愿意退赔耿先生等23名旅游者实际服务档次与双方约定的服务档次的差额。本案依法该如何处理?

【分析与提示】

旅行社要按合同约定为旅游者提供服务,否则旅行社将承担违约责任。《旅行社条例》规定,旅行社违反旅游合同约定,侵害旅游者合法权益,经旅游行政管理部门查证属实的可以适用质量保证金。上述两个案例,旅行社提供的服务均和约定不符,因而需要赔偿旅游者相应的损失。

(1) 根据《旅行社质量保证金赔偿试行标准》第六条的规定,"旅行社安排的旅游活动及服务档次与旅游合同不符,造成旅游者经济损失,应退还旅游者合同金额与实际花费的差额,并赔偿同额违约金。"因此,案例(1)中,旅行社应把旅游者自理的计划内的景点和服务费用退还,并支付同额违约金。

购物是旅游活动中的一个部分,但绝不应当成为主要内容。如果在旅游协议中对购物次数、地点等有约定,就应严格按照合同执行,如果协议及行程表没有涉及购物,应视为行程无购物计划,旅行社若安排购物则应征得旅游者的同意,否则亦是违约行为,根据《旅行社质量保证金赔偿试行标准》第八条第三款的规定,"导游违反合同或旅程计划,擅自增加购物次数,每次退还旅游者购物价款的20%。"

(2) 案例(2)中,耿先生等23名旅游者与旅行社签订的合同中如果没有违约条款,就应当按照有关规定执行。按照规定,耿先生等23名游客要求旅行社赔偿旅游团款的一半,是没有法律依据的;旅行社主张赔偿旅游者实际服务档次与双方约定的服务档次的差额,也没有体现出对违约行为的惩罚。

根据《旅行社质量保证金赔偿试行标准》第十二条规定,旅行社安排的交通工具,因交通部门原因低于合同约定的等级档次,旅行社应退还旅游者所付交通费与实际费用的差额,并赔偿差额20%的违约金。合同约定"双人标准间、独立卫生间",实际客人入住"4人间、公共卫生间",根据《旅行社质量保证金赔偿暂行办法》第十一条之规定,旅行社安排的饭店,因饭店原因低于合同约定的等级档次,旅行社应退还旅游者所付房费与实际房费的差额,并赔偿差额20%的违约金。

五、罚则

根据《旅行社条例》第四十八条的规定:"旅行社未在规定期限内向其质量保证金账户存入、增存、补足质量保证金或者提交相应的银行担保的,由旅游行政管理部门责令改正;拒不改正的,吊销旅行社业务经营许可证。"

质量保证金是保障旅游者合法权益的有效途径之一,对于质量保障金的违规操作,旅游行政管理部门一经发现,给予旅行社改正的机会。对于拒不改正的,法规规定的最大罚则是吊销行旅社业务经营许可证。足额的质量保证金或者相应的银行担保并不是旅行社设立的必要条件,但是对于经营资格的吊销,则意味着旅行社丧失了旅游业务的经营权。

第六节　旅行社投保旅行社责任险的法律规定

一、旅行社投保旅行社责任险概述

《旅行社条例》第三十八条规定:"旅行社应当投保旅行社责任险。"旅行社责任保险,是指旅行社根据保险合同的约定,向保险公司支付保险费,保险公司对旅行社在从事旅游业务经营活动中,致使旅游者人身、财产遭受损害应由旅行社承担的责任,承担赔偿保险金责任的行为。

旅行社责任保险具有强制性,旅行社从事旅游业务经营活动,必须投保旅行社责任保险。

旅行社责任保险的投保人、被保险人和受益人均是旅行社。投保标的是由于旅行社的原因导致的旅游风险,一旦旅游者在旅游活动中受到人身或财产的损害,且该损害结果是由旅行社造成的,那么保险公司代旅行社承担赔偿责任。但是,如果旅游者的损害结果不是由旅行社造成的,比如自身疾病引起的损害,或者由于不可抗力受到的损害,那么,旅游者就无法得到赔偿。旅行社责任险起到了既能对游客的人身伤害和财产损失进行赔偿,保障游客权益,又能使旅行社的责任风险得以转嫁的双重作用。

《旅行社条例实施细则》第四十条规定:"为减少自然灾害等意外风险给旅游者带来的损害,旅行社在招徕、接待旅游者时,可以提示旅游者购买旅游意外保险。鼓励旅行社依法取得保险代理资格,并接受保险公司的委托,为旅游者提供购买人身意外伤害保险的服务。"

旅游意外险不同于旅行社责任险。旅游意外险由旅行社向旅游者推荐购买,投保人、被保险人和受益人均是旅游者,旅行社只是代其办理投保手续。旅游意外险不具有强制性,旅游者可以自愿选择是否投保以及投保多少。旅游意外险只是人身保险,对财产责任是不承保的。一旦出险,游客的财产权益将不会受到保障。

二、投保范围

(一)投保范围

《旅行社投保旅行社责任保险规定》第五条规定,旅行社应当对旅行社依法承担的下列责任投保旅行社责任保险:

(1)旅游者人身伤亡赔偿责任;

(2)旅游者因治疗支出的交通、医药费赔偿责任;

(3)旅游者死亡处理和遗体遣返费用赔偿责任;

(4)对旅游者必要的施救费用,包括必要时近亲属探望需支出的合理的交通、食宿费用,随行未成年人的送返费用,旅行社人员和医护人员前往处理的交通、食宿费用,行程延迟需支出的合理费用等赔偿责任;

(5)旅游者行李物品的丢失、损坏或被盗所引起的赔偿责任;

(6)由于旅行社责任争议引起的诉讼费用;

(7)旅行社与保险公司约定的其他赔偿责任。

(二)除外责任

(1)旅游者参加旅行社组织的旅游活动,应保证自身身体条件能够完成旅游活动。旅游者在旅游行程中,由自身疾病引起的各种损失或损害,旅行社不承担赔偿责任。

(2)旅游者参加旅行社组织的旅游活动,应当服从导游或领队的安排,在行程中注意保护自身和随行未成年人的安全,妥善保管所携带的行李、物品。由于旅游者个人过错导致的人身伤亡和财产损失,以及由此导致需支出的各种费用,旅行社不承担赔偿责任。

(3)旅游者在自行终止旅行社安排的旅游行程后,或在不参加双方约定的活动而自行活动的时间内,发生的人身、财产损害,旅行社不承担赔偿责任。

综上所述,在旅游活动范围外,或在旅游活动范围内非因旅行社的原因导致旅游者人身、财产损害的,不在承保范围。

三、保险期限和保险金额

(一)保险期限

保险期限,是指保险公司根据保险合同的约定对保险事故负保险责任的时间。旅行社责任保险的保险期限为1年。期满后,旅行社应向保险公司再行投保。

(二)保险金额

旅行社办理旅行社责任保险的保险金额不得低于下列标准:

(1)国内旅游每人责任赔偿限额人民币8万元,入境旅游、出境旅游每人责任赔偿限额人民币16万元;

(2)国内旅行社每次事故和每年累计责任赔偿限额人民币200万元,国际旅行社每次事故和每年累计责任赔偿限额人民币400万元。

另外,《旅行社投保旅行社责任保险规定》还规定,旅行社组织高风险旅游项目如,赛马、攀岩、滑翔、漂流、潜水、滑雪、蹦极、冲浪等活动,可另行与保险公司协商投保附加保险事宜。

四、投保方式和索赔

《旅行社投保旅行社责任保险规定》规定,旅行社投保旅行社责任保险,必须在境内经营责任保险的保险公司投保。旅行社应当按照《中华人民共和国保险法》规定的保险合同内容,与承保保险公司签订书面合同。

旅行社投保旅行社责任保险采取按年度投保的方式,1年1保。按照保险金额标准,向保险公司办理本年度的投保手续。

旅行社对保险公司请求赔偿或者给付保险金的权利,自其知道保险事故发生之日起2年不行使而消灭。

旅行社投保旅行社责任保险的保险费,不得在销售价格中单独列项。

在保险期限内发生保险责任范围内的事故时,旅行社应及时取得事故发生地公安、医疗、承保保险公司或其分、支公司等单位的有效凭证,向承保保险公司办理理赔事宜。

五、监督管理

县级以上人民政府旅游行政管理部门按照《旅行社条例》等有关规定,对旅行社投保旅行社责任保险的情况进行监督检查。

旅行社应当妥善保管旅行社责任保险投保和理赔的相关资料,接受旅游行政管理部门的检查;在理赔案件发生后,应及时将理赔情况报当地旅游行政管理部门备案。

旅行社应当选择保险业务信誉良好、服务网络面广、无不良经营记录的保险公司投保。

六、罚则

《旅行社条例》第四十九条规定,旅行社不投保旅行社责任险的,由旅游行政管理部门责令改正;拒不改正的,吊销旅行社业务经营许可证。

《旅行社投保旅行社责任保险规定》第二十二条规定,旅行社投保旅行社责任保险的责任范围,小于规定要求的,或者投保旅行社责任保险的金额低于规定的基本标准的,由旅游行政管理部门责令限期改正,给予警告;逾期不改正的,可处以人民币5 000元以上1万元以下的罚款。

《旅行社投保旅行社责任保险规定》第二十三条规定,旅行社拒不接受旅游行政管理部门的管理和监督检查的,由旅游行政管理部门责令限期改正,给予警告;逾期不改正的,责令停业整顿3天至15天,可以并处人民币3 000元以上1万元以下的罚款。

案例阅读

【案情介绍】

年过6旬的刘老先生夫妇均为上海天益实业公司的退休职工。2003年9月,公司准备组织一次港澳游,作为给公司退休职工的福利待遇。公司和上海翠明旅行社联系后,旅行社给出了"上海—深圳—香港—澳门—深圳—上海"这一线路的"四晚五日游"方案。

老夫妻两人和其他37名退休职工一起报了名。与旅行社的联系工作一概由公司代为办理。9月20日,天益实业公司与翠明旅行社签订了《上海市出境旅游示范合同(2001)版》,明确共39人组团,由旅行社代办保险,每人旅游费人民币2 230元,共计86 970元,并注明"所包含的费用飞机、火车、旅游车、交通船、住宿、经济型用餐、门票、导游、保险"。25日,一行人游至澳门时,刘老太突然于行途中晕倒,当即被送往当地的澳门仁伯爵综合医院抢救。当晚5时25分,刘老太终告不治,死于院内。经澳门特别行政区政府《死亡证明书》载明,直接引起刘老太死亡的疾病是颅内出血,诱因是老太原有的高血压。

在上海料理完刘老太的丧葬事宜后,刘老先生找到翠明旅行社询问关于保险理赔的事宜,旅行社却告诉他从未为他与刘老太买过保险。刘老先生拿出从天益公司处获得的旅游合同,指着"保险"二字向旅行社要解释。旅行社解释道,此"保险"是指旅行社责任保险,是旅行社为了自己而向中国人民保险公司进行的投保,不是如刘老先生所认为的那样,针对游客在旅游中自己发生意外而购买的保险。

和旅行社多次交涉未果后,刘老先生将翠明旅行社及上海天益实业公司告上了法院,要求两公司赔偿损失30万元。原告认为,旅行社没有告知自己合同中的保险不是为游客个人办理的,游客应该另行购买旅游意外险;而作为这次旅游组织者的上海天益实业公司,在与旅行社签订合同以及与游客沟通方面也有疏忽。被告翠明旅行社认为,合同中所指"保险"就是"旅行社责任保险",与天益公司签订旅游合同时也没有哪一方提出过异议,双方也没有协商过保险的险种问题。刘老太的死亡不是旅行社所造成,并不适用该"旅行社责任保险"。

本案中,刘老太的死亡是否属于旅行社责任险范畴,如果不属于,该如何处理?

【分析与提示】

(1)旅行社应当投保旅行社责任险。《旅行社投保旅行社责任保险规定》对投保范围规定,旅游者参加旅行社组织的旅游活动,应保证自身身体条件能够完成旅游活动。旅游者在旅游行程中,由自身疾病引起的各种损失或损害,旅行社不承担赔偿责任。据此,刘老太的死亡不属于旅行社责任险范畴。

（2）法院认为，《旅行社投保旅行社责任保险规定》中明确规定，旅行社投保旅行社责任保险的保险费，不得在销售价格中单独列项。且从翠明旅行社和天益实业公司签订的旅游合同来看，合同明确由旅行社为游客购买保险，解释合同的依据是按照合同的文字含义进行解释，合同中的文字含义很清楚，是指"旅游意外保险"。翠明旅行社没有按照合同为旅客购买意外保险，已经构成违约。至于天益实业公司，它在合同中已经明确要求旅行社代为办理各项事务，包括购买保险，因此不必承担责任。

法院最后参考了市场上对旅游死亡事故赔偿的一般数额，最终作出旅行社赔偿5万元的判决。

本章小结

旅行社是旅游业中最具代表性的经营组织，在旅游法规中，旅行社的法制建设最为完备。2009年5月新《旅行社条例》及《旅行社条例实施细则》的颁布，使旅行社法律制度更加符合我国旅游市场的要求。本章阐述了《旅行社条例》及其《实施细则》、旅行社质量保证金制度和旅行社责任保险制度的法规规定。学习本章除了要理解旅行社与分支机构、质量保证金及旅行社责任保险等基本概念，重点要掌握旅行社业务经营规则、旅游者权益保护、质量保证金的适用范围和理赔标准、旅行社责任保险的投保范围和索赔等实用性很强的内容，并学会分析旅游实例。

思考与练习

1. 什么是旅行社？其业务范围及申办条件是什么？
2. 旅行社分社、服务网点的性质是什么？
3. 旅行社的业务经营规则有哪些？
4. 简述旅行社对旅游者的权益保护。
5. 什么是旅行社质量保证金？其理赔范围和理赔标准是什么？
6. 简述旅行社责任保险制度。

第四章 导游人员管理法规与制度

学习目标

- 了解导游人员的概念和分类及工作原则；
- 了解导游人员的资格考试和导游人员职业等级制度；
- 掌握导游证的管理制度；
- 熟知导游人员的权利和义务及导游人员管理制度。

第一节 导游人员概述

一、导游人员的概念及分类

（一）导游人员的概念

导游人员是指依法取得导游证，接受旅行社委派，为旅游者提供向导、讲解及相关旅游服务的人员。由上述导游人员的法定概念可见，导游人员的含义包括三项内容。

1. 取得导游证

不同于人们日常生活中的向导和陪同，《导游人员管理条例》所指的导游，首先必须取得导游证。导游证是导游人员从业的能力证明，需要依法考取。导游人员带团必须佩戴导游证，将导游身份明示化，一方面有利于防止"黑导"的出现；另一方面也有利于国家旅游行政机关对导游人员进行监督管理。

2. 接受旅行社委派

导游人员进行导游活动，必须经旅行社委派，这表明导游人员必须通过旅行社开展业务活动。旅行社是依法成立的具有旅游活动经营资质的企业，也是同旅游者接触最直接的组织，旅行社通过派遣导游人员跟团，开展旅游活动。所以，导游人员在进行导游活动时，与旅行社之间是职务代理关系，其行为代表旅行社，其法律后果应由旅行社承担。

3. 导游人员工作范围

导游人员的工作职责是为旅游者提供向导、讲解及相关旅游服务。所谓"向导"，是指为游客引路、带路。所谓"讲解"则是为旅游者介绍景观名胜、风土人情等,并回答旅游者提出的问题。而"相关旅游服务"一般是指为旅游者落实接待事宜,代购交通票据,安排旅游住宿、旅程就餐等与游览有关的各种服务。

（二）导游人员分类

导游人员由于所使用的语言和服务对象不同,其业务性质和服务方式各异,因而工作范围也不尽相同。所以,即使是同一个导游人员,因所带团队的性质不同,其工作角色也要作相应的调整。总体而言,我国导游人员有以下三种分类。

1. 按语种和接待对象分类

按语种和接待对象划分,导游人员分为中文导游人员和外语导游人员。

中文导游人员是指能够使用普通话、地方话或者少数民族语言,从事导游业务的人员。目前,这类导游人员的主要接待对象是国内旅游中的中国公民和入境旅游中的港、澳、台同胞及海外侨胞。

外语导游人员是指能够运用外语从事导游业务的人员。常用语种主要包括英语、法语、韩语、日语、俄语、德语等。这类导游人员的主要接待对象是入境旅游的外国游客和出境旅游的中国公民。

2. 按工作方式和性质分类

按工作方式和性质划分,导游人员分为专职导游人员和兼职导游人员。

专职导游人员是指在一定时期内以导游工作为主要职业的人员。这类导游人员一般长期受雇于某家旅行社,与旅行社签订劳动合同,他们是当前我国导游队伍的主体。

兼职导游人员亦称业余导游人员,是指利用业余时间从事导游工作的人员,他们不以导游工作为主要职业。目前这类人员分为两种：一种是取得导游证,并将导游证挂靠到各地的导游服务中心而从事兼职导游工作的人员；另一种是具有特定语种语言能力,旅行社根据需要聘请的并为其办理临时导游证而临时从事导游活动的人员。

3. 按工作范围分类

按工作范围划分,导游人员分为出境旅游领队人员、地方陪同导游人员、全程陪同导游人员和景点景区导游人员。

出境旅游领队人员（简称领队）,是指依法取得出境旅游领队证（简称领队证）,接受具有出境旅游业务经营权的旅行社的委派,从事出境旅游领队业务的人员。

地方陪同导游人员（简称地陪）,是指受接待旅行社委派,代表接待社,实施接待计划,为旅游团（者）提供当地旅游活动安排、讲解、翻译等服务的工作人员。这里的接待社是指接受组团社的委托,按照接待计划委派地方陪同导游人员,负责组织安排旅游团（者）在当地参观游览等活动的旅行社。

全程陪同导游人员（简称全陪）,是指受组团旅行社委派,作为组团社的代表,在领队和地方陪同导游人员的配合下实施接待计划,为旅游团（者）提供全程陪同服务的工作人员。这里的组团社是指接受旅游团（者）或海外旅行社预定,制定和下达接待计划,并可提供全程陪同导游服务的旅行社。这里的领队是指受海外旅行社委派,全权代表该旅行社带领旅游团从事旅游活动的工作人员。

景点景区导游人员亦称讲解员，是指在其工作的旅游景点景区，如博物馆、风景名胜区等为游客进行导游讲解的工作人员。

二、导游人员工作应遵循的原则

导游人员的工作原则，是规范导游人员行为的职业标准，是导游人员进行导游活动的基本原则。

（一）导游人员应依法进行导游活动原则

导游人员应具有较强的法律意识，必须依法进行导游活动，其行为应当符合国家法律、旅游法规的要求，如遵照《旅行社条例》、《导游人员管理条例》的规定开展工作。导游人员要自觉维护国家和民族的尊严，遵守职业道德，提供规范服务。

（二）导游人员进行导游活动依法受保护原则

导游人员受旅行社委派开展活动，在旅游服务中，同旅游者一样具有平等的法律地位，其正当权益受到法律的保护。如依法开展旅游活动时，其人格受到尊重，其人身安全不受侵犯，导游人员有权拒绝旅游者提出的侮辱其人格尊严或者违反其职业道德的不合理要求。

（三）导游职业不受地域限制原则

依照《导游人员管理实施办法》的规定，参加资格考试合格后，取得导游人员资格证的人员可申请办理导游证，导游人员资格证和导游证由国务院旅游行政管理部门统一印制，在中华人民共和国全国范围内使用。任何单位不得另行颁发其他形式的导游证。这表明具备了从业资格和能力，接受旅行社的委派后，导游人员就可以在中国境内不受地域、身份、户籍的限制从事导游职业。

第二节　导游人员资格考试与职业等级考核制度

一、导游人员资格考试制度

《导游人员管理条例》规定："国家实行全国统一的导游人员资格考试制度。"我国目前每年举行一次导游人员资格考试，由省级旅游行政管理部门负责组织、实施本行政区域内导游人员资格考试工作。导游资格考试是为了考查应试人员是否具备从业条件，考试合格人员才能依法申办导游证。

（一）报考条件

根据《导游人员管理条例》规定，具备下列条件的人员可以参加导游资格考试：

（1）必须具有高级中学、中等专业学校或者以上学历。

（2）必须身体健康。导游人员经常在外地奔波，有时还要带团辗转各地。导游人员要想安全带好团队，让客人满意，首先自己要适应各地不同的气候环境和生活习俗，因此导游人员必须具有健康的身体。

（3）必须具有适应导游需要的基本知识和语言表达能力。导游在旅游服务中既要担负向导、讲解工作，又要处理一些问题。因而基本知识应包括：语言知识、史地文化知识（如宗教、民俗、古建园林等方面）、政策法规知识、心理学和美学知识、社会知识、国际知识和旅游常识等。导游人员主要通过语言为游客提供服务，所以除了具备基本的知识，还要具有一定的语言表达能力。语言流畅，解说规范，表达生动风趣，合乎礼仪，可以促进导游同游客的沟通，增强团队氛围。

（4）必须是中华人民共和国公民。"公民"指具有一个国家国籍的自然人。我国法律要求导游人员必须是具有中国国籍的自然人，该自然人必须具有完全的民事行为能力。

（二）颁发主体与时效

经考试合格的，由国务院旅游行政部门或者国务院旅游行政部门委托省、自治区、直辖市人民政府旅游行政部门颁发导游人员资格证书。导游人员资格证样式规格由国务院旅游行政管理部门统一印制。

获得资格证3年未从业的，资格证自动失效。

二、导游证管理制度

导游职业资格准入制度由资格考试制度和申办导游证制度两部分组成。取得了导游人员资格证还不是真正意义上的导游，要想从事导游业务，必须经过国家的批准。因而，欲从业人员还必须取得导游证。

（一）申请领取导游证的程序

导游证分为正式导游证和临时导游证，其领取程序不同。

1. 正式导游证领取

《导游人员管理条例》规定："在中华人民共和国境内从事导游活动，必须取得导游证。取得导游人员资格证书的，经与旅行社订立劳动合同或者在导游服务公司登记，方可持所订立的劳动合同或者登记证明材料，向省、自治区、直辖市人民政府旅游行政部门申请领取导游证。"

据此规定对于和旅行社签订劳动合同的人员，在取得了导游资格证书后，可持所订立的劳动合同向省、自治区、直辖市人民政府旅游行政部门申请领取导游证。对导游服务公司登记的人员，在取得了导游资格证书后，可持登记证明材料依法申领。

导游证的有效期限为3年。导游证持有人需要在有效期满后继续从事导游活动的，应当在有效期限届满3个月前，向省、自治区、直辖市人民政府旅游行政部门申请办理换发导游证手续。

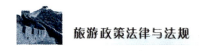

2. 临时导游证领取

《导游人员管理条例》规定:"具有特定语种语言能力的人员,虽未取得导游人员资格证书,旅行社需要聘请临时从事导游活动的,由旅行社向省、自治区、直辖市人民政府旅游行政部门申请领取临时导游证。"

领取临时导游证,首先,从业人员必须具有特定语种语言能力。其次,旅行社需要临时聘用。符合上述两项条件,不需要取得资格证,旅行社就可以为该人员依法申办临时导游证。

临时导游证的有效期限最长不超过3个月,并不得延期。

由此可见,正式导游证和临时导游证在是否需要导游资格证书、语言能力、领取程序和有效期限4个方面存在区别。导游证和临时导游证的样式规格,由国务院旅游行政部门规定。省、自治区、直辖市人民政府旅游行政部门应当自收到申请领取导游证之日起15日内,颁发导游证。

(二) 不得颁发导游证的情形

有下列情形之一的,不得颁发导游证:

1. 无民事行为能力或者限制民事行为能力的

我国《民法通则》根据年龄、智力及精神状况将公民的民事行为能力分为以下三种。

(1) 完全民事行为能力人。包括:① 十八周岁以上的成年人;② 已满十六周岁,不满十八周岁的人,以自己的劳动收入为主要生活来源的,视为完全民事行为能力人。完全民事行为能力人,可以独立进行民事活动,不受他人的意志约束。

(2) 限制民事行为能力人。包括:① 十周岁以上不满十八周岁的未成年人;② 不能完全辨认自己行为的精神病人。限制民事行为能力人可以进行与他的年龄、智力以及精神健康状况相适应的民事活动;其他民事活动由他的法定代理人代理,或者征得他的法定代理人同意。否则其进行的民事活动无效。

(3) 无民事行为能力人。包括:① 不满十周岁的未成年人;② 不能辨认自己行为的精神病人。无民事行为能力人不能独立进行民事活动,必须由他的法定代理人代理民事活动。否则其进行的民事活动无效。

无民事行为能力或者限制民事行为能力的人不具备能力独立开展导游活动,因而不能担任导游。所以《导游人员管理条例》规定不得向无民事行为能力或者限制民事行为能力的人颁发导游证,只有具备完全民事行为能力的人才能申请导游证。

2. 患有传染性疾病的

《传染病防治法》结合我国的实际情况,将全国发病率较高、流行面较大、危害严重的38种急性和慢性传染病列为法定管理的传染病,如病毒性肝炎、肺结核、麻风病等。导游人员在带团过程中,经常接触包括旅游者在内的广大人群,如果由患传染性疾病的人担任导游员,就有可能将此类疾病传让给别人,造成交叉感染。所以,《导游人员管理条例》规定不得向患传染性疾病的人颁发导游证。

3. 受过刑事处罚的,过失犯罪的除外

受过刑事处罚的人员是指因触犯刑法而受到刑罚的人。根据我国《刑法》规定,犯罪

从主观角度讲,有故意犯罪和过失犯罪。明知自己的行为会发生危害社会的结果,并且希望或者放任这种结果发生,因而构成犯罪的,是故意犯罪。应当预见自己的行为可能发生危害社会的结果,因为疏忽大意而没有预见,或者已经预见而轻信能够避免,以致发生这种结果的,是过失犯罪。故意犯罪和过失犯罪,在主观恶意性上存在区别。因而《导游人员管理条例》规定,虽然受刑罚,但是过失性犯罪的人仍可以取得导游证。

4. 被吊销导游证的

吊销导游证是旅游行政法规对导游人员的处罚形式之一。这类人员在执业过程中,存在不良记录,因而不再适合从事导游职业。对于已经吊销导游证的人员,即使重新参加资格考试并合格,旅游行政部门也不能向其颁发导游证。

三、导游人员职业等级考核制度

为加强导游队伍建设,不断提高导游人员的业务素质,根据《导游人员管理条例》,遵循自愿申报、逐级晋升、动态管理的原则,开展导游人员等级考核评定工作。

(一)适用范围和等级的划分

凡通过全国导游人员资格考试并取得导游员资格证书,符合全国导游人员等级考核评定委员会规定报考条件的导游人员,均可申请参加相应的等级考核评定。旅行社和导游管理服务机构应当采取有效措施,鼓励导游人员积极参加导游人员等级考核评定。

导游员等级分为外语、中文两个系列和初级、中级、高级、特级四个等级。导游员申报等级时,由低到高,逐级递升,经考核评定合格者,颁发相应的导游员等级证书。

(二)评定方法

导游人员等级考核评定工作,按照"申请、受理、考核评定、告知、发证"的程序进行。

中级导游员的考核采取笔试方式。其中,中文导游人员考试科目为"导游知识专题"和"汉语言文学知识";外语导游人员考试科目为"导游知识专题"和"外语"。高级导游员的考核采取笔试方式,考试科目为"导游案例分析"和"导游词创作"。特级导游员的考核采取论文答辩方式。

参加省部级以上单位组织的导游技能大赛获得最佳名次的导游人员,报全国导游人员等级考核评定委员会批准后,可晋升一级导游人员等级。一人多次获奖只能晋升一次,晋升的最高等级为高级。

(三)组织管理

国家旅游局组织设立全国导游人员等级考核评定委员会。组织实施全国导游人员等级考核评定工作。省、自治区、直辖市和新疆生产建设兵团旅游行政管理部门组织设立导游人员等级考核证实办公室,在全国导游人员等级考核评定委员会的授权和指导下开展相应的工作。

导游员等级证书由全国导游人员等级考核评定委员会统一印制。导游人员获得导游员资格证书和中级、高级、特级导游员证书后,可通过省、自治区、直辖市和新疆生产建设兵团旅游行政管理部门申请办理相应等级的导游证。

第三节　导游人员的权利和义务

一、导游人员的权利

（一）人格尊严不受侵犯

《导游人员管理条例》第十条规定："导游人员进行导游活动时，其人格尊严应当受到尊重，其人身安全不受侵犯。导游人员有权拒绝旅游者提出的侮辱其人格尊严或者违反其职业道德的不合理要求。"

人格尊严是指公民的名誉和公民作为一个人应当受到他人最起码的尊重的权利。我国宪法第三十八条规定，中华人民共和国公民的人格尊严不受侵犯。禁止用任何方法对公民进行侮辱、诽谤和诬告陷害。导游人员虽然服务于旅游者，但是其同旅游者一样具有人格尊严，其人身安全受到保护，旅游者不得肆意谩骂、侮辱、殴打导游人员，否则将受到相应的法律制裁。

（二）在旅游活动中享有调整或变更接待计划权

《导游人员管理条例》第十三条规定："导游人员在引导旅游者旅行、游览过程中，遇有可能危及旅游者人身安全的紧急情形时，经征得多数旅游者的同意，可以调整或者变更接待计划，但是应当立即报告旅行社。"

据此，导游人员有权变更或者调整接待计划，但是必须符合以下条件：

（1）在引导旅游者旅行、游览过程中。旅游者旅行、游览过程前，如果无法成行，应由旅行社同旅游者进行调解，根据旅游合同约定或双方协商，变更、转让或者解除合同。

（2）遇有可能危及旅游者人身安全的紧急情形时。导游人员应确保旅游者的人身安全，对已经预知的危险情形，如发生塌方、泥石流、汛情等，旅游团队有可能被困或者旅游者生命将受到威胁，导游人员应采取措施进行协调或者规避。

（3）经征得多数旅游者的同意。旅游合同一经签订，旅行社及导游人员就应当严格履行合同约定。如遇合同变更，应当经当事人双方协商。据此，在行程中变更旅游计划，就要征得旅游者的同意，鉴于旅游者一方当事人具有团体性，特别是在发生危及人身安全的情形时，只需要经过多数人同意即可。

（4）应当立即报告旅行社。导游人员经旅行社委派执行带团计划，所以在符合法定条件调整计划后，还应当立即报告旅行社，以得到旅行社的认可。

二、导游人员的义务

导游人员的职责就是导游人员必须履行的法律义务。对此《导游人员管理条例》规定如下：

（一）导游人员应当不断提高自身业务素质和职业技能

《导游人员管理条例》第七条规定："导游人员应当不断提高自身业务素质和职业技能。"导游人员不仅是团队的引路者，也是知识的传播者。导游人员每次带队，都应该以自己的能力和魅力征服游客，以一家之主的自信，将旅游团队营造成快乐的临时大家庭。因此，导游人员要不断提高自身业务素质和职业技能。

（二）导游人员进行导游活动时，应当佩戴导游证

《导游人员管理条例》第八条规定："导游人员进行导游活动时，应当佩戴导游证。"导游证是导游从业人员的身份标识，佩戴导游证一方面可以便于团队旅游者识别，及时寻求服务；另一方面有利于旅游行政管理部门的监督检查。

（三）导游人员进行导游活动，必须经旅行社委派

《导游人员管理条例》第九条规定："导游人员进行导游活动，必须经旅行社委派。导游人员不得私自承揽或者以其他任何方式直接承揽导游业务，进行导游活动。"对导游人员从业渠道作出限制性规定，有利于规范旅游市场秩序。旅游行业不具有垄断性，由于在整个游览中能起到协调衔接作用，导游人员很容易就能从事招徕、接待和安排行程等业务。鉴于我国目前旅游市场的发展状况，让导游人员自由开展业务，由其个人来承担旅游合同义务，旅游者的权益难以得到充分保障，也不利于旅游市场的监管。所以，《导游人员管理条例》规定导游人员进行导游活动，必须经旅行社委派。

（四）导游人员的言行不得损害国家利益和民族尊严

《导游人员管理条例》第十一条规定："导游人员进行导游活动时，应当自觉维护国家利益和民族尊严，不得有损害国家利益和民族尊严的言行。"导游被誉为民间"外交大使"，在进行涉外旅游活动时，其言行不仅代表个人素养，而且还反映一个国家的对外形象，所以要规范导游人员，使其言行不得损害国家利益和民族尊严。

（五）导游人员应遵守职业道德

《导游人员管理条例》第十二条规定："导游人员进行导游活动时，应当遵守职业道德，着装整洁，礼貌待人，尊重旅游者的宗教信仰、民族风俗和生活习惯。导游人员进行导游活动时，应当向旅游者讲解旅游地点的人文和自然情况，介绍风土人情和习俗；但是，不得迎合个别旅游者的低级趣味，在讲解、介绍中掺杂庸俗下流的内容。"着装得体，礼貌待人，表现出对旅游者的尊重，是导游人员职业道德的基本要求。讲解到位，力求客观。不得迎合道德低下旅游者的低级趣味，是导游人员的职责所在。

（六）导游人员应当严格遵照接待计划

《导游人员管理条例》第十三条规定："导游人员应当严格按照旅行社确定的接待计划，安排旅游者的旅行、游览活动，不得擅自增加、减少旅游项目或者中止导游活动。"履行合同义务，就是按照接待计划开展活动。导游人员作为旅行社委派人员，必须依照计划安排旅行、游览活动，其擅自对旅游活动的改变属于违约行为。

中止导游活动必须具备以下条件：第一，中止导游活动不是导游活动的终止，其行

为必须是在旅游活动结束前。第二,必须是擅自中止,中止导游活动是旅行社决定或者其他外部作用影响,而非导游人员主观故意所为,则不属于擅自中止。第三,必须是彻底中止。即必须彻底放弃了原来的导游活动。暂时中断而后又进行的导游活动不属于彻底中止。

(七) 导游人员应注意旅游者的人身、财物安全

《导游人员管理条例》第十四条规定:"导游人员在引导旅游者旅行、游览过程中,应当就可能发生危及旅游者人身、财物安全的情况,向旅游者作出真实说明和明确警示,并按照旅行社的要求采取防止危害发生的措施。"确保所提供的服务符合人身、财物安全的需要是旅行社的经营义务。作为旅行社委派的工作人员,导游人员在实施接待计划时,要时刻做好安全工作。在行程中或者游玩时,特别是在进行潜藏危险的活动时,要随时提醒旅游者,说明和警示要真实、准确,并对可能发生的危害采取必要的防范措施。

案例阅读①

【案情介绍】

陈女士等人与宁波某旅行社签订旅游合同,参加该社组织的 2007 年 11 月 26 日"昆明—大理—丽江"6 日游,并约定了住宿、行程、饮食、导游服务等相关事宜。因陈女士等人年龄较大,旅行社安排游客从小索道前往玉龙雪山(高度为 3 380 米)。11 月 29 日,在陈女士等人的一再要求下,旅行社变更行程,安排游客从大索道前往玉龙雪山(高度 4 506 米)。在玉龙雪山 4 500 米左右处,陈女士见同伴在栈道旁的雪山坡上拍照,也迈出栈道走到雪山。因雪山高低不平又冰雪交融,导致陈女士滑倒在雪山坡上,右腿受伤疼痛难忍。导游及其他游客见状,立即将陈女士送至玉龙雪山急救站进行治疗。经初诊,陈女士系右股骨颈骨折。当天下午,陈女士等人提前结束旅行,返回宁波。陈女士在医院进行了"右人工股骨置换术",后经鉴定为八级伤残。

陈女士认为,其是在行程中不慎滑倒致使右股部受伤,要求旅行社承担医疗费、护理费、住院伙食补贴费、伤残赔偿金、一次性生活补助费等共计 286 212.82 元,同时赔偿精神损失抚慰金 20 000 元,合计 306 212.82 元。

【分析与提示】

(1) 旅游质监机构对陈女士所反映的情况进行了调查了解,双方签订的旅游合同中约定由小索道上玉龙雪山,但陈女士等人一再要求改成大索道,并与旅行社协商达成一致,有陈女士等人签字的"自愿同意行程更改书"为证。根据《中华人民共和国合同法》第七十七条约定"当事人协商一致,可以变更合同。"因此在陈女士等人与旅行社协商一致后,旅行社安排游客从大索道前往玉龙雪山并不存在违约。

---

① 本案例选自宁波旅游网,标题为"旅途中旅客发生意外,旅行社是否应该承担责任"。

（2）经查实，出发前，地陪导游一再强调雪山存在的危险，告知游客应注意的事宜，并特地为陈女士系围巾、戴手套以及配备氧气瓶。行程中，地陪导游在一旁时刻提醒"雪山有冰路滑，要注意安全"。根据《导游人员管理条例》第十四条规定："导游人员在引导旅游者旅行、游览过程中，应当就可能发生危及旅游者人身、财物安全的情况，向旅游者作出真实说明和明确警示，并按照旅行社的要求采取防止危害发生的措施。"旅游质监机构认为旅行社在出发前已为游客办理了旅行社责任险，且无论在上山前或上山途中，地陪导游均时刻提醒游客注意安全，并在事发后，立即将陈女士送往急救站治疗，因此旅行社应已尽到合理范围内的安全保障义务，对陈女士要求旅行社承担全额赔偿的要求不予支持。后经旅游质监机构协调，旅行社同意对陈女士进行适当补偿，但具体数额双方存在较大的分歧，后陈女士上诉至法院。

（3）法院认为，旅行社已经履行了应尽的义务，而且陈女士在玉龙雪山滑倒受伤的原因，一是陈女士年龄较大，体力不支，容易发生意外事故；二是陈女士对在户外活动特别是海拔4000多米的玉龙雪山游览时存在一定风险的认识不足。陈女士的右腿受伤是意外事故，并非旅行社的责任造成。法院对陈女士要求旅行社承担责任，赔偿全部损失的诉讼请求不予支持。

（八）不得同旅游者进行买卖活动和索要小费

《导游人员管理条例》第十五条规定："导游人员进行导游活动，不得向旅游者兜售物品或者购买旅游者的物品，不得以明示或者暗示的方式向旅游者索要小费。"

导游人员是为旅游者提供向导、讲解和相关服务的人员，向旅游者兜售和购买物品不是其职责范围。禁止导游人员向旅游者买卖物品，是为了防止侵犯旅游者权益的不公平交易的发生，以此遏制不必要的纠纷。

"小费"是服务行业中顾客感谢服务人员的一种报酬形式。是对其提供的优质服务的一种认可。西方国家旅游服务小费早已有之，而在我国小费一直是旅游界备受争议的话题。不管是导游人员用语言、文字等表达方式明确地索要还是委婉间接地索取小费，都是我国法律所禁止的。这样做一方面是为了杜绝导游人员不是出于本职只是为拿"小费"才为游客提供优质服务的行为；另一方面是为了防止形成不良风气，加重旅游者的旅游成本。

（九）不得非法迫使旅游者消费

《导游人员管理条例》第十六条规定："导游人员进行导游活动，不得欺骗、胁迫旅游者消费或者与经营者串通欺骗、胁迫旅游者消费。"以欺骗、胁迫等方式让旅游者消费，使旅游者在违背自己真实意愿下作出购买行为，这严重侵犯了旅游者的合法权益，违背了公平交易原则，因而为法律所不允许。

三、导游人员的法律责任

对导游人员违反《导游人员管理条例》规定的行为，旅游者有权向旅游行政部门投诉。

旅游行政部门将视其行为给予下列处罚。

(1) 无导游证进行导游活动的,由旅游行政管理部门责令改正并予以公告,处1 000元以上3万元以下的罚款;有违法所得的,并处没收违法所得。

(2) 导游人员未经旅行社委派,私自承揽或者以其他任何方式直接承揽导游业务,进行导游活动的,由旅游行政管理部门责令改正,处1 000元以上3万元以下的罚款;有违法所得的,并处没收违法所得;情节严重的,由省、自治区、直辖市人民政府旅游行政管理部门吊销导游证并予以公告。

(3) 导游人员进行导游活动时,有损害国家利益和民族尊严的言行的,由旅游行政管理部门责令改正;情节严重的,由省、自治区、直辖市人民政府旅游行政管理部门吊销导游证并予以公告;对该导游人员所在的旅行社给予警告直至责令停业整顿。

(4) 导游人员进行导游活动时未佩戴导游证的,由旅游行政管理部门责令改正;拒不改正的,处500元以下的罚款。

(5) 导游人员有下列情形之一的,由旅游行政管理部门责令改正,暂扣导游证3至6个月;情节严重的,由省、自治区、直辖市人民政府旅游行政管理部门吊销导游证并予以公告。

① 擅自增加或者减少旅游项目的。
② 擅自变更接待计划的。
③ 擅自中止导游活动的。

(6) 导游人员进行导游活动,向旅游者兜售物品或者购买旅游者的物品的,或者以明示或者暗示的方式向旅游者索要小费的,由旅游行政管理部门责令改正,处1 000元以上3万元以下的罚款;有违法所得的,并处没收违法所得;情节严重的,由省、自治区、直辖市人民政府旅游行政管理部门吊销导游证并予以公告;对委派该导游人员的旅行社给予警告直至责令停业整顿。

(7) 导游人员进行导游活动,欺骗、胁迫旅游者消费或者与经营者串通欺骗、胁迫旅游者消费的,由旅游行政管理部门责令改正,处1 000元以上3万元以下的罚款;有违法所得的,并处没收违法所得;情节严重的,由省、自治区、直辖市人民政府旅游行政管理部门吊销导游证并予以公告;对委派该导游人员的旅行社给予警告直至责令停业整顿;构成犯罪的,依法追究刑事责任。

第四节 导游人员相关管理制度

一、旅行社对导游人员的日常管理

《旅行社条例》规定:"旅行社聘用导游人员、领队人员应当依法签订劳动合同,并向其支付不低于当地最低工资标准的报酬。"这表明,旅行社同导游人员之间基于劳动合同产生法律关系。因而,我国旅行社对导游人员的管理主要是通过劳动合同确立的,是法人与其工作人员的内部管理关系。根据《导游人员管理实施办法》旅行社对导游人员的管理包括:为导游人员建立档案,对导游人员进行工作培训和指导,建立对导游人员工作情况的检查、考核和奖惩的内部管理机制,接受并处理对导游人员的投诉,负责对导游人员年审的初评。

二、旅游行政管理部门对导游人员的管理

(一)导游人员的计分管理

导游人员的计分管理,是指旅游行政管理部门对导游人员的违规行为,视其情节严重,给予相应扣分的一项行政管理制度。其具体内容如下:

1. 计分管理部门及其职责

国家对导游人员实行计分管理。国务院旅游行政管理部门负责制定全国导游人员计分管理政策并组织实施、监督检查。

省级旅游行政管理部门负责本行政区域内导游人员计分管理的组织实施和监督检查。

所在地旅游行政管理部门在本行政区域内负责导游人员计分管理的具体执行。

2. 计分管理实施标准

导游人员计分办法实行年度 10 分制。按其违规行为情节严重程度,分别给予不同的扣分。

(1) 导游人员在导游活动中有下列情形之一的,扣除 10 分。
  ① 有损害国家利益和民族尊严的言行的;
  ② 诱导或安排旅游者参加黄、赌、毒活动项目的;
  ③ 有殴打或谩骂旅游者行为的;
  ④ 欺骗、胁迫旅游者消费的;
  ⑤ 未通过年审继续从事导游业务的;
  ⑥ 因自身原因造成旅游团重大危害和损失的。

(2) 导游人员在导游活动中有下列情形之一的,扣除 8 分。
  ① 拒绝、逃避检查,或者欺骗检查人员的;
  ② 擅自增加或者减少旅游项目的;
  ③ 擅自终止导游活动的;
  ④ 讲解中掺杂庸俗、下流、迷信内容的;
  ⑤ 未经旅行社委派私自承揽或者以其他任何方式直接承揽导游业务的。

(3) 导游人员在导游活动中有下列情形之一的,扣除 6 分。
  ① 向旅游者兜售物品或者购买旅游者物品的;
  ② 以明示或者暗示的方式向旅游者索要小费的;

③ 因自身原因漏接送或误接误送旅游团的；
④ 讲解质量差或不讲解的；
⑤ 私自转借导游证供他人使用的；
⑥ 发生重大安全事故不积极配合有关部门救助的。

(4) 导游人员在导游活动中有下列情形之一的，扣除 4 分。
① 私自带人随团游览的；
② 无故不随团活动的；
③ 在导游活动中未佩戴导游证或未携带计分卡；
④ 不尊重旅游者宗教信仰和民族风俗。

(5) 导游人员在导游活动中有下列情形之一的，扣除 2 分。
① 未按规定时间到岗的；
② 10 人以上团队未打接待社社旗的；
③ 未携带正规接待计划；
④ 接站未出示旅行社标志的；
⑤ 仪表、着装不整洁的；
⑥ 讲解中吸烟、吃东西的。

3. 计分管理的后果

导游人员 10 分分值被扣完后，由最后扣分的旅游行政执法单位暂时保留其导游证，并出具保留导游证证明，并于 10 日内通报导游人员所在地旅游行政管理部门和登记注册单位。正在带团过程中的导游人员，可持旅游执法单位出具的保留证明完成团队剩余行程。

需要指出的是，计分管理是对导游人员执业行为的动态管理措施，并不属于行政处罚。所以对导游人员的违法、违规行为除扣减其相应分值外，依法应予处罚的，依据有关法律给予处罚。

导游人员通过年审后，年审单位应核销其遗留分值，重新输入初始分值。

(二) 导游人员的年审管理

导游人员的年审管理，是指旅游行政管理部门对导游人员进行年度考核的一种管理制度。国家对导游人员实行年度审核制度，导游人员必须参加年审。

1. 年审部门及其职责

国务院旅游行政管理部门负责制定全国导游人员年审工作政策，组织实施并监督检查。

省级旅游行政管理部门负责组织、指导本行政区域内导游人员年审工作并监督检查。

所在地旅游行政管理部门具体负责组织实施对导游人员的年审工作。

2. 年审实施

年审以考评为主，考评的内容应包括：当年从事导游业务情况、扣分情况、接受行政处罚情况、游客反映情况等。考评等级为通过年审、暂缓通过年审和不予通过年审三种。

一次扣分达到 10 分，不予通过年审。累计扣分达到 10 分的，暂缓通过年审。暂缓通过年审的,通过培训和整改后,方可重新上岗。一次被扣8分的,全行业通报。一次被扣6分的,警告批评。

导游人员必须参加所在地旅游行政管理部门举办的年审培训。培训时间应根据导游业务需要灵活安排。每年累计培训时间不得少于56小时。

本章小结

本章阐述了《导游人员管理条例》及《导游人员管理实施办法》的具体内容。这些内容与旅游行业结合得非常紧密,在学习过程中要把握好导游资格考试制度、导游证管理制度、职业等级制度和导游人员管理制度等各项规定,牢固掌握导游人员的权利和义务,并会结合案例分析实际问题。

思考与练习

1. 导游人员等级是如何划分的?
2. 不得颁发导游证的情形有哪些?
3. 导游人员的权利与义务有哪些?
4. 简述导游人员计分管理办法的内容。
5. 案例分析:

案例一

某旅行社组织北京观光团,该旅行社委派李某担任该团导游。按照合同约定的行程安排,该旅游团在北京游览7天。其中1月17日行程是游览八达岭长城。李某未经旅行社同意擅自将1月17日改为购物,将游览长城的日期改为1月20日(即离京的前一天)。观光团的成员对此变更曾口头表示异议,但李某称此变更是旅行社的安排。不料,1月19日晚天降大雪。1月20日晨该观光团赴长城时,积雪封路,只得返回。次日,该观光团成员离京后书面向该旅行社投诉,称该导游未征得旅游者的同意,擅自改变旅游行程,违反了合同约定,造成旅游观光团未能游览长城,旅行社应承担赔偿责任。该旅行社则辩称造成长城未能游览是由于大雪封路的原因,属不可抗力,且改变旅游行程属导游个人行为,与旅行社无关。协商未果,后该观光团成员集体向法院提起诉讼。

问题:(1)导游是否存在违规行为?
(2)旅行社的辩解是否合理?如果不合理应受到什么处罚?

案例二

某市旅游质监所曾接到这样一起投诉:几名外地游客在该市某旅行社一名导游的带领下游览奉化溪口景区。中饭后,导游对游客说:"我们导游讲多讲少,你们游客都不知道,怎么骗都很容易。"游客开玩笑说:"你如果骗我们,我们就投诉你。"这名导游一听,立即生气了,一拍桌子说:"你们要告就去告吧。"随即终止了导游活动并要游客支付导游费。游客要求这名导游出具旅行社的发票,但这名导游无法提供。游客对这名导游非常不满,于是向该市旅游质监所投诉。该市旅游质监所受理此投诉后,经过调查核实,证实游客投诉内容属实。同时,通过进一步调查发现,该导游此次导游活动未经所在旅行社委派,属私自带团。

问题:(1)该案中,导游人员违背了哪些义务,该如何处罚?

要素篇

旅游政策法律与法规

第五章 旅游饭店管理法规制度

 学习目标

- 了解旅游住宿业的发展及立法现状;
- 理解旅游住宿业的概念;《中国旅游饭店行业规范》以及星级评定制度的有关内容;
- 掌握旅游饭店的权利和义务;
- 掌握旅馆和娱乐场所经营管理、治安管理及食品卫生的有关内容。

第一节 旅游饭店管理法规制度概述

旅游饭店是在传统的饮食与住宿业基础上发展起来的旅游企业,可以将其概括为在不同程度上集饮食业之大全的住宿企业,它在设施和服务方面都能满足旅游者较高需求,因此,旅游饭店是旅游业的重要组成部分。

一、旅游住宿业管理法规制度

(一)旅游住宿业概述

1. 旅游住宿业的概念

旅游住宿业,起源于古代罗马和中国的驿站,近代工业革命刺激了这类行业的发展。20 世纪中叶旅游活动的发展,使旅游住宿业成为国际性的经营项目和许多国家重要的经济产业。从旅游住宿业的发展历史看,随着旅行游览活动的出现、发展,旅游住宿业在国际上大体经历了设备简易、只供睡眠和食物的客栈时期;专为王室和贵族享乐而建筑豪华的大饭店时期;为商业旅行者服务的方便、舒适、价格合理的商业旅馆时期,发展到主要是为观光旅游者服务的新型旅馆时期。这种新型的旅游住宿场所,在旅游业不断发展的过程中,起着非常重要的作用。

旅游住宿业,泛指为旅游者提供客房、餐饮及多种综合服务的行业。在旅游业的食、住、行、游、购、娱六大要素中，旅游住宿业是一个十分重要的环节，与旅行社业、旅游交通业并称为旅游业三大支柱，是人们在旅行游览活动中必不可少的。

2. 旅游住宿业管理法律制度

我国目前尚无适用于全国的权威性的有关旅游住宿业的法律、法规，但是规范旅游住宿业管理的法规及规章正在逐步建立。尤其是2002年5月1日颁布实施了《中国旅游饭店行业规范》，这是在1994年《消费者权益保护法》颁布的基础上，我国饭店消费行业的第一部行业规范，在一定条件下弥补了旅游住宿业国家法制不健全的缺陷。

（二）旅游住宿业治安管理

住宿治安管理工作是旅游业正常发展的重要保障。1987年11月10日，我国公安部发布了《旅馆业治安管理办法》（以下简称《办法》），明确了对饭店业的治安管理制度。

1.《旅馆业治安管理办法》的适用范围

根据《办法》第二条规定，凡经营接待旅客住宿的旅馆、饭店、宾馆、招待所、客货栈、车马店、浴池等（以下统称旅馆），不论是国营、集体经营，还是合伙经营、个体经营、中外合资、中外合作经营，不论是专营还是兼营，不论是常年经营，还是季节性经营，都必须遵守治安管理的规定，接受公安机关的治安管理。也就是说，只要经营者有向社会公众提供住宿服务的，就应受公安机关的治安管理。

2. 公安机关的管理职责

《办法》第十四条规定，公安机关对旅馆治安管理的职责是，指导与监督旅馆建立各项安全管理制度和落实安全防范措施，协助旅馆对工作人员进行安全业务知识的培训，依法惩办侵犯旅馆和旅客合法权益的违法犯罪分子。

（1）公安机关对开办旅馆住宿企业的治安管理。

核查消防报告。《办法》规定，开办旅馆的房屋建筑、消防设备、出入口和通道等，必须符合消防法规的有关规定，并应具备必要的防盗安全设施。开办旅馆申请人应向公安机关出具消防部门开具的《消防鉴定书》，核查安全保卫设施。不同档次的饭店，在防盗安全设施的要求上有一定差异，但一些基本的安全设施是必备的，这一规定在于保障旅馆企业正常经营，同时也是为了保障旅客的生命财产安全。

颁发特种行业许可证。申请开办旅馆，申请人应持有公安机关颁发的特种行业许可证及其他文件，向工商行政管理部门申请登记，领取营业执照后，才准开业。经批准开业的旅馆，如有歇业、转业、合并、迁移、改变名称等情况，应当在工商行政管理部门办理变更登记后3日内，向当地的县、市公安局、公安分局备案。

（2）公安机关对旅馆经营中的治安管理。

公安机关对旅馆经营中的治安管理监督旅馆健全各项制度。旅馆的经营，必须遵守国家的法律，建立各项安全管理制度，设置治安保卫组织或者指定安全保卫人员。我国的旅游住宿企业，凡是经营旅游住宿业务的，都必须设置治安保卫部门，如饭店的保安部等。

严格旅馆的住宿登记制度。旅馆接待旅客住宿必须登记。同时，旅客住宿登记时，旅馆应当查验旅客的身份证，按规定的项目如实登记。在接待境外旅客住宿时，除了要履行上述手续外,旅馆还应当在24小时内向当地公安机关报送住宿登记表。

完善旅馆的财务保管制度。旅馆应当设置旅客财物保管箱、保管柜或者保管室、保险柜,指定专人负责保管工作。对旅客寄存的财物,要建立严格、完备的登记、领取和交接制度。旅馆对旅客遗留的物品,应当妥为保管,设法将遗留物品归还原主或揭示招领;经招领3个月后仍然无人认领的,应当登记造册,送当地公安机关按拾遗物品处理。对违禁物品和可疑物品,应当及时报告公安机关处理。

依法对旅馆进行检查。公安机关建立定期和不定期的检查制度,检查饭店的经营行为是否符合特种行业的治安管理要求。公安机关的工作人员到饭店执行公务时,应当出示证件,严格依法办事,要文明礼貌待人,维护饭店的正常经营和旅客的合法权益。对公安机关的检查行为,饭店的工作人员和旅客有协助的义务。

依法要求旅馆配合查处犯罪行为。旅馆发现违法犯罪分子、形迹可疑人员和被公安机关通缉的罪犯,应当立即向当地公安机关报告,不得知情不报或隐瞒包庇。否则,要承担相应的法律责任。

依法处理旅馆和旅客的违法行为。进入旅馆的旅客和其他人员,要遵守法律的规定,不得在饭店内从事违法犯罪行为。严禁旅客将易燃、易爆、剧毒、腐蚀性和放射性等危险物品带入旅馆;严禁卖淫、嫖娼、赌博、吸毒、传播淫秽物品等违法犯罪活动;任何人不得在旅馆内酗酒滋事、大声喧哗、影响他人休息;旅客不得私自留客住宿或者转让床位。

3. 法律责任

违反治安管理行为的处罚规定如下:

(1) 开办旅馆未经公安机关审查批准,也未向工商行政管理部门申请登记,未领取营业执照的,公安机关和工商行政管理部门可以酌情给予行政处罚或罚款。

(2) 旅馆工作人员发现违法犯罪分子、形迹可疑人员和被公安机关通缉的罪犯,未向当地公安机关报告,知情不报或隐瞒包庇的,公安机关可酌情给予行政处罚或罚款;情节严重,构成犯罪的,依法追究刑事责任。旅馆负责人参与违法犯罪活动的,其所经营的旅馆已成为犯罪活动场所的,公安机关除依法追究其刑事责任外,对该旅馆还应当会同工商行政管理部门依法处理。

(3) 旅馆对住宿的旅客不按规定登记的,将易燃、易爆、剧毒、腐蚀性、放射性等危险物品带入旅馆的,在旅馆内从事卖淫、嫖娼、赌博、吸毒、传播淫秽物品等违法犯罪活动的,依照《中华人民共和国治安管理条例》的有关规定,处罚有关人员。发生重大事故,造成严重后果,构成犯罪的,依法追究刑事责任。

(4) 当事人对公安机关处罚决定不服的,按《中华人民共和国治安处罚条例》第三十九条规定的程序办理。

二、《中国旅游饭店行业规范》

饭店是旅游住宿业的主体,它是指具有一定建筑规模、较完善的设备、设施,能够以夜为时间单位向旅游者提供住宿、餐饮、购物、通讯、娱乐等规范化、标准化综合服务的场所,它在旅游业的发展中起着重要的作用。2002年5月1日,中国旅游饭店业协会颁布实施了《中国旅游饭店行业规范》(以下简称《规范》),总共11章43条,重点规定了饭店的权利和义务。它是中国消费行业的第一部规范,也是中国饭店行业的第一部规范,它的出台标志着中国旅游饭店业逐步走向成熟。

(一)饭店与旅客之间权利与义务的产生和终止

饭店与旅客之间的权利和义务属于平等主体间的权利和义务,这种权利义务关系通常是基于合同关系而产生和终止的。

1. 饭店与旅客之间权利与义务的产生

饭店与旅客间的权利和义务始于住宿合同的成立。具体说来,饭店与旅客之间权利义务的产生有两种情况:一是客人来店亲自登记住房。饭店同意了旅客的要求,并予以登记,自办完住宿登记手续之时起,合同关系成立,于是产生了权利和义务。二是旅客向饭店预订客房,饭店接受了旅客的预订。旅客可以通过电话、传真、网上预订等方式进行登记,此时,虽然旅客并未实际住进饭店,但只要饭店接受了旅客的订房要约,饭店与旅客之间的合同关系即告成立,权利和义务随之产生。

2. 饭店与旅客之间权利与义务的终止

饭店与旅客之间的权利和义务终于住宿合同的终止。饭店住宿合同终止的主要原因有:

(1)旅客住宿期间届满,饭店如约提供了服务,旅客也支付了相应的费用,合同自动终止。

(2)饭店或旅客任何一方违反合同规定的义务,对方有权终止合同关系。

(3)因不可抗力致使饭店或旅客不能履行合同义务,如因洪水阻断交通,客人无法按期到达预订好的饭店。

(4)旅客在饭店内实施违法犯罪行为,被国家机关依法拘捕。

此外,旅客经同意延长使用已经居住的饭店的房间。那么,旅客和饭店之间原有合同关系终止,自延长使用之时起,新的住宿合同关系成立。同时,客人在结账后离开饭店通常有一段"合理的滞留时间",例如等车的时间。因此,旅客仍然具有"潜在客人的身份",此时,应视为旅客与饭店之间的合同关系仍然存在。

(二)饭店与旅客之间的权利和义务

饭店的权利和义务同旅客的权利和义务是密切相关、不可分割的。旅客权利往往通过饭店的义务体现出来,旅客的义务则是由饭店的权利加以限定的。因此,一旦双方的权利、义务关系形成,一方享有权利时,另一方则必然负有义务;反之亦然。

1. 饭店的权利

根据饭店住宿合同的约定,饭店享有的权利包括:

(1)向客人合理收取费用的权利。饭店提供的服务一般都是有偿服务,这是由饭店自身的商业性质决定的。饭店大都是独立核算、自负盈亏的经济实体,在其经营活动中必须讲究经济效益。因此,当饭店向旅客提供相应的服务后,有权按照有关规定收取费用。在收取费用的同时,必须遵守国家物价部门的有关规定,其提供的服务必须质价相符。当旅客无力支付或拒绝支付时,饭店有权留置旅客的财物,从旅客的财物中补偿住宿费用。但旅客被留置的财物价值只能相当于旅客所欠缴的实际费用。饭店的留置权在旅客付清所欠费用时终止。

在计算旅客的住宿费用时,通常采用的规则是从旅客入店至第二天的中午12:00点前,过1夜计1天,以此为标准来计算旅客的住宿费用。

(2)一定条件下拒绝接待旅客的权利。饭店在接待旅客的过程中,不得因旅客的种族、国籍、肤色、宗教信仰等原因对旅客加以歧视,甚至拒绝接待。但在有正当理由的前提下,饭店可以合理地拒绝接待旅客,即不与旅客签订合同或者终止与旅客的住宿合同。一般来说,出现下列情况,饭店可以拒绝接待客人:

① 客人已满,无客房出租的;
② 影响饭店形象的;
③ 客人无力或拒绝支付饭店费用的,以及有过逃账记录的;
④ 旅客患有精神病而又无人监护或患有传染病的;
⑤ 旅客在饭店内实施违法犯罪行为的;
⑥ 携带危害饭店安全的物品入店的;
⑦ 拒不履行住宿登记手续的;
⑧ 因不可抗力的原因。

饭店在拒绝接待旅客的过程中,应当注意行为的方式。即在适用驱逐权时,要使用足够的谨慎、合理方式,尽量不使旅客受到不必要的强制或不适当的屈辱,在必要时饭店应向公安机关报告。如果旅客认为自己的人身权遭受了饭店的侵害,则会对饭店提起诉讼。

(3)谢绝客人自带酒水进入餐厅等场所享用的权利。饭店可以谢绝客人自带酒水和食品进入餐厅、酒吧、舞厅等场所享用,但应当将谢绝的告示设置于有关场所的显著位置。当然,饭店的酒水价格应定的合情合理,不能超出正常利润形成暴利。

(4)要求旅客遵守饭店的有关规定的权利。饭店有权要求客人正确使用饭店提供的设施、设备,爱护饭店的公共财物,遵守饭店作息时间,登记时查验旅客身份证明,旅客不得私自留客住宿或转让床位等。

(5)制止客人在饭店内的违法犯罪行为的权利。饭店有权制止、拒绝住店客人及外来人员在店内从事违法犯罪活动。如饭店严禁卖淫、嫖娼、赌博、吸毒、传播淫秽物品等违法犯罪活动。对于在饭店内进行违法犯罪活动的,饭店有权向公安机关报告并配合有关部门加以制止。

(6)向旅客索赔的权利。如果旅客不履行合同的约定,造成了饭店的损失,饭店有权向旅客索赔。旅客应当向饭店支付住宿费用,这是旅客应履行的最重要的合同义务。如旅客通过预订的方式和饭店订立住宿合同,而旅客并未实际入住的,则旅客因其违约行为给饭店造成了损失,应向饭店承担违约责任。在饭店内住宿的旅客,不遵守合同的约定和有关规定,对饭店造成损失的,饭店亦有权向旅客索赔。如旅客私留他人住宿或者擅自将客房转让给他人使用及改变使用用途,或未经饭店同意对客房进行改造、装饰,旅客损坏饭店的财物,以及旅客醉酒后在饭店内肇事造成损失的,或由于客人原因,维修受损设备期间导致客房不能出租、场所不能开放而发生的营业损失,饭店可以视其情况要求旅客承担相应的赔偿责任。

2. 饭店的义务

(1) 按照合同约定提供服务的义务。

饭店与旅客的住宿合同一经成立,饭店就有义务按照约定向旅客提供客房及相应服务,提供的服务应符合相应的国家与行业标准,否则,即视为饭店违约,要承担违约责任。对于提前预订了房间的,饭店应当为客人准备好房间。如果因某种客观原因不能向旅客提供预订的房间时,在征得客人同意后,可在本饭店内另换标准相近的房间,或将客人转移到其他饭店,为客人提供相同等级的服务,旅客因此而增加的合理费用,由饭店承担。饭店违反合同的约定或不履行义务,是对客人合法权益的侵犯,客人可追究饭店的违约责任,造成损失的,可以要求饭店支付赔偿金。

(2) 保障旅客的人身安全的义务。

人身安全是人们最基本的生活需要之一,而维护旅客的人身安全也是饭店的重要义务。在饭店里,有多种因素可能影响到旅客的人身安全,如火灾、食物中毒、设备故障、房屋倒塌、工作人员疏忽大意、他人的侵权等,这都要求饭店把旅客的人身安全放在十分重要的位置上,排除损害旅客人身安全的各类事故发生。

对于旅客在饭店内遭受人身伤害问题,不同国家有不同的规定。我国对旅客在饭店内所造成的人身伤害事件的处理,目前尚无专门的法律规定。但一般来说,如果是饭店的责任(故意或过失)造成旅客伤害,则饭店应按照我国民法有关侵权的规定来承担相应的民事责任。如果是旅客自身的过错造成的损害,则饭店不承担责任;如果是因第三人的过错造成旅客人身伤害,则先由饭店承担赔偿责任,然后再由饭店向第三人追偿。

(3) 保障旅客的财产安全的义务。

旅客在饭店住宿,随身携带一定财物。饭店在保障旅客人身安全的同时,有保护旅客财产安全的义务。一般认为,一旦旅客进入饭店,在旅客登记处完成住宿登记手续之后,旅客与饭店之间的服务合同即告成立,饭店对旅客的财产安全即负有责任,从而产生合同之债的法律关系。因此,旅客依合同在饭店住宿,要求饭店保护财产安全都属于合同的主要权利。同时饭店对旅客的行李负有寄存保管义务,旅客应把带入饭店的贵重财物交给饭店寄存起来,饭店要设置保险箱、柜、室,指定专人负责保管,还要建立登记、领取、交接制度。同时,饭店应当保护停车场内饭店客人的车辆安全并提醒客人保管好放置在汽车内的物品,对汽车内放置的物品的灭失,饭店不承担责任。

根据我国《合同法》的有关规定,当事人一方不履行合同义务或者履行合同义务不符合约定条件的,另一方有权要求履行者采取补救措施,并有权要求赔偿损失。如因饭店的过错,造成旅客财物毁损、灭失、被盗,则应承担赔偿损失的民事责任。《合同法》还规定,当事人一方因另一方违反合同受到损失的,应当及时采取措施防止损失的扩大,没有及时采取措施致使损失扩大的,无权就扩大的损失要求赔偿。相应地,旅客不将应交给饭店寄存的财物寄存起来,或者可以通过采取一定的措施减少损失而不采取措施,致使财物遭受损失的或损失扩大的,旅游饭店则不负赔偿责任或不就扩大了的损失负赔偿责任。

(4) 尊重旅客隐私权的义务。

旅客租用的虽然是饭店的客房,但旅客在饭店的客房里享有独处和安宁地使用客房的权利,即为旅客住宿期间所享有的隐私权。饭店向旅客提供的住宿服务,其服务方式是合理的,能够充分地尊重旅客的隐私权。非经过旅客的允许或者有法定的原因,饭店的工作人员不得随意进入旅客的房间,也不得将旅客的住宿信息告诉他人或者将旅客的房间钥匙交付他人。

(5) 其他义务。

旅游饭店还有告知客人注意安全的义务;向客人提供真实情况的义务;遵守有关法律、法规及行业规范的义务等。

3. 饭店与其他方面的权利与义务

饭店除了跟住店旅客之间发生联系外,还和非旅客、旅行社、旅游主管部门等方面存在着权利义务关系。

(1) 饭店与非旅客间的权利和义务关系。

非旅客主要包括顾客和旅客的客人。他们是不以签订住宿合同为目的而来到饭店的人。顾客是指只使用旅馆的某些设施(如餐厅、美容、邮电所、娱乐设施、游泳池等),而不在旅馆住宿的客人。旅客的客人是指专程拜访某位旅客的客人。这些人不具有旅客身份,通常是临时来饭店办事或访友的,因而这些人与饭店之间的权利和义务完全不同于旅客。

饭店优先接待旅客,是否接待非旅客完全由旅馆决定。旅馆只有在自己的设施满足旅客多余的情况下,才能接待非旅客;在保护人身安全和财物安全上不同于旅客。对非旅客的人身、财物的保护是一般性的,饭店不负特定义务,即使是在饭店内发生了侵害非旅客人身、财物的事件,饭店承担的责任也轻于旅客;在举证责任方面上也有差别。旅客发生损失时,首先推定是旅馆有过错,旅馆要减免责任,必须向法院提出充分的证据证明自己没有过错或过错不完全在自己一方,由旅馆负举证责任。非旅客发生损失时,首先推定是旅馆没有过错,非旅客要求赔偿,由非旅客负举证责任。

(2) 饭店与旅行社之间的权利和义务关系。

现代旅游中,饭店和旅行社的关系非常密切。旅行社招徕的客人需要在饭店住宿消费,饭店也需要与旅行社长期合作以稳定客源。它们一般通过合同约定双方的权利义务关系。它们之间是一种平等、协作的关系,其权利和义务完全通过合同来确定。

(3) 饭店与行政管理部门间的权利和义务关系。

饭店在经营过程中,要与多个行政部门发生联系,如上级主管部门、旅游行政管理部门、工商行政管理部门、税务部门、卫生监督部门等。饭店与这些部门是领导被领导、管理被管理的关系。一方面,这些部门依法对饭店进行审查、批准、监督管理,促使饭店遵守国家有关法律、法规及行业规章;饭店要服从各主管部门的管理监督,依法进行经营活动;另一方面,各主管部门也有义务对饭店的合法经营活动给予保护,尊重饭店的自主经营权,不干涉其正常业务活动,不硬性摊派各种费用等。

(4) 饭店与商品供应者之间的权利和义务关系。

旅客的需求千差万别,对旅游商品的需求也差别很大,饭店不可能独自生产出能够满足所有旅客需求的商品,因而需要与饭店外的商品生产者建立联系,由商品生产者供应相关商品。饭店与商品供应者之间的关系也是一种平等主体间的关系,双方的权利和义务均应通过合同来体现,双方都应遵守平等、自愿、等价有偿、诚实信用的原则,来约定双方的权利与义务。

(三) 饭店的法律责任

饭店的法律责任即饭店对其违法行为所应承担的法律后果。饭店的法律责任可以是由于饭店方不履行或不适当履行合同产生的违约责任,也可能是饭店方出现侵权行为而产生的侵权责任。

1. 因违反合同而产生的责任

违约责任,即违反合同约定而承担的责任。饭店在其经营活动中,经常要以平等主体的身份与其他主体签订合同,如与旅客签订住宿合同、与旅行社签订预订房间合同等。一旦饭店不履行或者不适当履行合同甚至单方面撕毁合同,就会给他人利益造成损害,因而应当承担违约责任。违约责任视其过错,可由饭店单方承担,也可由过错双方分别承担。依据《合同法》,饭店承担违反合同的责任形式有赔偿损失、支付违约金、继续履行、采取补救措施等。对于饭店已经接受了他人定金而又不履行合同的,则适用"定金罚则",即要双倍返还定金;反之,旅游饭店交付了定金而又不履行合同的,则无权要求返还定金。

2. 因侵权行为产生的责任

侵权行为是不法侵害他人非合同权利或者受法律保护的利益,因而行为人须就所生损害承担责任的行为。饭店的侵权行为是指饭店及其工作人员因故意或过失,造成旅客的人身伤害或财产损失的行为。饭店侵害了旅客的人身、财产权益,应当向旅客承担赔偿责任,《民法通则》中规定了"侵权的民事责任",在判定饭店的侵权责任时,要适用《民法通则》的有关规定:首先,旅客必须出现了实际的损害,有一定的损害结果。饭店承担侵权责任的前提就是:因为饭店的行为,致使旅客的人身、财产权益受到损害。其次,饭店出现了违法行为,这种违法行为,既包括积极的作为,如饭店的工作人员盗窃了旅客的财物,积极地实施法律禁止的行为;也包括消极的不作为,如饭店不告知某一器具的正确使用方法,而使旅客在使用时受伤的行为。再次,饭店的侵害行为和旅客遭受的损害之间要有因果关系。也就是说,旅客的实际损害是由饭店违法行为造成的,否则,不能认定饭店的侵权行为成立。最后,饭店在主观上存在过错。过错包括故意和过失两个方面。无论是故意还是过失,依照我国《民法通则》规定均应承担侵权民事责任。

针对饭店的侵权行为,因饭店自身过错致使旅客或其他主体财产或人身权利遭受损害则应当承担侵权民事责任。饭店承担一般侵权责任的方式有停止侵害、排除妨碍、消除危险、返还财产、恢复原状、赔偿损失、消除影响、恢复名誉、赔礼道歉等。饭店的工作人员在执行职务过程中造成旅客人身或财产的损害,饭店也应承担责任,因为工作人员执行职务的行为,可视为饭店的行为,这种侵权行为属于特殊侵权行为;如果饭店工作人员的损害行为与执行职务无关,则由其个人承担侵权责任。

3. 因违反行政管理行为而产生的法律责任

对于饭店违反旅游行政管理、治安管理、卫生管理、消防管理等方面的行为,国家有关行政机关有权对饭店加以处罚。行政处罚的方式主要有:警告、罚款、没收违法所得、责令停业整顿、吊销营业执照等。此外,饭店的违法行为,如情节恶劣、后果严重、影响极坏、触犯刑律、构成犯罪的,有关人员还应承担刑事责任。

三、旅游饭店星级评定制度

对旅游饭店进行星级评定,是国际上通行的惯例。实行这一制度,不仅能使饭店管理向正规化、科学化迈进,而且也可以方便旅游者选择。为了提高我国旅游饭店的经营管理水平和服务水平,适应国际旅游业发展的需要,促进我国饭店业与国际接轨,2003年12月1日开始实施《旅游饭店星级的划分与评定》,其中规定:"旅游饭店星级是指用星的数量和设色表示旅游饭店的等级。"

（一）星级的划分及评定范围

根据《旅游饭店星级的划分与评定》的规定,旅游饭店星级评定实行五星制,旅游饭店按一星、二星、三星、四星、五星(含白金五星级)来划分等级。饭店星级的高低,反映着不同客源层次的需求,标志着饭店设计、建筑、装潢、设施设备、服务项目、服务水平与这种需求的一致性和所有住店宾客的满意程度。

根据《旅游饭店星级的划分与评定》的规定,凡是在我国境内正式营业1年以上的国有、集体、中外合资、中外合作以及外商独资的饭店(或宾馆、度假村等)都可以申请评定星级。经星级评定机构评定批复后,可以享有5年有效的星级及其标志使用权。同时,针对我国每年都有新建成或改造升级而开业不到1年的饭店,为了使这些饭店从开业之初便纳入行业管理范围,更好地推动这些新建或改造的饭店软、硬件和管理水平都上一个台阶,国家旅游局还将预备星级制度写入新标准中,即开业不足1年的旅游饭店可以申请预备星级,有效期1年。

（二）星级评定的机构及其权限分工

根据星级评定的规定,在我国全国旅游饭店星级评定的最高权力机关是国家旅游局。国家旅游局设饭店星级评定机构,负责全国旅游饭店星级评定的领导工作,具体负责实施全国五星级(含预备五星级)饭店的评定与复核工作,保有对各级旅游饭店星级评定机构所评饭店星级的否决权。

省、自治区、直辖市旅游局设饭店星级评定机构,在国家旅游局的领导下,负责本地区旅游饭店星级评定与复核工作,保有对本地区下级旅游饭店星级评定机构所评饭店星级的否决权。具体负责本地区四星级(含预备四星级)以下饭店的评定与复核工作,同时向国家旅游局推荐五星级(含预备五星级)饭店。

计划单列市、副省级城市旅游局和地(市)级优秀旅游城市旅游局具体负责本地区三星级(含预备三星级)以下饭店的评定与复核工作,并向所在省、自治区旅游局推荐四星级(含预备四星级)饭店。

非优秀旅游城市的地(市)级旅游局和县级优秀旅游城市旅游局具体负责本地区二星级(含预备二星级)以下饭店的评定与复核工作,并向上级旅游局推荐三星级(含预备三星级)饭店。

(三) 星级评定的受理与检查

1. 受理

接到饭店星级申请报告后,相应评定权限的旅游饭店星级评定机构应在核实申请材料的基础上,于14天内作出受理与否的答复。对申请四星级以上的饭店,其所在地旅游饭店星级评定机构在逐级递交或转交申请材料时应提交推荐报告或转交报告。

2. 检查

受理申请或接到推荐报告后,相应评定权限的旅游饭店星级评定机构应在1个月内以明察和暗访的方式安排评定检查。旅游饭店星级评定的检查,由检查员承担。国家旅游局饭店星级评定机构设国家级检查员,负责对全国各星级饭店进行评定前后的检查;各省、自治区、直辖市及下属地、市、州等饭店星级评定机构设地方级检查员,负责对本地区各星级饭店进行星级评定前后的检查。

(四) 星级评定复核及处理

1. 星级评定的复核

根据《旅游饭店星级的划分与评定》的规定,旅游饭店评定星级后,实行复检制度,每年复核一次。复核工作由省、自治区、直辖市旅游局饭店星级评定机构组织实施,国家旅游局星级饭店评定机构则是采取有计划、有重点的方法实行复核,复核采取明察和暗访相结合的方法。

2. 星级复核后的处理

对于经复核达不到星级标准的星级饭店,具体处理方法如下:

(1) 经复核,星级饭店不能达到规定标准的,星级饭店评定机构则可根据具体情况签发警告通知书、通报批评、降低或取消星级。饭店接到通知后,须认真改进工作并在规定期限内将改进情况上报发出上述通知的饭店星级评定机构。

(2) 凡在1年内接到警告通知书不超过2次(含2次)的饭店,可继续保持原星级;凡在1年内接到3次警告通知书的饭店,旅游饭店星级评定机构将降低或取消其星级,并向社会公布。

(3) 凡是被降低或取消星级的饭店,自降低或取消星级之日起1年内,不予恢复星级。1年后,方可申请重新评定星级。

（4）已取得星级的饭店如发生重大事故，造成恶劣影响，其所在旅游饭店星级评定机构应立即反映情况或在权限范围内做出降低或取消星级的处理。

第二节　食品安全管理法律制度

一、食品安全管理法律制度概述

为保证食品安全，保障公众身体健康和生命安全，中华人民共和国第十一届全国人民代表大会常务委员会第七次会议于2009年2月28日通过了《中华人民共和国食品安全法》，该法共10章104条，自2009年6月1日起正式施行。

（一）食品及食品安全的含义

食品，指各种供人食用或者饮用的成品和原料以及按照传统既是食品又是药品的物品，但是不包括以治疗为目的的物品。

食品安全，指食品无毒、无害，符合应当有的营养要求，对人体健康不造成任何急性、亚急性或者慢性危害。

（二）食品安全的基本要求

1. 食品首先必须是无毒、无害

无毒、无害是指食用该食品后不会造成人的急性或慢性疾病，不构成对人体的危害；或者食物中虽含有极少量有害、有毒物质，但在正常食用情况下，不致危害人的健康。

2. 各种食品符合应当有的营养要求

不同的食品，其营养要求是不同的，但都包含两个意思：首先，各种食品都应具备一定的人体需要的营养成分，一般包括蛋白质、碳水化合物、脂肪、维生素、矿物质和其他可供代谢的有机物。其次，食品所含营养成分的消化吸收率和维护人体正常生理功能的作用必须达到一定的标准。

3. 对人体健康不造成任何急性、亚急性或者慢性危害

1996年，世界卫生组织将食品安全界定为"对食品按其原定用途进行制作、食用时不会使消费者健康受到损害的一种担保"。自20世纪80年代以来，一些国家以及有关国际组织从社会系统工程建设的角度出发，逐步以食品安全的综合立法替代卫生、质量、营养等要素立法。一般均强调食品安全包括食品（食物）的种植、养殖、加工、包装、贮藏、运输、销售、消费等活动要符合国家强制标准和要求，不存在可能损害或威胁人体健康的有毒、有害物质以导致消费者病亡或者危及消费者及其后代的隐患这一要求。

（三）食品安全法的适用范围

在中华人民共和国境内从事下列活动，应当遵守本法。

（1）食品生产和加工（以下称食品生产），食品流通和餐饮服务（以下称食品经营）；

（2）食品添加剂的生产经营；

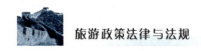

(3) 用于食品的包装材料、容器、洗涤剂、消毒剂和用于食品生产经营的工具、设备（以下称食品相关产品）的生产经营；

(4) 食品生产经营者使用食品添加剂、食品相关产品；

(5) 对食品、食品添加剂和食品相关产品的安全管理。

供食用的源于农业的初级产品（以下称食用农产品）的质量安全管理，遵守《中华人民共和国农产品质量安全法》的规定。但是，制定有关食用农产品的质量安全标准、公布食用农产品安全有关信息，应当遵守《食品安全法》的有关规定。

(四) 食品安全管理的原则与管理部门

1. 食品安全管理的原则

(1) 食品生产经营者应当依照法律、法规和食品安全标准从事生产经营活动，对社会和公众负责，保证食品安全，接受社会监督，承担社会责任。

(2) 国家鼓励社会团体、基层群众性自治组织开展食品安全法律、法规以及食品安全标准和知识的普及工作，倡导健康的饮食方式，增强消费者食品安全意识和自我保护能力。新闻媒体应当开展食品安全法律、法规以及食品安全标准和知识的公益宣传，并对违反本法的行为进行舆论监督。

(3) 国家鼓励和支持开展与食品安全有关的基础研究和应用研究，鼓励和支持食品生产经营者为提高食品安全水平采用先进技术和先进管理规范。

(4) 任何组织或者个人有权举报食品生产经营中违反《食品安全法》的行为，有权向有关部门了解食品安全信息，对食品安全监督管理工作提出意见和建议。

2. 食品安全的管理部门

国务院设立食品安全委员会，其工作职责由国务院规定。

国务院卫生行政部门承担食品安全综合协调职责，负责食品安全风险评估、食品安全标准制定、食品安全信息公布、食品检验机构的资质认定条件和检验规范的制定，组织查处食品安全重大事故。

国务院质量监督、工商行政管理和国家食品药品监督管理部门依照《食品安全法》和国务院规定的职责，分别对食品生产、食品流通、餐饮服务活动实施监督管理。

县级以上地方人民政府统一负责、领导、组织、协调本行政区域的食品安全监督管理工作，建立健全食品安全全程监督管理的工作机制；统一领导、指挥食品安全突发事件应对工作；完善、落实食品安全监督管理责任制，对食品安全监督管理部门进行评议、考核。县级以上卫生行政、农业行政、质量监督、工商行政管理、食品药品监督管理部门应当加强沟通、密切配合，按照各自职责分工，依法行使职权，承担责任。

食品行业协会应当加强行业自律，引导食品生产经营者依法生产经营，推动行业诚信建设，宣传、普及食品安全知识。

(五) 食品安全风险监测、评估与食品安全标准

1. 食品安全风险监测和评估

国家建立食品安全风险监测制度，对食源性疾病、食品污染以及食品中的有害因素进

行监测。国务院卫生行政部门会同国务院有关部门制定、实施国家食品安全风险监测计划。国务院农业行政、质量监督、工商行政管理和国家食品药品监督管理等有关部门获知有关食品安全风险信息后,应当立即向国务院卫生行政部门通报。国务院卫生行政部门会同有关部门对信息核实后,应当及时调整食品安全风险监测计划。

国家建立食品安全风险评估制度,对食品、食品添加剂中生物性、化学性和物理性危害进行风险评估。

国务院卫生行政部门负责组织食品安全风险评估工作,成立由医学、农业、食品、营养等方面的专家组成的食品安全风险评估专家委员会进行食品安全风险评估。

对农药、肥料、生长调节剂、兽药、饲料和饲料添加剂等的安全性评估,应当有食品安全风险评估专家委员会的专家参加。

食品安全风险评估应当运用科学方法,根据食品安全风险监测信息、科学数据以及其他有关信息进行。食品安全风险评估结果是制定、修订食品安全标准和对食品安全实施监督管理的科学依据。

2. 食品安全标准

食品安全国家标准由国务院卫生行政部门负责制定、公布,国务院标准化行政部门提供国家标准编号。

制定食品安全标准,应当以保障公众身体健康为宗旨,做到科学合理、安全可靠。食品安全标准是强制执行的标准。除食品安全标准外,不得制定其他的食品强制性标准。

食品安全标准应当包括下列内容:

(1) 食品、食品相关产品中的致病性微生物、农药残留、兽药残留、重金属、污染物质以及其他危害人体健康物质的限量规定;

(2) 食品添加剂的品种、使用范围、用量;

(3) 专供婴幼儿和其他特定人群的主辅食品的营养成分要求;

(4) 对与食品安全、营养有关的标签、标识、说明书的要求;

(5) 食品生产经营过程的卫生要求;

(6) 与食品安全有关的质量要求;

(7) 食品检验方法与规程;

(8) 其他需要制定为食品安全标准的内容。

二、食品生产和经营的法律规定

(一) 食品生产经营应当符合食品安全标准,并符合下列要求

(1) 具有与生产经营的食品品种、数量相适应的食品原料处理和食品加工、包装、贮存等场所,保持该场所环境整洁,并与有毒、有害场所以及其他污染源保持规定的距离。

(2) 具有与生产经营的食品品种、数量相适应的生产经营设备或者设施,有相应的消毒、更衣、盥洗、采光、照明、通风、防腐、防尘、防蝇、防鼠、防虫、洗涤以及处理废水、存放垃

圾和废弃物的设备或者设施。

(3) 有食品安全专业技术人员、管理人员和保证食品安全的规章制度。

(4) 具有合理的设备布局和工艺流程,防止待加工食品与直接入口食品、原料与成品交叉污染,避免食品接触有毒物、不洁物。

(5) 餐具、饮具和盛放直接入口食品的容器,使用前应当洗净、消毒,炊具、用具用后应当洗净,保持清洁。

(6) 贮存、运输和装卸食品的容器、工具和设备应当安全、无害,保持清洁,防止食品污染,并符合保证食品安全所需的温度等特殊要求,不得将食品与有毒、有害物品一同运输。

(7) 直接入口的食品应当有小包装或者使用无毒、清洁的包装材料、餐具。

(8) 食品生产经营人员应当保持个人卫生,生产经营食品时,应当将手洗净,穿戴清洁的工作衣、帽;销售无包装的直接入口食品时,应当使用无毒、清洁的售货工具。

(9) 用水应当符合国家规定的生活饮用水卫生标准。

(10) 使用的洗涤剂、消毒剂应当对人体安全、无害。

(11) 法律、法规规定的其他要求。

(二) 禁止生产经营的食品

(1) 用非食品原料生产的食品或者添加食品添加剂以外的化学物质和其他可能危害人体健康物质的食品,或者用回收食品作为原料生产的食品。

(2) 致病性微生物、农药残留、兽药残留、重金属、污染物质以及其他危害人体健康的物质含量超过食品安全标准限量的食品。

(3) 营养成分不符合食品安全标准的专供婴幼儿和其他特定人群的主辅食品。

(4) 腐败变质、油脂酸败、霉变生虫、污秽不洁、混有异物、掺假掺杂或者感官性状异常的食品。

(5) 病死、毒死或者死因不明的禽、畜、兽、水产动物肉类及其制品。

(6) 未经动物卫生监督机构检疫或者检疫不合格的肉类,或者未经检验或者检验不合格的肉类制品。

(7) 被包装材料、容器、运输工具等污染的食品。

(8) 超过保质期的食品。

(9) 无标签的预包装食品。

(10) 国家为防病等特殊需要明令禁止生产经营的食品。

(11) 其他不符合食品安全标准或者要求的食品。

(三) 对食品生产经营企业与人员的管理

国家对食品生产经营实行许可制度。从事食品生产、食品流通、餐饮服务,应当依法取得食品生产许可、食品流通许可、餐饮服务许可。

取得食品生产许可的食品生产者在其生产场所销售其生产的食品,不需要取得食品流通的许可;取得餐饮服务许可的餐饮服务提供者在其餐饮服务场所出售其制作加工的食品,不需要取得食品生产和流通的许可;农民个人销售其自产的食用农产品,不需要取得食品流通的许可。

食品生产加工小作坊和食品摊贩从事食品生产经营活动,应当符合本法规定的与其生产经营规模、条件相适应的食品安全要求,保证所生产经营的食品卫生、无毒、无害,有关部门应当对其加强监督管理。

食品生产经营企业应当建立健全本单位的食品安全管理制度,加强对职工食品安全知识的培训,配备专职或者兼职食品安全管理人员,做好对所生产经营食品的检验工作,依法从事食品生产经营活动。

食品生产经营者应当建立并执行从业人员健康管理制度。患有痢疾、伤寒、病毒性肝炎等消化道传染病的人员,以及患有活动性肺结核、化脓性或者渗出性皮肤病等有碍食品安全的疾病的人员,不得从事接触直接入口食品的工作。

食品生产经营人员每年应当进行健康检查,取得健康证明后方可参加工作。

(四)食品标识管理

食品经营者贮存散装食品,应当在贮存位置标明食品的名称、生产日期、保质期、生产者名称及联系方式等内容。

食品经营者销售散装食品,应当在散装食品的容器、外包装上标明食品的名称、生产日期、保质期、生产经营者名称及联系方式等内容。

食品经营者销售预包装食品的,预包装食品,指预先定量包装或者制作在包装材料和容器中的食品。食品包装上应当有标签。标签应当标明下列事项:

(1)名称、规格、净含量、生产日期;
(2)成分或者配料表;
(3)生产者的名称、地址、联系方式;
(4)保质期;
(5)产品标准代号;
(6)贮存条件;
(7)所使用的食品添加剂在国家标准中的通用名称;
(8)生产许可证编号;
(9)法律、法规或者食品安全标准规定必须标明的其他事项。

专供婴幼儿和其他特定人群的主辅食品,其标签还应当标明主要营养成分及其含量。

国家对食品添加剂的生产实行许可制度。食品添加剂,指为改善食品品质和色、香、味以及为防腐、保鲜和加工工艺的需要而加入食品中的人工合成或者天然物质。申请食品添加剂生产许可的条件、程序,按照国家有关工业产品生产许可证管理的规定执行。

食品生产者应当依照食品安全标准关于食品添加剂的品种、使用范围、用量的规定使用食品添加剂;不得在食品生产中使用食品添加剂以外的化学物质和其他可能危害人体健康的物质。食品添加剂应当有标签、说明书和包装。食品和食品添加剂的标签、说明书,不得含有虚假、夸大的内容,不得涉及疾病预防、治疗功能。生产者对标签、说明书上所载明的内容负责。

国家对声称具有特定保健功能的食品实行严格监管。声称具有特定保健功能的食品不得对人体产生急性、亚急性或者慢性危害,其标签、说明书不得涉及疾病预防、治疗功能,内容必须真实,应当载明适宜人群、不适宜人群、功效成分或者标志性成分及其含量等;产品的功能和成分必须与标签、说明书相一致。

(五)食品召回制度

国家建立食品召回制度。食品生产者发现其生产的食品不符合食品安全标准,应当立即停止生产,召回已经上市销售的食品,通知相关生产经营者和消费者,并记录召回和通知情况。

食品经营者发现其经营的食品不符合食品安全标准,应当立即停止经营,通知相关生产经营者和消费者,并记录停止经营和通知情况。食品生产者认为应当召回的,应当立即召回。

食品生产者应当对召回的食品采取补救、无害化处理、销毁等措施,并将食品召回和处理情况向县级以上质量监督部门报告。

三、食品卫生安全管理监督制度

(一)食品检验

食品检验机构按照国家有关认证认可的规定取得资质认定后,方可从事食品检验活动。但是,法律另有规定的除外。

食品检验由食品检验机构指定的检验人独立进行。检验人应当依照有关法律、法规的规定,并依照食品安全标准和检验规范对食品进行检验,尊重科学,恪守职业道德,保证出具的检验数据和结论客观、公正,不得出具虚假的检验报告。

食品检验实行食品检验机构与检验人负责制。食品检验报告应当加盖食品检验机构公章,并有检验人的签名或者盖章。食品检验机构和检验人对出具的食品检验报告负责。

食品安全监督管理部门对食品不得实施免检。

食品生产经营企业可以自行对所生产的食品进行检验,也可以委托符合《食品安全法》规定的食品检验机构进行检验。

(二)食品监督管理

县级以上地方人民政府组织本级卫生行政、农业行政、质量监督、工商行政管理、食品药品监督管理部门制定本行政区域的食品安全年度监督管理计划,并按照年度计划组织开展工作。

县级以上质量监督、工商行政管理、食品药品监督管理部门履行各自食品安全监督管理职责,有权采取下列措施:

(1)进入生产经营场所实施现场检查;

(2)对生产经营的食品进行抽样检验;

(3)查阅、复制有关合同、票据、账簿以及其他有关资料;

（4）查封、扣押有证据证明不符合食品安全标准的食品，违法使用的食品原料、食品添加剂、食品相关产品，以及用于违法生产经营或者被污染的工具、设备；

（5）查封违法从事食品生产经营活动的场所。

县级以上质量监督、工商行政管理、食品药品监督管理部门对食品生产经营者进行监督检查，应当记录监督检查的情况和处理结果。监督检查记录经监督检查人员和食品生产经营者签字后归档。

县级以上质量监督、工商行政管理、食品药品监督管理部门应当建立食品生产经营者食品安全信用档案，记录许可颁发、日常监督检查结果、违法行为查处等情况；根据食品安全信用档案的记录，对有不良信用记录的食品生产经营者增加监督检查频次。

县级以上卫生行政、质量监督、工商行政管理、食品药品监督管理部门接到咨询、投诉、举报，对属于本部门职责的，应当受理，并及时进行答复、核实、处理；对不属于本部门职责的，应当书面通知并移交有权处理的部门处理。有权处理的部门应当及时处理，不得推诿；属于食品安全事故的，依照本法第七章有关规定进行处置。

县级以上卫生行政、质量监督、工商行政管理、食品药品监督管理部门应当按照法定权限和程序履行食品安全监督管理职责；对生产经营者的同一违法行为，不得给予2次以上罚款的行政处罚；涉嫌犯罪的，应当依法向公安机关移送。

国家建立食品安全信息统一公布制度。下列信息由国务院卫生行政部门统一公布：

（1）国家食品安全总体情况；

（2）食品安全风险评估信息和食品安全风险警示信息；

（3）重大食品安全事故及其处理信息；

（4）其他重要的食品安全信息和国务院确定的需要统一公布的信息。

前款第二项、第三项规定的信息，其影响限于特定区域的，也可以由有关省、自治区、直辖市人民政府卫生行政部门公布。县级以上农业行政、质量监督、工商行政管理、食品药品监督管理部门依据各自职责公布食品安全日常监督管理信息。

食品安全监督管理部门公布信息，应当做到准确、及时、客观。

四、食品安全事故处理

（一）食品安全事故与食物中毒

食品安全事故，指食物中毒、食源性疾病、食品污染等源于食品，对人体健康有危害或者可能有危害的事故。

食物中毒，指食用了被有毒有害物质污染的食品或者食用了含有毒有害物质的食品后出现的急性、亚急性疾病。食物中毒的特点是许多人同时发病，病状相似，发病急、进展快，一般有共同食用某种食物的历史。食物中毒一般表现为消化道症状和神经中毒症状。消化道症状主要表现为恶心、呕吐、腹痛、腹泻等，神经中毒症状主要有头晕、头痛、抽搐、昏迷等。当然也有多脏器或多系统损伤造成的"混合型"症状。

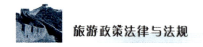

食源性疾病,指食品中致病因素进入人体引起的感染性、中毒性等疾病。

(二) 食品安全事故的处置

国务院组织制定国家食品安全事故应急预案。

1. 制定预案

县级以上地方人民政府应当根据有关法律、法规的规定和上级人民政府的食品安全事故应急预案以及本地区的实际情况,制定本行政区域的食品安全事故应急预案,并报上一级人民政府备案。

食品生产经营企业应当制定食品安全事故处置方案,定期检查本企业各项食品安全防范措施的落实情况,及时消除食品安全事故隐患。

2. 事故处置

发生食品安全事故的单位应当立即予以处置,防止事故扩大。事故发生单位和接收病人进行治疗的单位应当及时向事故发生地县级卫生行政部门报告。

发生重大食品安全事故的,接到报告的县级卫生行政部门应当按照规定向本级人民政府和上级人民政府卫生行政部门报告。县级人民政府和上级人民政府卫生行政部门应当按照规定上报。

任何单位或者个人不得对食品安全事故隐瞒、谎报、缓报,不得毁灭有关证据。

县级以上卫生行政部门接到食品安全事故的报告后,应当立即会同有关农业行政、质量监督、工商行政管理、食品药品监督管理部门进行调查处理,并采取下列措施,防止或者减轻社会危害:

(1) 开展应急救援工作,对因食品安全事故导致人身伤害的人员,卫生行政部门应当立即组织救治;

(2) 封存可能导致食品安全事故的食品及其原料,并立即进行检验;对确认属于被污染的食品及其原料,责令食品生产经营者依照本法第五十三条的规定予以召回、停止经营并销毁;

(3) 封存被污染的食品用工具及用具,并责令进行清洗消毒;

(4) 做好信息发布工作,依法对食品安全事故及其处理情况进行发布,并对可能产生的危害加以解释、说明。

发生重大食品安全事故的,县级以上人民政府应当立即成立食品安全事故处置指挥机构,启动应急预案进行处置。发生重大食品安全事故,设区的市级以上人民政府卫生行政部门,应当立即会同有关部门进行事故责任调查,督促有关部门履行职责,向本级人民政府提出事故责任调查处理报告。

重大食品安全事故涉及两个以上省、自治区、直辖市的,由国务院卫生行政部门依照前款规定组织事故责任调查。

3. 善后工作

发生食品安全事故,县级以上疾病预防控制机构应当协助卫生行政部门和有关部门对事故现场进行卫生处理,并对与食品安全事故有关的因素开展流行病学调查。

调查食品安全事故,除了查明事故单位的责任,还应当查明负有监督管理和认证职责的监督管理部门、认证机构的工作人员失职、渎职情况。

第三节 娱乐场所管理法规制度

娱乐是旅游活动吃、住、行、游、购、娱六大要素之一,也是文化休闲活动的重要组成部分。娱乐虽然不是旅游者的基本需求,但是健康的娱乐活动对旅游者有其独特的吸引力,能够使旅游者放松情绪,缓解疲劳,并得到精神上的愉悦,它是一种特殊的文化活动。

一、娱乐场所管理法规制度概述

娱乐场所是指向公众开放的、消费者自娱自乐的营业性歌舞、游艺等场所。如歌厅、舞厅、卡拉OK厅等。娱乐场所的经营单位应当坚持为人民服务、为社会主义服务的方向,开展文明健康的娱乐活动。因此,为了规范娱乐场所的经营行为,保护旅游者享受健康文化活动的合法权益,丰富人民群众文明、健康的娱乐活动,促进社会主义精神文明建设,2006年3月1日国务院颁布了新的《娱乐场所管理条例》(以下简称《条例》)。

二、娱乐场所管理法规制度的主要内容

(一)《娱乐场所管理条例》的适用范围

《娱乐场所管理条例》的适用范围包括向公众开放的、消费者自娱自乐的营业性歌舞、游艺等场所。

(二)娱乐场所的主管部门及职责

《条例》规定,县级以上人民政府文化行政主管部门、公安机关在各自的职责范围内,分别对娱乐场所的经营活动和消防、治安管理工作,加强指导和监督。各级人民政府文化行政主管部门、公安机关及其工作人员不得开办娱乐场所,并不得参与或者变相参与娱乐场所的经营活动。文化行政主管部门、公安机关的工作人员在娱乐场所执行公务时,应当出示执法证件,文明礼貌,依法办事。文化行政主管部门、公安机关依照本条例对娱乐场所实施监督和检查,不得收取任何费用;文化行政主管部门对娱乐场所实施监督检查所需经费,可以通过依法调整娱乐业营业税,税率由地方财政解决,具体办法由省、自治区、直辖市人民政府决定。

文化主管部门、公安部门和其他有关部门的工作人员依法履行监督检查职责时,有权进入娱乐场所。娱乐场所应当予以配合,不得拒绝、阻挠。文化主管部门、公安部门和其他有关部门的工作人员依法履行监督检查职责时,需要查阅闭路电视监控录像资料、从业人员名簿、营业日志等资料的,娱乐场所应当及时提供。

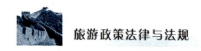

文化主管部门、公安部门和其他有关部门应当记录监督检查的情况和处理结果。监督检查记录由监督检查人员签字归档。公众有权查阅监督检查记录。任何单位或者个人发现娱乐场所内有违反本条例行为的,有权向文化主管部门、公安部门等有关部门举报。文化主管部门、公安部门等有关部门接到举报,应当记录,并及时依法调查、处理;对不属于本部门职责范围的,应当及时移送有关部门。

文化主管部门、公安部门和其他有关部门应当建立娱乐场所违法行为警示记录系统;对列入警示记录的娱乐场所,应当及时向社会公布,并加大监督检查力度。文化主管部门、公安部门和其他有关部门应当建立相互间的信息通报制度,及时通报监督检查情况和处理结果。

娱乐场所行业协会应当依照章程的规定,制定行业自律规范,加强对会员经营活动的指导、监督。

(三) 娱乐场所的设立管理

从事娱乐场所的经营活动必须经文化行政主管部门、公安机关、卫生行政部门的审核;审核合格领取营业执照后,方可从事娱乐场所经营活动。新《条例》提高了设立娱乐场所的准入门槛,严格了审批条件,明确开办娱乐场所必须持有娱乐经营许可证。

1. 有下列情形之一的人员,不得开办娱乐场所或者在娱乐场所从业

(1) 曾犯有组织、强迫、引诱、容留、介绍卖淫罪,制作、贩卖、传播淫秽物品罪,走私、贩卖、运输、制造毒品罪,强奸罪,强制猥亵、侮辱妇女罪,赌博罪,洗钱罪,组织、领导、参加黑社会性质组织罪的;

(2) 因犯罪曾被剥夺政治权利的;

(3) 因吸食、注射毒品曾被强制戒毒的;

(4) 因卖淫、嫖娼曾被处以行政拘留的。

2. 在中国境内不得设立外商独资的经营的娱乐场所

3. 娱乐场所不得设在下列地点

(1) 居民楼、博物馆、图书馆和被核定为文物保护单位的建筑物内;

(2) 居民住宅和学校、医院、机关周围;

(3) 车站、机场等人群密集的场所;

(4) 建筑物地下一层以下;

(5) 与危险化学品仓库毗连的区域。

(四) 娱乐场所的经营管理

1. 娱乐场所内娱乐活动的禁止内容

(1) 违反宪法确定的基本原则的;

(2) 危害国家的统一、主权或者领土完整的;

(3) 危害国家安全或者损害国家荣誉、利益的;

(4) 煽动民族仇恨、民族歧视,伤害民族感情或者侵害少数民族风俗、习惯,破坏民族团结的;

(5) 违反国家宗教政策,宣扬邪教、迷信的;

（6）宣扬淫秽、色情、迷信或者渲染暴力,有害消费者身心健康的;
（7）违背社会公德或者民族优秀文化传统的;
（8）诽谤、侮辱他人,侵害他人合法权益的;
（9）法律、法规禁止的其他内容。

2. 娱乐场所及其从业人员不得实施的行为

（1）贩卖、提供毒品,或者组织、强迫、教唆、引诱、欺骗、容留他人吸食、注射毒品;
（2）组织、强迫、引诱、容留、介绍他人卖淫、嫖娼;
（3）制作、贩卖、传播淫秽物品;
（4）提供或者从事以营利为目的的陪侍;
（5）赌博;
（6）从事邪教、迷信活动;
（7）其他未发犯罪行为。

娱乐场所的从业人员不得吸食、注射毒品,不得卖淫、嫖娼;娱乐场所及其从业人员不得为进入娱乐场所的人员实施上述行为提供条件。

3. 娱乐场所的设置要求

娱乐场所的法定代表人或者主要负责人应当对娱乐场所的消防安全和其他安全负责。

娱乐场所应当确保其建筑、设施符合国家安全标准和消防技术规范,定期检查消防设施状况,并及时维护、更新。

娱乐场所应当制定安全工作方案和应急疏散预案。营业期间,娱乐场所应当保证疏散通道和安全出口畅通,不得封堵、锁闭疏散通道和安全出口,不得在疏散通道和安全出口设置栅栏等影响疏散的障碍物。

娱乐场所要安装闭路电视监控设备。歌舞娱乐场所应当按照国务院公安部门的规定在营业场所的出入口、主要通道安装闭路电视监控设备,并应当保证闭路电视监控设备在营业期间正常运行,不得中断。

歌舞娱乐场所应当将闭路电视监控录像资料留存30日备查,不得删改或者挪作他用。

歌舞娱乐场所的包厢、包间内不得设置隔断,并应当安装展现室内整体环境的透明门窗。包厢、包间的门不得有内锁装置。营业期间,歌舞娱乐场所内亮度不得低于国家规定的标准。

4. 进迪厅要安检

任何人不得非法携带枪支、弹药、管制器具或者携带爆炸性、易燃性、毒害性、放射性、腐蚀性等危险物品和传染病病原体进入娱乐场所。

迪斯科舞厅应当配备安全检查设备,对进入营业场所的人员进行安全检查。

5. 娱乐场所应使用正版音像、游戏产品

娱乐场所使用的音像制品或者电子游戏应当是依法出版、生产或者进口的产品。

歌舞娱乐场所播放的曲目和屏幕画面以及游艺娱乐场所的电子游戏机内的游戏项

目,不得含有本条例第十三条禁止的内容;歌舞娱乐场所使用的歌曲点播系统不得与境外的曲库连接。

游艺娱乐场所不得设置具有赌博功能的电子游戏机机型、机种、电路板等游戏设施设备,不得以现金或者有价证券作为奖品,不得回购奖品。

6. 娱乐场所不得接纳和招用未成年人

歌舞娱乐场所不得接纳未成年人。除国家法定节假日外,游艺娱乐场所设置的电子游戏机不得向未成年人提供。娱乐场所不得招用未成年人;招用外国人的,应当按照国家有关规定为其办理外国人就业许可证。

7. 娱乐场所违法记录将曝光

8. 娱乐场所服务项目应明码标价

9. 其他规定

(四)法律责任

1. 违反娱乐场所设立管理的处罚

(1)擅自从事娱乐场所经营活动的,由工商行政管理部门、文化主管部门依法予以取缔;公安部门在查处治安、刑事案件时,发现擅自从事娱乐场所经营活动的,应当依法予以取缔。

(2)违反本条例规定,以欺骗等不正当手段取得娱乐经营许可证的,由原发证机关撤销娱乐经营许可证。

2. 违法娱乐场所经营管理的处罚

(1)娱乐场所实施本条例第十四条禁止行为的,由县级公安部门没收违法所得和非法财物,责令停业整顿3个月至6个月;情节严重的,由原发证机关吊销娱乐经营许可证,对直接负责的主管人员和其他直接责任人员处1万元以上2万元以下的罚款。

(2)娱乐场所违反本条例规定,有下列情形之一的,由县级公安部门责令改正,给予警告;情节严重的,责令停业整顿1个月至3个月:照明设施、包厢、包间的设置以及门窗的使用不符合本条例规定的;未按照本条例规定安装闭路电视监控设备或者中断使用的;未按照本条例规定留存监控录像资料或者删改监控录像资料的;未按照本条例规定配备安全检查设备或者未对进入营业场所的人员进行安全检查的;未按照本条例规定配备保安人员的。

(3)娱乐场所违反本条例规定,有下列情形之一的,由县级公安部门没收违法所得和非法财物,并处违法所得2倍以上5倍以下的罚款;没有违法所得或者违法所得不足1万元的,并处2万元以上5万元以下的罚款;情节严重的,责令停业整顿1个月至3个月:设置具有赌博功能的电子游戏机机型、机种、电路板等游戏设施设备的;以现金、有价证券作为奖品,或者回购奖品的。

(4)违反本条例规定,有下列情形之一的,由县级人民政府文化主管部门没收违法所得和非法财物,并处违法所得1倍以上3倍以下的罚款;没有违法所得或者违法所得不足1万元的,并处1万元以上3万元以下的罚款;情节严重的,责令停业整顿1个月至6个月:歌舞娱乐场所的歌曲点播系统与境外的曲库连接的;歌舞娱乐场所播放的曲目、屏幕画面或者游艺娱乐场所电子游戏机内的游戏项目含有本条例第十三条禁止内容的;歌舞娱乐场所接纳未成年人的;游艺娱乐场所设置的电子游戏机在国家法定节假日外向未成年人提供的;娱乐场所容纳的消费者超过核定人数的。

(5) 娱乐场所违反本条例规定,有下列情形之一的,由县级人民政府文化主管部门责令改正,给予警告;情节严重的,责令停业整顿1个月至3个月:变更有关事项,未按照本条例规定申请重新核发娱乐经营许可证的;在本条例规定的禁止营业时间内营业的;从业人员在营业期间未统一着装并佩带工作标志的。

娱乐场所未按照本条例规定建立从业人员名簿、营业日志,或者发现违法犯罪行为未按照本条例规定报告的,由县级人民政府文化主管部门、县级公安部门依据法定职权责令改正,给予警告;情节严重的,责令停业整顿1个月至3个月。

(6) 娱乐场所未按照本条例规定悬挂警示标志、未成年人禁入或者限入标志的,由县级人民政府文化主管部门、县级公安部门依据法定职权责令改正,给予警告。

娱乐场所招用未成年人的,由劳动保障行政部门责令改正,并按照每招用1名未成年人每月处5 000元罚款的标准给予处罚。

(7) 国家机关及其工作人员开办娱乐场所,参与或者变相参与娱乐场所经营活动的,对直接负责的主管人员和其他直接责任人员依法给予撤职或者开除的行政处分。

文化主管部门、公安部门的工作人员明知其亲属开办娱乐场所或者发现其亲属参与、变相参与娱乐场所的经营活动,不予制止或者制止不力的,依法给予行政处分;情节严重的,依法给予撤职或者开除的行政处分。

(8) 文化主管部门、公安部门、工商行政管理部门和其他有关部门的工作人员有下列行为之一的,对直接负责的主管人员和其他直接责任人员依法给予行政处分;构成犯罪的,依法追究刑事责任:向不符合法定设立条件的单位颁发许可证、批准文件、营业执照的;不履行监督管理职责,或者发现擅自从事娱乐场所经营活动不依法取缔,或者发现违法行为不依法查处的;接到对违法行为的举报、通报后不依法查处的;利用职务之便,索取、收受他人财物或者谋取其他利益的;利用职务之便,参与、包庇违法行为,或者向有关单位、个人通风报信的;有其他滥用职权、玩忽职守、徇私舞弊行为的。

附录参考1:

《旅馆业治安管理办法》

(1987年9月23日国务院批准,1987年11月10日公安部发布)

第一条 为了保障旅馆业的正常经营和旅客的生命财物安全,维护社会治安,制定本办法。

第二条 凡经营接待旅客住宿的旅馆、饭店、宾馆、招待所、客货栈、车马店、浴池等（以下统称旅馆），不论是国营、集体经营，还是合伙经营、个体经营、中外合资、中外合作经营，不论是专营还是兼营，不论是常年经营，还是季节性经营，都必须遵守本办法。

第三条 开办旅馆，其房屋建筑、消防设备、出入口和通道等，必须符合《中华人民共和国消防条例》等有关规定，并且要具备必要的防盗安全设施。

第四条 申请开办旅馆，应经主管部门审查批准，经当地公安机关签署意见，向工商行政管理部门申请登记，领取营业执照后，方准开业。经批准开业的旅馆，如有歇业、转业、合并、迁移、改变名称等情况，应当在工商行政管理部门办理变更登记后3日内，向当地的县、市公安局、公安分局备案。

第五条 经营旅馆，必须遵守国家的法律，建立各项安全管理制度，设置治安保卫组织或者指定安全保卫人员。

第六条 旅馆接待旅客住宿必须登记。登记时，应当查验旅客的身份证件，按规定的项目如实登记。接待境外旅客住宿，还应当在二十四小时内向当地公安机关报送住宿登记表。

第七条 旅馆应当设置旅客财物保管箱、柜或者保管室、保险柜，指定专人负责保管工作。对旅客寄存的财物，要建立登记、领取和交接制度。

第八条 旅馆对旅客遗留的物品，应当妥为保管，设法归还原主或揭示招领；经招领三个月后无人认领的，要登记造册，送当地公安机关以拾遗物品处理。对违禁物品和可疑物品，应当及时报告公安机关处理。

第九条 旅馆工作人员发现违法犯罪分子，形迹可疑的人员和被公安机关通缉的罪犯，应当立即向当地公安机关报告，不得知情不报或者隐瞒包庇。

第十条 在旅馆内开办舞厅、音乐茶座等娱乐、服务场所的，除执行本办法有关规定外，还应当按照国家和当地政府的有关规定管理。

第十一条 严禁旅客将易燃、易爆、剧毒、腐蚀性和放射性等危险物品带入旅馆。

第十二条 旅馆内，严禁卖淫、嫖宿、赌博、吸毒、传播淫秽物品等违法犯罪活动。

第十三条 旅馆内，不得酗酒滋事、大声喧哗，影响他人休息，旅客不得私自留客住宿或者转让床位。

第十四条 公安机关对旅馆治安管理的职责是，指导、监督旅馆建立各项安全管理制度和落实安全防范措施，协助旅馆对工作人员进行安全业务知识的培训，依法惩办侵犯旅馆和旅客合法权益的违法犯罪分子。公安人员到旅馆执行公务时，应当出示证件，严格依法办事，要文明礼貌待人，维护旅馆的正常经营和旅客的合法权益。旅馆工作人员和旅客应当予以协助。

第十五条 违反本办法第四条规定开办旅馆的，公安机关可以酌情给予警告或者处以200元以下罚款；未经登记，私自开业的，公安机关应当协助工商行政管理部门依法处理。

第十六条 旅馆工作人员违反本办法第九条规定的，公安机关可以酌情给予警告或者处以 20 元以下罚款;情节严重构成犯罪的,依法追究刑事责任。旅馆负责人参与违法犯罪活动,其所经营的旅馆已成为犯罪活动场所的,公安机关除依法追究其责任外,对该旅馆还应当会同工商行政管理部门依法处理。

第十七条　违反本办法第六、十一、十二条规定的,依照《中华人民共和国治安管理处罚条例》有关条款的规定,处罚有关人员;发生重大事故、造成严重后果构成犯罪的,依法追究刑事责任。

第十八条　当事人对公安机关的行政处罚决定不服的,按照《中华人民共和国治安管理处罚条例》第三十九条规定的程序办理。

第十九条　省、自治区、直辖市公安厅(局)可根据本办法制定实施细则,报请当地人民政府批准后施行,并报公安部备案。

第二十条　本办法自公布之日起施行。1951 年 8 月 15 日公布的《城市旅栈业暂行管理规则》同时废止。

附录参考 2:

《旅游饭店行业规范》(法条选载)

(国家旅游局 2002 年 4 月 5 日颁布)

第一条　为了倡导履行诚信准则,保障客人和旅游饭店的合法权益,维护旅游饭店业经营管理的正常秩序,促进中国旅游饭店业的健康发展,中国旅游饭店业协会依据国家有关法律、法规,特制定《中国旅游饭店行业规范》(以下简称为《规范》)。

第二条　旅游饭店包括在中国境内开办的各种经济性质的饭店,含宾馆、酒店、度假村等(以下简称为饭店)。

第三条　饭店应当遵守国家的有关法律、法规和规章,遵守社会道德规范,诚信经营,维护中国旅游饭店行业的声誉。

第四条　饭店应与客人共同履行住宿合同,因不可抗力不能履行双方住宿合同的,任何一方均应当及时通知对方。双方另有约定的,按约定处理。

第五条　由于饭店出现超额预订而使客人不能入住的,饭店应当主动替客人安排本地同档次或高于本饭店档次的饭店入住,所产生的有关费用由饭店承担。

第六条　饭店应当同团队、会议、长住客人签订住房合同。合同内容应包括客人进店和离店的时间、房间等级与价格、餐饮价格、付款方式、违约责任等款项。

第七条　饭店在办理客人入住手续时,应当按照国家的有关规定,要求客人出示有效证件,并如实登记。

第八条　以下情况饭店可以不予接待:(一)携带危害饭店安全的物品入店者;

（二）从事违法活动者；（三）影响饭店形象者；（四）无支付能力或曾有过逃账记录者；（五）饭店客满；（六）法律、法规规定的其他情况。

第九条　饭店应当将房价表置于总服务台显著位置，供客人参考。饭店如给予客人房价折扣，应当书面约定。

第十条　饭店客房收费以"间/夜"为计算单位（钟点房除外）。按客人住一"间/夜"，计收一天房费；次日12时以后、18时以前办理退房手续者，饭店可以加收半天房费；次日18时以后退房者，饭店可以加收一天房费。

第十一条　根据国家规定，饭店可以对客房、餐饮、洗衣、电话等服务项目加收服务费，但应当在房价表及有关服务价目单上注明。客人在饭店商场内购物，不应加收服务费。

第十二条　为了保护客人的人身和财产安全，饭店客房房门应当装置防盗链、门镜、应急疏散图，卫生间内应当采取有效的防滑措施。客房内应当放置服务指南、住宿须知和防火指南。有条件的饭店应当安装客房电子门锁和公共区域安全监控系统。

第十三条　饭店应当确保健身、娱乐等场所设施、设备的完好和安全。对不按使用说明及饭店员工指导进行操作而造成伤害的，饭店不承担责任。

第十四条　对可能损害客人人身和财产安全的场所，饭店应当采取防护、警示措施。警示牌应当中外文对照。

第十五条　饭店应当采取措施，防止客人放置在客房内的财物灭失、毁损。由于饭店的原因造成客人财物灭失、毁损的，饭店应当承担责任。由于客人自己的行为造成损害的，饭店不承担责任。双方均有过错的，应当各自承担相应的责任。

第十六条　饭店应当保护客人的隐私权。饭店员工未经客人许可不得随意进入客人下榻的房间，除日常清扫卫生、维修保养设施设备或者发生火灾等紧急情况外。

第十七条　饭店应当在前厅处设置有双锁的客人贵重物品保险箱。贵重物品保险箱的位置应当安全、方便、隐蔽，能够保护客人的隐私。饭店应当按照规定的时限免费提供住店客人贵重物品的保管服务。

第十八条　饭店应当对住店客人贵重物品的保管服务做出书面规定，并在客人办理入住登记时予以提示。违反第十七条和本条规定，造成客人贵重物品灭失的，饭店应当承担赔偿责任。

第十九条　客人寄存贵重物品时，饭店应当要求客人填写贵重物品寄存单，并办理有关手续。

第二十条　客房内设置的保险箱仅为客人提供存放一般物品之用。对没有按规定存放在饭店前厅贵重物品保险箱内而在客房里灭失、毁损的客人的贵重物品，如果责任在饭店一方，可视为一般物品予以赔偿。

第二十一条　如无事先约定，在客人结账退房离开饭店以后，饭店可以将客人寄存在贵重物品保险箱内的物品取出，并按照有关规定处理。饭店应当将此条规定在客人贵重物品寄存单上明示。

第二十二条　客人如果遗失饭店贵重物品保险箱的钥匙,除赔偿锁匙成本费用外,饭店还可以要求客人承担维修保险箱的费用。

第二十三条　饭店保管客人寄存在行李寄存处的行李物品时,应当检查其包装是否完好、安全,询问有无违禁物品,并经双方当面确认后签发给客人行李寄存牌。

第二十四条　客人在餐饮、康乐、前厅行李处等场所寄存物品时,饭店应当当面询问客人物品中有无贵重物品。客人寄存的行李中如有贵重物品的,应当向饭店声明,由饭店员工验收并交饭店贵重物品保管处免费保管;客人事先未声明或不同意核实而造成物品灭失、毁损的,如果责任在饭店一方,饭店按照一般物品予以赔偿;客人对寄存物品没有提出需要采取特殊保管措施的,因为物品自身的原因造成毁损或损耗的,饭店不承担赔偿责任;由于客人没有事先说明寄存物的情况,造成饭店损失的,除饭店知道或者应当知道而没有采取补救措施的以外,饭店可以要求客人承担其所受损的赔偿责任。

第二十五条　客人送洗衣物,饭店应当要求客人在洗衣单上注明洗涤种类及要求,并应当检查衣物状况有无破损。客人如有特殊要求或者饭店员工发现衣物破损的,双方应当事先确认并在洗衣单上注明。

客人事先没有提出特殊要求,饭店按照常规进行洗涤,造成衣物损坏的,饭店不承担赔偿责任。客人的衣物在洗涤后即时发现破损等问题,而饭店无法证明该衣物是在洗涤以前破损的,饭店承担相应责任。

第二十六条　饭店应当在洗衣单上注明,要求客人将衣物内的物品取出。对洗涤后客人衣物内物品的灭失,饭店不承担责任。

第二十七条　饭店应当保护停车场内饭店客人的车辆安全。由于保管不善,造成车辆灭失或者毁损的,饭店承担相应责任,但因为客人自身的原因造成车辆灭失或者毁损的除外。双方均有过错的,应当各自承担相应的责任。

第二十八条　饭店应当提示客人保管好放置在汽车内的物品。对汽车内放置的物品的灭失,饭店不承担责任。

第二十九条　饭店可以谢绝客人自带酒水和食品进入餐厅、酒吧、舞厅等场所享用,但应当将谢绝的告示设置于有关场所的显著位置。

第三十条　饭店有义务提醒客人在客房内遵守国家有关规定,不得私留他人住宿或者擅自将客房转让给他人使用及改变使用用途。对违反规定造成饭店损失的,饭店可以要求下榻该房间的客人承担相应的赔偿责任。

第三十一条　饭店可以口头提示或书面通知客人不得自行对客房进行改造、装饰。未经饭店同意进行改造、装饰并因此造成损失的,饭店可以要求客人承担相应的赔偿责任。

第三十二条　饭店有义务提示客人爱护饭店的财物。由于客人的原因造成损坏的,饭店可以要求客人承担赔偿责任。由于客人原因维修受损设施设备期间导致客房不能出租、场所不能开放而发生的营业损失,饭店可视其情况要求客人承担责任。

第三十三条　对饮酒过量的客人,饭店应恰当、及时地劝阻,防止客人在店内醉酒。

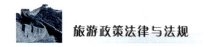

客人醉酒后在饭店内肇事造成损失的,饭店可以要求肇事者承担相应的赔偿责任。

第三十四条 客人结账离店后,如有物品遗留在客房内,饭店应当设法同客人取得联系,将物品归还或寄还给客人,或替客人保管,所产生的费用由客人承担。三个月后仍无人认领的,饭店可进行登记造册,按拾遗物品处理。

第三十五条 饭店应当提供与本饭店档次相符的产品与服务。如果存在瑕疵,饭店应当采取措施及时加以改进。由于饭店的原因而给客人造成损失的,饭店应当根据损失程度向客人赔礼道歉,或给予相应的赔偿。

附录参考3:

《中华人民共和国食品安全法》(法条选载)

(2009年2月28日通过,自2009年6月1日起施行)

第一条 为保证食品安全,保障公众身体健康和生命安全,制定本法。

第二条 在中华人民共和国境内从事下列活动,应当遵守本法:

(一)食品生产和加工(以下称食品生产),食品流通和餐饮服务(以下称食品经营);

(二)食品添加剂的生产经营;

(三)用于食品的包装材料、容器、洗涤剂、消毒剂和用于食品生产经营的工具、设备(以下称食品相关产品)的生产经营;

(四)食品生产经营者使用食品添加剂、食品相关产品;

(五)对食品、食品添加剂和食品相关产品的安全管理。

供食用的源于农业的初级产品(以下称食用农产品)的质量安全管理,遵守《中华人民共和国农产品质量安全法》的规定。但是,制定有关食用农产品的质量安全标准、公布食用农产品安全有关信息,应当遵守本法的有关规定。

第三条 食品生产经营者应当依照法律、法规和食品安全标准从事生产经营活动,对社会和公众负责,保证食品安全,接受社会监督,承担社会责任。

第四条 国务院设立食品安全委员会,其工作职责由国务院规定。

国务院卫生行政部门承担食品安全综合协调职责,负责食品安全风险评估、食品安全标准制定、食品安全信息公布、食品检验机构的资质认定条件和检验规范的制定,组织查处食品安全重大事故。

国务院质量监督、工商行政管理和国家食品药品监督管理部门依照本法和国务院规定的职责,分别对食品生产、食品流通、餐饮服务活动实施监督管理。

第五条 县级以上地方人民政府统一负责、领导、组织、协调本行政区域的食品安全监督管理工作,建立健全食品安全全程监督管理的工作机制;统一领导、指挥食品安全突发事件应对工作;完善、落实食品安全监督管理责任制,对食品安全监督管理部门进行评议、考核。

县级以上地方人民政府依照本法和国务院的规定确定本级卫生行政、农业行政、质量监督、工商行政管理、食品药品监督管理部门的食品安全监督管理职责。有关部门在各自职责范围内负责本行政区域的食品安全监督管理工作。

上级人民政府所属部门在下级行政区域设置的机构应当在所在地人民政府的统一组织、协调下,依法做好食品安全监督管理工作。

第六条 县级以上卫生行政、农业行政、质量监督、工商行政管理、食品药品监督管理部门应当加强沟通、密切配合,按照各自职责分工,依法行使职权,承担责任。

第七条 食品行业协会应当加强行业自律,引导食品生产经营者依法生产经营,推动行业诚信建设,宣传、普及食品安全知识。

第八条 国家鼓励社会团体、基层群众性自治组织开展食品安全法律、法规以及食品安全标准和知识的普及工作,倡导健康的饮食方式,增强消费者食品安全意识和自我保护能力。

新闻媒体应当开展食品安全法律、法规以及食品安全标准和知识的公益宣传,并对违反本法的行为进行舆论监督。

第九条 国家鼓励和支持开展与食品安全有关的基础研究和应用研究,鼓励和支持食品生产经营者为提高食品安全水平采用先进技术和先进管理规范。

第十条 任何组织或者个人有权举报食品生产经营中违反本法的行为,有权向有关部门了解食品安全信息,对食品安全监督管理工作提出意见和建议。

第十一条 国家建立食品安全风险监测制度,对食源性疾病、食品污染以及食品中的有害因素进行监测。

国务院卫生行政部门会同国务院有关部门制定、实施国家食品安全风险监测计划。省、自治区、直辖市人民政府卫生行政部门根据国家食品安全风险监测计划,结合本行政区域的具体情况,组织制定、实施本行政区域的食品安全风险监测方案。

第十二条 国务院农业行政、质量监督、工商行政管理和国家食品药品监督管理等有关部门获知有关食品安全风险信息后,应当立即向国务院卫生行政部门通报。国务院卫生行政部门会同有关部门对信息核实后,应当及时调整食品安全风险监测计划。

第十三条 国家建立食品安全风险评估制度,对食品、食品添加剂中生物性、化学性和物理性危害进行风险评估。

国务院卫生行政部门负责组织食品安全风险评估工作,成立由医学、农业、食品、营养等方面的专家组成的食品安全风险评估专家委员会进行食品安全风险评估。

对农药、肥料、生长调节剂、兽药、饲料和饲料添加剂等的安全性评估,应当有食品安全风险评估专家委员会的专家参加。

食品安全风险评估应当运用科学方法,根据食品安全风险监测信息、科学数据以及其他有关信息进行。

第十四条　国务院卫生行政部门通过食品安全风险监测或者接到举报发现食品可能存在安全隐患的,应当立即组织进行检验和食品安全风险评估。

第十五条　国务院农业行政、质量监督、工商行政管理和国家食品药品监督管理等有关部门应当向国务院卫生行政部门提出食品安全风险评估的建议,并提供有关信息和资料。

国务院卫生行政部门应当及时向国务院有关部门通报食品安全风险评估的结果。

第十六条　食品安全风险评估结果是制定、修订食品安全标准和对食品安全实施监督管理的科学依据。

食品安全风险评估结果得出食品不安全结论的,国务院质量监督、工商行政管理和国家食品药品监督管理部门应当依据各自职责立即采取相应措施,确保该食品停止生产经营,并告知消费者停止食用;需要制定、修订相关食品安全国家标准的,国务院卫生行政部门应当立即制定、修订。

第十七条　国务院卫生行政部门应当会同国务院有关部门,根据食品安全风险评估结果、食品安全监督管理信息,对食品安全状况进行综合分析。对经综合分析表明可能具有较高程度安全风险的食品,国务院卫生行政部门应当及时提出食品安全风险警示,并予以公布。

第十八条　制定食品安全标准,应当以保障公众身体健康为宗旨,做到科学合理、安全可靠。

第十九条　食品安全标准是强制执行的标准。除食品安全标准外,不得制定其他的食品强制性标准。

第二十条　食品安全标准应当包括下列内容:

(一)食品、食品相关产品中的致病性微生物、农药残留、兽药残留、重金属、污染物质以及其他危害人体健康物质的限量规定;

(二)食品添加剂的品种、使用范围、用量;

(三)专供婴幼儿和其他特定人群的主辅食品的营养成分要求;

(四)对与食品安全、营养有关的标签、标识、说明书的要求;

(五)食品生产经营过程的卫生要求;

(六)与食品安全有关的质量要求;

(七)食品检验方法与规程;

(八)其他需要制定为食品安全标准的内容。

第二十一条　食品安全国家标准由国务院卫生行政部门负责制定、公布,国务院标准化行政部门提供国家标准编号。

食品中农药残留、兽药残留的限量规定及其检验方法与规程由国务院卫生行政部门、国务院农业行政部门制定。

屠宰畜、禽的检验规程由国务院有关主管部门会同国务院卫生行政部门制定。

有关产品国家标准涉及食品安全国家标准规定内容的,应当与食品安全国家标准相一致。

第二十二条 国务院卫生行政部门应当对现行的食用农产品质量安全标准、食品卫生标准、食品质量标准和有关食品的行业标准中强制执行的标准予以整合,统一公布为食品安全国家标准。

本法规定的食品安全国家标准公布前,食品生产经营者应当按照现行食用农产品质量安全标准、食品卫生标准、食品质量标准和有关食品的行业标准生产经营食品。

第二十三条 食品安全国家标准应当经食品安全国家标准审评委员会审查通过。食品安全国家标准审评委员会由医学、农业、食品、营养等方面的专家以及国务院有关部门的代表组成。

制定食品安全国家标准,应当依据食品安全风险评估结果并充分考虑食用农产品质量安全风险评估结果,参照相关的国际标准和国际食品安全风险评估结果,并广泛听取食品生产经营者和消费者的意见。

第二十四条 没有食品安全国家标准的,可以制定食品安全地方标准。

省、自治区、直辖市人民政府卫生行政部门组织制定食品安全地方标准,应当参照执行本法有关食品安全国家标准制定的规定,并报国务院卫生行政部门备案。

第二十五条 企业生产的食品没有食品安全国家标准或者地方标准的,应当制定企业标准,作为组织生产的依据。国家鼓励食品生产企业制定严于食品安全国家标准或者地方标准的企业标准。企业标准应当报省级卫生行政部门备案,在本企业内部适用。

第二十六条 食品安全标准应当供公众免费查阅。

第二十七条 食品生产经营应当符合食品安全标准,并符合下列要求:

(一)具有与生产经营的食品品种、数量相适应的食品原料处理和食品加工、包装、贮存等场所,保持该场所环境整洁,并与有毒、有害场所以及其他污染源保持规定的距离;

(二)具有与生产经营的食品品种、数量相适应的生产经营设备或者设施,有相应的消毒、更衣、盥洗、采光、照明、通风、防腐、防尘、防蝇、防鼠、防虫、洗涤以及处理废水、存放垃圾和废弃物的设备或者设施;

(三)有食品安全专业技术人员、管理人员和保证食品安全的规章制度;

(四)具有合理的设备布局和工艺流程,防止待加工食品与直接入口食品、原料与成品交叉污染,避免食品接触有毒物、不洁物;

(五)餐具、饮具和盛放直接入口食品的容器,使用前应当洗净、消毒,炊具、用具用后应当洗净,保持清洁;

(六)贮存、运输和装卸食品的容器、工具和设备应当安全、无害,保持清洁,防止食品污染,并符合保证食品安全所需的温度等特殊要求,不得将食品与有毒、有害物品一同运输;

(七)直接入口的食品应当有小包装或者使用无毒、清洁的包装材料、餐具;

(八)食品生产经营人员应当保持个人卫生,生产经营食品时,应当将手洗净,穿戴清洁的工作衣、帽;销售无包装的直接入口食品时,应当使用无毒、清洁的售货工具;

（九）用水应当符合国家规定的生活饮用水卫生标准；

（十）使用的洗涤剂、消毒剂应当对人体安全、无害；

（十一）法律、法规规定的其他要求。

第二十八条　禁止生产经营下列食品：

（一）用非食品原料生产的食品或者添加食品添加剂以外的化学物质和其他可能危害人体健康物质的食品，或者用回收食品作为原料生产的食品；

（二）致病性微生物、农药残留、兽药残留、重金属、污染物质以及其他危害人体健康的物质含量超过食品安全标准限量的食品；

（三）营养成分不符合食品安全标准的专供婴幼儿和其他特定人群的主辅食品；

（四）腐败变质、油脂酸败、霉变生虫、污秽不洁、混有异物、掺假掺杂或者感官性状异常的食品；

（五）病死、毒死或者死因不明的禽、畜、兽、水产动物肉类及其制品；

（六）未经动物卫生监督机构检疫或者检疫不合格的肉类，或者未经检验或者检验不合格的肉类制品；

（七）被包装材料、容器、运输工具等污染的食品；

（八）超过保质期的食品；

（九）无标签的预包装食品；

（十）国家为防病等特殊需要明令禁止生产经营的食品；

（十一）其他不符合食品安全标准或者要求的食品。

第二十九条　国家对食品生产经营实行许可制度。从事食品生产、食品流通、餐饮服务，应当依法取得食品生产许可、食品流通许可、餐饮服务许可。

取得食品生产许可的食品生产者在其生产场所销售其生产的食品，不需要取得食品流通的许可；取得餐饮服务许可的餐饮服务提供者在其餐饮服务场所出售其制作加工的食品，不需要取得食品生产和流通的许可；农民个人销售其自产的食用农产品，不需要取得食品流通的许可。

食品生产加工小作坊和食品摊贩从事食品生产经营活动，应当符合本法规定的与其生产经营规模、条件相适应的食品安全要求，保证所生产经营的食品卫生、无毒、无害，有关部门应当对其加强监督管理，具体管理办法由省、自治区、直辖市人民代表大会常务委员会依照本法制定。

第三十条　县级以上地方人民政府鼓励食品生产加工小作坊改进生产条件；鼓励食品摊贩进入集中交易市场、店铺等固定场所经营。

第三十一条　县级以上质量监督、工商行政管理、食品药品监督管理部门应当依照《中华人民共和国行政许可法》的规定，审核申请人提交的本法第二十七条第一项至第四项规定要求的相关资料，必要时对申请人的生产经营场所进行现场核查；对符合规定条件的，决定准予许可；对不符合规定条件的，决定不予许可并书面说明理由。

第三十二条　食品生产经营企业应当建立健全本单位的食品安全管理制度，加强对职工食品安全知识的培训,配备专职或者兼职食品安全管理人员,做好对所生产经营食品的检验工作,依法从事食品生产经营活动。

第三十三条 国家鼓励食品生产经营企业符合良好生产规范要求,实施危害分析与关键控制点体系,提高食品安全管理水平。

对通过良好生产规范、危害分析与关键控制点体系认证的食品生产经营企业,认证机构应当依法实施跟踪调查;对不再符合认证要求的企业,应当依法撤销认证,及时向有关质量监督、工商行政管理、食品药品监督管理部门通报,并向社会公布。认证机构实施跟踪调查不收取任何费用。

第三十四条 食品生产经营者应当建立并执行从业人员健康管理制度。患有痢疾、伤寒、病毒性肝炎等消化道传染病的人员,以及患有活动性肺结核、化脓性或者渗出性皮肤病等有碍食品安全的疾病的人员,不得从事接触直接入口食品的工作。

食品生产经营人员每年应当进行健康检查,取得健康证明后方可参加工作。

第三十五条 食用农产品生产者应当依照食品安全标准和国家有关规定使用农药、肥料、生长调节剂、兽药、饲料和饲料添加剂等农业投入品。食用农产品的生产企业和农民专业合作经济组织应当建立食用农产品生产记录制度。

县级以上农业行政部门应当加强对农业投入品使用的管理和指导,建立健全农业投入品的安全使用制度。

第三十六条 食品生产者采购食品原料、食品添加剂、食品相关产品,应当查验供货者的许可证和产品合格证明文件;对无法提供合格证明文件的食品原料,应当依照食品安全标准进行检验;不得采购或者使用不符合食品安全标准的食品原料、食品添加剂、食品相关产品。

食品生产企业应当建立食品原料、食品添加剂、食品相关产品进货查验记录制度,如实记录食品原料、食品添加剂、食品相关产品的名称、规格、数量、供货者名称及联系方式、进货日期等内容。

食品原料、食品添加剂、食品相关产品进货查验记录应当真实,保存期限不得少于二年。

第三十七条 食品生产企业应当建立食品出厂检验记录制度,查验出厂食品的检验合格证和安全状况,并如实记录食品的名称、规格、数量、生产日期、生产批号、检验合格证号、购货者名称及联系方式、销售日期等内容。

食品出厂检验记录应当真实,保存期限不得少于二年。

第三十八条 食品、食品添加剂和食品相关产品的生产者,应当依照食品安全标准对所生产的食品、食品添加剂和食品相关产品进行检验,检验合格后方可出厂或者销售。

第三十九条 食品经营者采购食品,应当查验供货者的许可证和食品合格的证明文件。

食品经营企业应当建立食品进货查验记录制度,如实记录食品的名称、规格、数量、生产批号、保质期、供货者名称及联系方式、进货日期等内容。

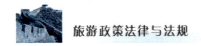

食品进货查验记录应当真实,保存期限不得少于二年。

实行统一配送经营方式的食品经营企业,可以由企业总部统一查验供货者的许可证和食品合格的证明文件,进行食品进货查验记录。

第四十条 食品经营者应当按照保证食品安全的要求贮存食品,定期检查库存食品,及时清理变质或者超过保质期的食品。

第四十一条 食品经营者贮存散装食品,应当在贮存位置标明食品的名称、生产日期、保质期、生产者名称及联系方式等内容。

食品经营者销售散装食品,应当在散装食品的容器、外包装上标明食品的名称、生产日期、保质期、生产经营者名称及联系方式等内容。

第四十二条 预包装食品的包装上应当有标签。标签应当标明下列事项:

(一)名称、规格、净含量、生产日期;

(二)成分或者配料表;

(三)生产者的名称、地址、联系方式;

(四)保质期;

(五)产品标准代号;

(六)贮存条件;

(七)所使用的食品添加剂在国家标准中的通用名称;

(八)生产许可证编号;

(九)法律、法规或者食品安全标准规定必须标明的其他事项。

专供婴幼儿和其他特定人群的主辅食品,其标签还应当标明主要营养成分及其含量。

第四十三条 国家对食品添加剂的生产实行许可制度。申请食品添加剂生产许可的条件、程序,按照国家有关工业产品生产许可证管理的规定执行。

第四十四条 申请利用新的食品原料从事食品生产或者从事食品添加剂新品种、食品相关产品新品种生产活动的单位或者个人,应当向国务院卫生行政部门提交相关产品的安全性评估材料。国务院卫生行政部门应当自收到申请之日起六十日内组织对相关产品的安全性评估材料进行审查;对符合食品安全要求的,依法决定准予许可并予以公布;对不符合食品安全要求的,决定不予许可并书面说明理由。

第四十五条 食品添加剂应当在技术上确有必要且经过风险评估证明安全可靠,方可列入允许使用的范围。国务院卫生行政部门应当根据技术必要性和食品安全风险评估结果,及时对食品添加剂的品种、使用范围、用量的标准进行修订。

第四十六条 食品生产者应当依照食品安全标准关于食品添加剂的品种、使用范围、用量的规定使用食品添加剂;不得在食品生产中使用食品添加剂以外的化学物质和其他可能危害人体健康的物质。

第四十七条 食品添加剂应当有标签、说明书和包装。标签、说明书应当载明本法第四十二条第一款第一项至第六项、第八项、第九项规定的事项,以及食品添加剂的使用范围、用量、使用方法,并在标签上载明"食品添加剂"字样。

第四十八条　食品和食品添加剂的标签、说明书,不得含有虚假、夸大的内容,不得涉及疾病预防、治疗功能。生产者对标签、说明书上所载明的内容负责。

食品和食品添加剂的标签、说明书应当清楚、明显,容易辨识。

食品和食品添加剂与其标签、说明书所载明的内容不符的,不得上市销售。

第四十九条　食品经营者应当按照食品标签标示的警示标志、警示说明或者注意事项的要求,销售预包装食品。

第五十条　生产经营的食品中不得添加药品,但是可以添加按照传统既是食品又是中药材的物质。按照传统既是食品又是中药材的物质的目录由国务院卫生行政部门制定、公布。

第五十一条　国家对声称具有特定保健功能的食品实行严格监管。有关监督管理部门应当依法履职,承担责任。具体管理办法由国务院规定。

声称具有特定保健功能的食品不得对人体产生急性、亚急性或者慢性危害,其标签、说明书不得涉及疾病预防、治疗功能,内容必须真实,应当载明适宜人群、不适宜人群、功效成分或者标志性成分及其含量等;产品的功能和成分必须与标签、说明书相一致。

第五十二条　集中交易市场的开办者、柜台出租者和展销会举办者,应当审查入场食品经营者的许可证,明确入场食品经营者的食品安全管理责任,定期对入场食品经营者的经营环境和条件进行检查,发现食品经营者有违反本法规定的行为的,应当及时制止并立即报告所在地县级工商行政管理部门或者食品药品监督管理部门。

集中交易市场的开办者、柜台出租者和展销会举办者未履行前款规定义务,本市场发生食品安全事故的,应当承担连带责任。

第五十三条　国家建立食品召回制度。食品生产者发现其生产的食品不符合食品安全标准,应当立即停止生产,召回已经上市销售的食品,通知相关生产经营者和消费者,并记录召回和通知情况。

食品经营者发现其经营的食品不符合食品安全标准,应当立即停止经营,通知相关生产经营者和消费者,并记录停止经营和通知情况。食品生产者认为应当召回的,应当立即召回。

食品生产者应当对召回的食品采取补救、无害化处理、销毁等措施,并将食品召回和处理情况向县级以上质量监督部门报告。

食品生产经营者未依照本条规定召回或者停止经营不符合食品安全标准的食品的,县级以上质量监督、工商行政管理、食品药品监督管理部门可以责令其召回或者停止经营。

第五十四条　食品广告的内容应当真实合法,不得含有虚假、夸大的内容,不得涉及疾病预防、治疗功能。

食品安全监督管理部门或者承担食品检验职责的机构、食品行业协会、消费者协会不得以广告或者其他形式向消费者推荐食品。

第五十五条　社会团体或者其他组织、个人在虚假广告中向消费者推荐食品,使消费者的合法权益受到损害的,与食品生产经营者承担连带责任。

第五十六条　地方各级人民政府鼓励食品规模化生产和连锁经营、配送。

第五十七条　食品检验机构按照国家有关认证认可的规定取得资质认定后,方可从事食品检验活动。但是,法律另有规定的除外。

食品检验机构的资质认定条件和检验规范,由国务院卫生行政部门规定。

本法施行前经国务院有关主管部门批准设立或者经依法认定的食品检验机构,可以依照本法继续从事食品检验活动。

第五十八条　食品检验由食品检验机构指定的检验人独立进行。

检验人应当依照有关法律、法规的规定,并依照食品安全标准和检验规范对食品进行检验,尊重科学,恪守职业道德,保证出具的检验数据和结论客观、公正,不得出具虚假的检验报告。

第五十九条　食品检验实行食品检验机构与检验人负责制。食品检验报告应当加盖食品检验机构公章,并有检验人的签名或者盖章。食品检验机构和检验人对出具的食品检验报告负责。

第六十条　食品安全监督管理部门对食品不得实施免检。

县级以上质量监督、工商行政管理、食品药品监督管理部门应当对食品进行定期或者不定期的抽样检验。进行抽样检验,应当购买抽取的样品,不收取检验费和其他任何费用。

县级以上质量监督、工商行政管理、食品药品监督管理部门在执法工作中需要对食品进行检验的,应当委托符合本法规定的食品检验机构进行,并支付相关费用。对检验结论有异议的,可以依法进行复检。

第六十一条　食品生产经营企业可以自行对所生产的食品进行检验,也可以委托符合本法规定的食品检验机构进行检验。

食品行业协会等组织、消费者需要委托食品检验机构对食品进行检验的,应当委托符合本法规定的食品检验机构进行。

第七十条　国务院组织制定国家食品安全事故应急预案。

县级以上地方人民政府应当根据有关法律、法规的规定和上级人民政府的食品安全事故应急预案以及本地区的实际情况,制定本行政区域的食品安全事故应急预案,并报上一级人民政府备案。

食品生产经营企业应当制定食品安全事故处置方案,定期检查本企业各项食品安全防范措施的落实情况,及时消除食品安全事故隐患。

第七十一条　发生食品安全事故的单位应当立即予以处置,防止事故扩大。事故发生单位和接收病人进行治疗的单位应当及时向事故发生地县级卫生行政部门报告。

农业行政、质量监督、工商行政管理、食品药品监督管理部门在日常监督管理中发现食品安全事故,或者接到有关食品安全事故的举报,应当立即向卫生行政部门通报。

发生重大食品安全事故的,接到报告的县级卫生行政部门应当按照规定向本级人民政府和上级人民政府卫生行政部门报告。县级人民政府和上级人民政府卫生行政部门应当按照规定上报。

任何单位或者个人不得对食品安全事故隐瞒、谎报、缓报,不得毁灭有关证据。

第七十二条　县级以上卫生行政部门接到食品安全事故的报告后，应当立即会同有关农业行政、质量监督、工商行政管理、食品药品监督管理部门进行调查处理，并采取下列措施，防止或者减轻社会危害：

（一）开展应急救援工作，对因食品安全事故导致人身伤害的人员，卫生行政部门应当立即组织救治；

（二）封存可能导致食品安全事故的食品及其原料，并立即进行检验；对确认属于被污染的食品及其原料，责令食品生产经营者依照本法第五十三条的规定予以召回、停止经营并销毁；

（三）封存被污染的食品用工具及用具，并责令进行清洗消毒；

（四）做好信息发布工作，依法对食品安全事故及其处理情况进行发布，并对可能产生的危害加以解释、说明。

发生重大食品安全事故的，县级以上人民政府应当立即成立食品安全事故处置指挥机构，启动应急预案，依照前款规定进行处置。

第七十三条　发生重大食品安全事故，设区的市级以上人民政府卫生行政部门应当立即会同有关部门进行事故责任调查，督促有关部门履行职责，向本级人民政府提出事故责任调查处理报告。

重大食品安全事故涉及两个以上省、自治区、直辖市的，由国务院卫生行政部门依照前款规定组织事故责任调查。

第七十四条　发生食品安全事故，县级以上疾病预防控制机构应当协助卫生行政部门和有关部门对事故现场进行卫生处理，并对与食品安全事故有关的因素开展流行病学调查。

第七十五条　调查食品安全事故，除了查明事故单位的责任，还应当查明负有监督管理和认证职责的监督管理部门、认证机构的工作人员失职、渎职情况。

第七十六条　县级以上地方人民政府组织本级卫生行政、农业行政、质量监督、工商行政管理、食品药品监督管理部门制定本行政区域的食品安全年度监督管理计划，并按照年度计划组织开展工作。

第七十七条　县级以上质量监督、工商行政管理、食品药品监督管理部门履行各自食品安全监督管理职责，有权采取下列措施：

（一）进入生产经营场所实施现场检查；

（二）对生产经营的食品进行抽样检验；

（三）查阅、复制有关合同、票据、账簿以及其他有关资料；

（四）查封、扣押有证据证明不符合食品安全标准的食品，违法使用的食品原料、食品添加剂、食品相关产品，以及用于违法生产经营或者被污染的工具、设备；

（五）查封违法从事食品生产经营活动的场所。

县级以上农业行政部门应当依照《中华人民共和国农产品质量安全法》规定的职责，对食用农产品进行监督管理。

第七十八条　县级以上质量监督、工商行政管理、食品药品监督管理部门对食品生产经营者进行监督检查，应当记录监督检查的情况和处理结果。监督检查记录经监督检查人员和食品生产经营者签字后归档。

第七十九条　县级以上质量监督、工商行政管理、食品药品监督管理部门应当建立食品生产经营者食品安全信用档案，记录许可颁发、日常监督检查结果、违法行为查处等情况；根据食品安全信用档案的记录，对有不良信用记录的食品生产经营者增加监督检查频次。

第八十条　县级以上卫生行政、质量监督、工商行政管理、食品药品监督管理部门接到咨询、投诉、举报，对属于本部门职责的，应当受理，并及时进行答复、核实、处理；对不属于本部门职责的，应当书面通知并移交有权处理的部门处理。有权处理的部门应当及时处理，不得推诿；属于食品安全事故的，依照本法第七章有关规定进行处置。

第八十一条　县级以上卫生行政、质量监督、工商行政管理、食品药品监督管理部门应当按照法定权限和程序履行食品安全监督管理职责；对生产经营者的同一违法行为，不得给予二次以上罚款的行政处罚；涉嫌犯罪的，应当依法向公安机关移送。

第八十二条　国家建立食品安全信息统一公布制度。下列信息由国务院卫生行政部门统一公布：

（一）国家食品安全总体情况；

（二）食品安全风险评估信息和食品安全风险警示信息；

（三）重大食品安全事故及其处理信息；

（四）其他重要的食品安全信息和国务院确定的需要统一公布的信息。

前款第二项、第三项规定的信息，其影响限于特定区域的，也可以由有关省、自治区、直辖市人民政府卫生行政部门公布。县级以上农业行政、质量监督、工商行政管理、食品药品监督管理部门依据各自职责公布食品安全日常监督管理信息。

食品安全监督管理部门公布信息，应当做到准确、及时、客观。

第八十三条　县级以上地方卫生行政、农业行政、质量监督、工商行政管理、食品药品监督管理部门获知本法第八十二条第一款规定的需要统一公布的信息，应当向上级主管部门报告，由上级主管部门立即报告国务院卫生行政部门；必要时，可以直接向国务院卫生行政部门报告。

县级以上卫生行政、农业行政、质量监督、工商行政管理、食品药品监督管理部门应当相互通报获知的食品安全信息。

附录参考4：

《娱乐场所管理条例》（法条选载）

（2006年1月29日颁布，2006年3月1日实施）

第一条　为了加强对娱乐场所的管理，保障娱乐场所的健康发展，制定本条例。

第二条　本条例所称娱乐场所,是指以营利为目的,并向公众开放、消费者自娱自乐的歌舞、游艺等场所。

第三条　县级以上人民政府文化主管部门负责对娱乐场所日常经营活动的监督管理;县级以上公安部门负责对娱乐场所消防、治安状况的监督管理。

第四条　国家机关及其工作人员不得开办娱乐场所,不得参与或者变相参与娱乐场所的经营活动。

与文化主管部门、公安部门的工作人员有夫妻关系、直系血亲关系、三代以内旁系血亲关系以及近姻亲关系的亲属,不得开办娱乐场所,不得参与或者变相参与娱乐场所的经营活动。

第五条　有下列情形之一的人员,不得开办娱乐场所或者在娱乐场所内从业:

(一)曾犯有组织、强迫、引诱、容留、介绍卖淫罪,制作、贩卖、传播淫秽物品罪,走私、贩卖、运输、制造毒品罪,强奸罪,强制猥亵、侮辱妇女罪,赌博罪,洗钱罪,组织、领导、参加黑社会性质组织罪的;

(二)因犯罪曾被剥夺政治权利的;

(三)因吸食、注射毒品曾被强制戒毒的;

(四)因卖淫、嫖娼曾被处以行政拘留的。

第六条　外国投资者可以与中国投资者依法设立中外合资经营、中外合作经营的娱乐场所,不得设立外商独资经营的娱乐场所。

第七条　娱乐场所不得设在下列地点:

(一)居民楼、博物馆、图书馆和被核定为文物保护单位的建筑物内;

(二)居民住宅区和学校、医院、机关周围;

(三)车站、机场等人群密集的场所;

(四)建筑物地下一层以下;

(五)与危险化学品仓库毗连的区域。

娱乐场所的边界噪声,应当符合国家规定的环境噪声标准。

第十三条　国家倡导弘扬民族优秀文化,禁止娱乐场所内的娱乐活动含有下列内容:

(一)违反宪法确定的基本原则的;

(二)危害国家统一、主权或者领土完整的;

(三)危害国家安全,或者损害国家荣誉、利益的;

(四)煽动民族仇恨、民族歧视,伤害民族感情或者侵害民族风俗、习惯,破坏民族团结的;

(五)违反国家宗教政策,宣扬邪教、迷信的;

(六)宣扬淫秽、赌博、暴力以及与毒品有关的违法犯罪活动,或者教唆犯罪的;

(七)违背社会公德或者民族优秀文化传统的;

(八)侮辱、诽谤他人,侵害他人合法权益的;

(九)法律、行政法规禁止的其他内容。

第十四条　娱乐场所及其从业人员不得实施下列行为,不得为进入娱乐场所的人员实施下列行为提供条件:

（一）贩卖、提供毒品,或者组织、强迫、教唆、引诱、欺骗、容留他人吸食、注射毒品;

（二）组织、强迫、引诱、容留、介绍他人卖淫、嫖娼;

（三）制作、贩卖、传播淫秽物品;

（四）提供或者从事以营利为目的的陪侍;

（五）赌博;

（六）从事邪教、迷信活动;

（七）其他违法犯罪行为。

娱乐场所的从业人员不得吸食、注射毒品,不得卖淫、嫖娼;娱乐场所及其从业人员不得为进入娱乐场所的人员实施上述行为提供条件。

第十五条　歌舞娱乐场所应当按照国务院公安部门的规定在营业场所的出入口、主要通道安装闭路电视监控设备,并应当保证闭路电视监控设备在营业期间正常运行,不得中断。

歌舞娱乐场所应当将闭路电视监控录像资料留存30日备查,不得删改或者挪作他用。

第十六条　歌舞娱乐场所的包厢、包间内不得设置隔断,并应当安装展现室内整体环境的透明门窗。包厢、包间的门不得有内锁装置。

第十七条　营业期间,歌舞娱乐场所内亮度不得低于国家规定的标准。

第十八条　娱乐场所使用的音像制品或者电子游戏应当是依法出版、生产或者进口的产品。

歌舞娱乐场所播放的曲目和屏幕画面以及游艺娱乐场所的电子游戏机内的游戏项目,不得含有本条例第十三条禁止的内容;歌舞娱乐场所使用的歌曲点播系统不得与境外的曲库连接。

第十九条　游艺娱乐场所不得设置具有赌博功能的电子游戏机机型、机种、电路板等游戏设施设备,不得以现金或者有价证券作为奖品,不得回购奖品。

第二十条　娱乐场所的法定代表人或者主要负责人应当对娱乐场所的消防安全和其他安全负责。

娱乐场所应当确保其建筑、设施符合国家安全标准和消防技术规范,定期检查消防设施状况,并及时维护、更新。

娱乐场所应当制定安全工作方案和应急疏散预案。

第二十一条　营业期间,娱乐场所应当保证疏散通道和安全出口畅通,不得封堵、锁闭疏散通道和安全出口,不得在疏散通道和安全出口设置栅栏等影响疏散的障碍物。

娱乐场所应当在疏散通道和安全出口设置明显指示标志,不得遮挡、覆盖指示标志。

第二十二条　任何人不得非法携带枪支、弹药、管制器具或者携带爆炸性、易燃性、毒害性、放射性、腐蚀性等危险物品和传染病病原体进入娱乐场所。

迪斯科舞厅应当配备安全检查设备，对进入营业场所的人员进行安全检查。

第二十三条　歌舞娱乐场所不得接纳未成年人。除国家法定节假日外，游艺娱乐场所设置的电子游戏机不得向未成年人提供。

第二十四条　娱乐场所不得招用未成年人；招用外国人的，应当按照国家有关规定为其办理外国人就业许可证。

第二十五条　娱乐场所应当与从业人员签订文明服务责任书，并建立从业人员名簿；从业人员名簿应当包括从业人员的真实姓名、居民身份证复印件、外国人就业许可证复印件等内容。

娱乐场所应当建立营业日志，记载营业期间从业人员的工作职责、工作时间、工作地点；营业日志不得删改，并应当留存60日备查。

第二十六条　娱乐场所应当与保安服务企业签订保安服务合同，配备专业保安人员；不得聘用其他人员从事保安工作。

第二十七条　营业期间，娱乐场所的从业人员应当统一着工作服，佩带工作标志并携带居民身份证或者外国人就业许可证。

从业人员应当遵守职业道德和卫生规范，诚实守信，礼貌待人，不得侵害消费者的人身和财产权利。

第二十八条　每日凌晨2时至上午8时，娱乐场所不得营业。

第二十九条　娱乐场所提供娱乐服务项目和出售商品，应当明码标价，并向消费者出示价目表；不得强迫、欺骗消费者接受服务、购买商品。

第三十条　娱乐场所应当在营业场所的大厅、包厢、包间内的显著位置悬挂含有禁毒、禁赌、禁止卖淫嫖娼等内容的警示标志、未成年人禁入或者限入标志。标志应当注明公安部门、文化主管部门的举报电话。

第三十一条　娱乐场所应当建立巡查制度，发现娱乐场所内有违法犯罪活动的，应当立即向所在地县级公安部门、县级人民政府文化主管部门报告。

第三十二条　文化主管部门、公安部门和其他有关部门的工作人员依法履行监督检查职责时，有权进入娱乐场所。娱乐场所应当予以配合，不得拒绝、阻挠。

文化主管部门、公安部门和其他有关部门的工作人员依法履行监督检查职责时，需要查阅闭路电视监控录像资料、从业人员名簿、营业日志等资料的，娱乐场所应当及时提供。

第三十三条　文化主管部门、公安部门和其他有关部门应当记录监督检查的情况和处理结果。监督检查记录由监督检查人员签字归档。公众有权查阅监督检查记录。

第三十四条　文化主管部门、公安部门和其他有关部门应当建立娱乐场所违法行为警示记录系统；对列入警示记录的娱乐场所，应当及时向社会公布，并加大监督检查力度。

第三十五条　文化主管部门、公安部门和其他有关部门应当建立相互间的信息通报制度，及时通报监督检查情况和处理结果。

第四十条　违反本条例规定，擅自从事娱乐场所经营活动的，由工商行政管理部门、文化主管部门依法予以取缔；公安部门在查处治安、刑事案件时，发现擅自从事娱乐场所

第五章　旅游饭店管理法规制度

经营活动的,应当依法予以取缔。

第四十一条 违反本条例规定,以欺骗等不正当手段取得娱乐经营许可证的,由原发证机关撤销娱乐经营许可证。

第四十二条 娱乐场所实施本条例第十四条禁止行为的,由县级公安部门没收违法所得和非法财物,责令停业整顿3个月至6个月;情节严重的,由原发证机关吊销娱乐经营许可证,对直接负责的主管人员和其他直接责任人员处1万元以上2万元以下的罚款。

第四十三条 娱乐场所违反本条例规定,有下列情形之一的,由县级公安部门责令改正,给予警告;情节严重的,责令停业整顿1个月至3个月:

(一)照明设施、包厢、包间的设置以及门窗的使用不符合本条例规定的;

(二)未按照本条例规定安装闭路电视监控设备或者中断使用的;

(三)未按照本条例规定留存监控录像资料或者删改监控录像资料的;

(四)未按照本条例规定配备安全检查设备或者未对进入营业场所的人员进行安全检查的;

(五)未按照本条例规定配备保安人员的。

第四十四条 娱乐场所违反本条例规定,有下列情形之一的,由县级公安部门没收违法所得和非法财物,并处违法所得2倍以上5倍以下的罚款;没有违法所得或者违法所得不足1万元的,并处2万元以上5万元以下的罚款;情节严重的,责令停业整顿1个月至3个月:

(一)设置具有赌博功能的电子游戏机机型、机种、电路板等游戏设施设备的;

(二)以现金、有价证券作为奖品,或者回购奖品的。

第四十五条 娱乐场所指使、纵容从业人员侵害消费者人身权利的,应当依法承担民事责任,并由县级公安部门责令停业整顿1个月至3个月;造成严重后果的,由原发证机关吊销娱乐经营许可证。

第四十六条 娱乐场所取得营业执照后,未按照本条例规定向公安部门备案的,由县级公安部门责令改正,给予警告。

第四十七条 违反本条例规定,有下列情形之一的,由县级人民政府文化主管部门没收违法所得和非法财物,并处违法所得1倍以上3倍以下的罚款;没有违法所得或者违法所得不足1万元的,并处1万元以上3万元以下的罚款;情节严重的,责令停业整顿1个月至6个月:

(一)歌舞娱乐场所的歌曲点播系统与境外的曲库连接的;

(二)歌舞娱乐场所播放的曲目、屏幕画面或者游艺娱乐场所电子游戏机内的游戏项目含有本条例第十三条禁止内容的;

(三)歌舞娱乐场所接纳未成年人的;

(四)游艺娱乐场所设置的电子游戏机在国家法定节假日外向未成年人提供的;

(五)娱乐场所容纳的消费者超过核定人数的。

第四十八条 娱乐场所违反本条例规定,有下列情形之一的,由县级人民政府文化主

管部门责令改正,给予警告;情节严重的,责令停业整顿1个月至3个月:

(一)变更有关事项,未按照本条例规定申请重新核发娱乐经营许可证的;

(二)在本条例规定的禁止营业时间内营业的;

(三)从业人员在营业期间未统一着装并佩带工作标志的。

第四十九条 娱乐场所未按照本条例规定建立从业人员名簿、营业日志,或者发现违法犯罪行为未按照本条例规定报告的,由县级人民政府文化主管部门、县级公安部门依据法定职权责令改正,给予警告;情节严重的,责令停业整顿1个月至3个月。

第五十条 娱乐场所未按照本条例规定悬挂警示标志、未成年人禁入或者限入标志的,由县级人民政府文化主管部门、县级公安部门依据法定职权责令改正,给予警告。

第五十一条 娱乐场所招用未成年人的,由劳动保障行政部门责令改正,并按照每招用一名未成年人每月处5 000元罚款的标准给予处罚。

第五十二条 因擅自从事娱乐场所经营活动被依法取缔的,其投资人员和负责人终身不得投资开办娱乐场所或者担任娱乐场所的法定代表人、负责人。

娱乐场所因违反本条例规定,被吊销或者撤销娱乐经营许可证的,自被吊销或者撤销之日起,其法定代表人、负责人5年内不得担任娱乐场所的法定代表人、负责人。

娱乐场所因违反本条例规定,2年内被处以3次警告或者罚款又有违反本条例的行为应受行政处罚的,由县级人民政府文化主管部门、县级公安部门依据法定职权责令停业整顿3个月至6个月;2年内被2次责令停业整顿又有违反本条例的行为应受行政处罚的,由原发证机关吊销娱乐经营许可证。

第五十三条 娱乐场所违反有关治安管理或者消防管理法律、行政法规规定的,由公安部门依法予以处罚;构成犯罪的,依法追究刑事责任。

娱乐场所违反有关卫生、环境保护、价格、劳动等法律、行政法规规定的,由有关部门依法予以处罚;构成犯罪的,依法追究刑事责任。

娱乐场所及其从业人员与消费者发生争议的,应当依照消费者权益保护的法律规定解决;造成消费者人身、财产损害的,由娱乐场所依法予以赔偿。

第五十四条 娱乐场所违反本条例规定被吊销或者撤销娱乐经营许可证的,应当依法到工商行政管理部门办理变更登记或者注销登记;逾期不办理的,吊销营业执照。

第五十五条 国家机关及其工作人员开办娱乐场所,参与或者变相参与娱乐场所经营活动的,对直接负责的主管人员和其他直接责任人员依法给予撤职或者开除的行政处分。

文化主管部门、公安部门的工作人员明知其亲属开办娱乐场所或者发现其亲属参与、变相参与娱乐场所的经营活动,不予制止或者制止不力的,依法给予行政处分;情节严重的,依法给予撤职或者开除的行政处分。

第五十六条 文化主管部门、公安部门、工商行政管理部门和其他有关部门的工作人员有下列行为之一的,对直接负责的主管人员和其他直接责任人员依法给予行政处分;构成犯罪的,依法追究刑事责任:

（一）向不符合法定设立条件的单位颁发许可证、批准文件、营业执照的；

（二）不履行监督管理职责，或者发现擅自从事娱乐场所经营活动不依法取缔，或者发现违法行为不依法查处的；

（三）接到对违法行为的举报、通报后不依法查处的；

（四）利用职务之便，索取、收受他人财物或者谋取其他利益的；

（五）利用职务之便，参与、包庇违法行为，或者向有关单位、个人通风报信的；

（六）有其他滥用职权、玩忽职守、徇私舞弊行为的。

本章小结

本章基本概念不多，通过对旅游住宿业历史发展及立法状况的考察，重点介绍了住宿业治安管理、星级饭店评定制度、旅游饭店权利义务以及食品卫生、娱乐场所法律法规制度等内容。本章涉及诸多规范及条例，学习过程中要明确其中的规定，理顺规范适用的各种情形并在此基础上运用规范解决实际案例。

思考与练习

1. 公安机关对旅馆经营中的治安管理有哪些？
2. 列举饭店的权利和义务。
3. 简述星级评定的机构及其权限分工。
4. 简述食品安全事故的处置。
5. 娱乐场所管理法规制度的主要内容有哪些？

第六章 旅游交通运输管理法规

学习目标

- 了解我国交通运输及交通运输法规的概念；
- 识记我国交通运输的种类及交通运输法规的基本原则；
- 掌握航空、铁路、公路运输合同中承运人与旅客之间的权利义务；
- 掌握运输合同中承运人和旅客违反义务应当承担的法律责任。

第一节 旅游交通运输管理概述

旅游交通是旅游业的三大支柱之一，旅游与交通密不可分。在旅游食、住、行、游、购、娱六大要素中，"行"就是指旅游交通，它是为旅游者实现旅游目的而提供服务的经营活动，是旅游业发展的前提条件和旅游活动中必不可少的环节。因此，学习旅游交通的法律、法规，对于旅游者和旅游从业人员来说十分必要。

一、旅游交通运输的概况

（一）旅游交通的内涵

旅游交通是指旅游业的经营者为旅游者在旅行游览过程中提供的各种交通运输服务而产生的一系列社会经济活动和现象的总称。旅游交通运输主要是指交通运输中的旅客运输，旅客运输是现代交通体系的一个重要组成部分。旅客运输的目的是为人们进行经济、文化、休闲等活动提供必要的运行条件，把旅客安全、迅速、便捷、经济地运送到目的地是旅客运输企业的重要责任。其内涵可以归结为：一是旅游交通是整个国民经济交通运输业的重要组成部分；二是旅游交通是以运送旅游者为对象的，它是在约定的期限内，为旅游者提供空间位置转移的生产服务活动。

旅游交通运输与一般的交通运输方式相比较，其特点如下：

1. 游览性

游览性是旅游交通十分突出的特征。一般交通运输的目的是将旅客和货物安全、正点地运达目的地,而旅游交通除此之外,还要满足照顾旅客游览的需要。如在交通路线的安排上,旅游交通十分注重将各景点、景区连接起来,方便旅游者的游览。

2. 舒适性

旅游交通运输工具与一般交通运输工具相比较,更注重车辆设施、服务项目、服务质量等,特别注重旅游车辆、客轮的舒适性。在国际旅游列车和豪华轮渡上更有星级客房、风味餐厅、各类娱乐、健身设施等。

3. 季节性

一般来说,旅游业随着季节的变化有旺季、淡季之分,旅游交通随着旅游淡、旺季的变化也有淡、旺季之分。

4. 快捷性

为了使旅游者把有限的闲暇时间更多地用于游览活动,旅游交通企业本着"舒适快捷"的原则,尽量缩短旅行时间,以最快速度把旅游者送到旅游目的地。

(二)旅游交通运输的种类

1. 航空运输

航空运输在旅游交通运输中占有极其重要的地位。由于它方便快捷的特点,大部分长线旅游的旅游者多选择这一形式。尤其对于入境旅游,绝大部分海外游客都喜欢选择飞机进出我国国境。

2. 铁路运输

铁路运输是陆上旅游交通的重要力量,更是旅游交通运输中的生力军。自"和谐号"动车开行以来,以其安全、快速、舒适、方便的运输品质,开创了我国铁路旅客运输新局面。

3. 公路运输

汽车是目前世界上使用率最高的旅游交通工具。到2007年底,我国公路通车总里程已经达到300多万千米,客运形势发展良好,运输总量连年上升,运输能力增长较快,基本上满足了旅游客运的需要。

4. 水路运输

轮船是人类最古老的交通工具之一,历史上轮船曾对旅游业的发展作出过巨大贡献。我国国际水上客运前景广阔,而且沿海客运前景美好。我国拥有1.84万千米的海岸线,岛屿海峡、海湾分布众多,物产丰富,景色秀丽;内河水系也很发达,可供人们游览、嬉戏的水域广阔,为发展旅游业奠定了天然基础,也为发展水路运输创造了条件。

5. 索道运输

索道是当前旅游中极具特色的一种新型运输形式。中国最早的客运索道是1980年杭州北高峰单线往复6人吊厢车组式索道。上下纵横、左右穿梭的索道缆车,实现了登山、观海、滑雪的现代化,既减轻了旅游者的徒步之劳,方便了观光游览,又提高了客运量,加快了游客的集散。

二、旅游交通运输法规及基本原则

(一) 旅游交通运输法规概念

所谓旅游交通法规是指调整发生在旅行过程中各种社会关系的法律制度规范的总称。改革开放以来,我国十分重视旅游交通法制建设。为了加强交通运输的建设和管理,促进交通运输事业的发展,参照国际上有关运输的公约,我国先后颁布实施了一系列调整交通运输关系方面的法律、法规。这些法律、法规共同构成了我国交通运输法律体系,在旅游交通运输和管理中发挥着重要作用。

(二) 旅游交通运输法规的基本原则

1. 统一管理与分级负责的原则

我国旅游交通运输事业实行统一管理与分级负责的原则。我国有关法律、法规规定,我国的旅游交通运输事业由铁道部、民航总局、交通部、国家旅游局实行部门管理,分级负责的管理体制。这一原则的确立,有利于国家对旅游交通运输业的宏观管理,有利于维护旅游交通运输市场的正常秩序。

2. 安全运输原则

交通安全是旅游者在旅游活动中最关心的事项之一,也是旅游交通经营者的一项最基本的义务,因此安全运输原则成为我国各种旅游交通运输法规的一项基本原则。有关法规对安全运输的措施、承运人的责任、旅客的义务以及运输的各个环节等都作出了大量具体的规定,对危害旅游交通运输安全的犯罪行为,规定了惩治措施。

3. 计划运输的原则

计划运输是我国旅游交通运输法规的一项重要原则,它要求旅游交通运输企业根据整个公共交通运输市场的供求关系,旅游接待部门的预测和安排,对旅游交通运输进行统筹安排,均衡地组织运输。

4. 合理运输的原则

为了有效地使用各种交通运输工具的运输能力,提高运输效率,交通运输法规对某些运输形式做出了限定性规定,旅游交通运输部门应当根据这些规定,合理安排线路,使用适当的运输工具,节省运力,提高经济效益。

三、旅游交通客运合同

(一) 旅游客运合同的成立

1. 客运合同的概念和主体

客运合同又称旅客运输合同,是承运人与旅客之间关于旅客运输权利义务的协议。旅客、托运人、收货人与承运人是旅游客运合同的主体。

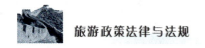

2. 客运合同成立的条件

《合同法》规定:"客运合同自承运人向旅客交付客票时成立,但当事人另有约定或者另有交易习惯的除外。"客运合同的订立一般是先由购票人向承运人支付票价,后由承运人发售客票。购票人支付票价的行为为要约,发给客票的行为为承诺。因此,在一般情况下,自承运人向旅客交付客票或者旅客取得客票时起,双方的意思表示一致,客运合同即告成立。

旅游合同应当执行统一规定的票价。承运人收取的票价不得违反国家的规定。承运人对各种客票的价款应予公告,并按照公告的价目表收费,而不得加收其他费用。

3. 旅游客运合同的主要形式

客运合同的形式主要有客票、行李票和包裹票。

(1) 客票。

客运合同的基本形式是以客票的方式体现的,它是旅客乘车、乘船、乘机旅行的有效凭证,也是客运合同成立的初步证明,其包括火车票、汽车票、船票和机票等。客票既具有有价证券的性质,又具有旅游合同的性质;它不仅表明旅客承运的班次、时间、费用,有时又是旅客与承运人双方合同关系的证明。

(2) 行李票、包裹票。

旅客或者托运人运送行李和包裹,要与承运人签订行李、包裹运输合同。行李、包裹运输合同是指承运人与托运人、收货人之间明确行李和包裹运输权利义务的协议。行李、包裹运输合同的基本凭证是行李票、包裹票。

(二) 承运人的权利义务

1. 承运人的权利

(1) 承运人有权拒绝运输不交付票款的旅客。

(2) 承运人有权对逾期办理退票的旅客不退还票款,不再承担运输义务。

2. 承运人的义务

(1) 承运人应当向旅客及时告知重要事项。承运人应当向旅客告知的重要事项有不能正常运输的事由和安全运输应当注意的事项。例如:车出故障、洪水阻路,车不能正常运行是不能正常运输的事由;告知旅客不能将手、头伸向窗外、起飞前系上安全带是应当注意的事项。

(2) 承运人应当按照客票载明的时间和班次运输旅客。

(3) 承运人不得擅自变更运输工具,降低或提高运输标准。承运人应当按照约定的运输工具运送旅客,不能未经旅客同意更换不同种类、不同档次的运输工具。例如,将约定的豪华空调车改为普通空调车,把乘飞机变为乘特快列车,或者将普通空调车变为豪华空调车,提高标准。承运人擅自变更运输工具降低服务标准的,应当根据旅客要求退票或者减收票款;提高服务标准的,不应当加收票款。

(4) 承运人在运输过程中,应当尽力救助患急病、分娩、遇险的旅客。

(三) 旅客的权利义务

1. 旅客的权利

(1) 旅客在承运人迟延运输的情况下,有要求承运人安排其改乘其他班次或者退票的选择权。迟延运输是承运人没有按约定时间或合理期间运送旅客。它是旅客运输中的普遍现象。造成迟延运输的原因既可能是承运人的车辆故障、司机驾驶不当等主观原因,也可能是洪水阻路或紧急情况的交管部门封路等客观原因。无论何种原因造成迟延运输,旅客都可以要求承运人安排他们改乘其他班次,也可以要求退票。

(2)旅客因自己原因不能按票面记载时间乘坐的,可以在约定时间内办理退票或变更乘运手续。

2. 旅客的义务

(1)旅客应当持有效客票乘车。持有效客票乘车是旅客的义务,但在旅客运输现实中,旅客无票乘车、持失效客票乘车、超程乘运、越级乘运的违背义务情形屡禁不绝。超程乘运是旅客自行乘运的到达地超过客票到达地,如旅客买北京到西安的火车票,他到成都下车就是超程乘运;越级乘运是旅客自行乘坐超过客票指定的等级席位。如买硬座车票到卧铺车厢,买五等舱船票到四等舱。有上述情形的旅客应当补交票款,承运人在旅客补交票款后,还可以按规定加收票款。

(2)旅客不得随身携带或者在行李中夹带违禁物品、危险物品。危险物品是易燃、易爆、有毒、有放射性等危及人身安全和财产安全的物品,如炸药、超量酒精、氰化钾等。违禁物品是法律、法规禁止携带或夹带物品,如毒品、枪支。如果承运人携带危险品、违禁品,承运人可以将危险品、违禁品卸下、销毁,送交有关部门,或者拒绝运输坚持携带危险品、违禁品的旅客。

(四)承运人的赔偿责任

(1)承运人违反客运合同义务的赔偿责任。

承运人违反客运合同义务的行为通常有晚点、误点、停运、换乘。晚点、误点即承运人违背按约定时间运送旅客到达约定地点,换乘、停运是承运人没有按约定时间、约定线路、约定运输工具运送旅客到达约定地点。承运人违反客运合同义务,应当承担《合同法》规定的违约责任。

(2)承运人对旅客自身原因之外发生旅客伤亡的赔偿责任。

旅客自身原因有两种:① 旅客自身健康原因。如心脏病突发死亡、脑溢血突发致残等。② 承运人能证明的旅客故意或重大过失。如旅客自杀,旅客误喝骗子的麻醉饮料而致脑损伤。除上述两种原因之外发生旅客伤亡,如旅客被车窗外飞来瓶子打坏眼睛,旅客在车上被小偷打伤,列车急刹车造成旅客跌伤等广泛的旅客受伤、死亡等损害,承运人均须承担赔偿责任。

第二节　旅客航空运输管理法规

一、旅客航空运输管理法规概述

旅客航空运输,是指民用航空运输企业即航空公司以取得报酬为目的,使用民用航空器运送旅客、行李或者货物的活动。它将旅客、行李或者货物从甲地运送到乙地,具有营利性、开放性的特点。

航空运输,运行速度快、航行时间短、安全舒适,是适合远距离旅游的方式,是随着收入增加,愈来愈被旅游者选择的旅游方式。航空运输有国内航空运输和国际航空运输。国际、国内航空运输又可分为国际、国内货物运输、旅客运输。国内航空运输纠纷的解决依据中国法律,国际航空运输纠纷的解决不仅依据中国法律,还要依据我国签署加入的国际航空运输条约、公约、协议等。我国关于航空运输的法律、法规主要有全国人大常委会制定的《民用航空法》(1996年3月1日起施行),中国民用航空总局制定的《货物运输规则》、《中国民用航空旅客、行李国内运输规则》(1996年3月1日起施行)、《中国民用航空旅客、行李国际运输规则》(1998年1月1日起施行)。

二、旅客航空运输管理法规的主要内容

(一)航空运输企业经营准则

《民用航空法》规定:公共航空运输企业应当以保证飞行安全和航班正常,提供良好服务为准则,采取有效措施,提高运输服务质量。公共航空运输企业应当教育和要求本企业职工严格履行职责,以文明礼貌、热情周到的服务态度,认真做好旅客和货物运输的各种服务工作。旅客运输航班延误的,应当在机场内及时通告有关情况。

(二)禁止运输的规定

《民用航空法》规定:公共航空运输企业不得运输法律、行政法规规定的禁运物品。禁止旅客随身携带法律、行政法规规定的禁运物品乘坐民用航空器。禁止旅客随身携带危险品乘坐民用航空器。除因执行公务并按照国家规定经过批准外,禁止旅客携带枪支、管制刀具乘坐民用航空器。禁止违反国务院民用航空主管部门的规定,将危险品作为行李托运。

(三)关于航空承运人的相关规定

1. 航空承运人(下称承运人)的权利

(1)承运人有安全检查权。在旅客乘机前,公安部门和民航有权对旅客人身及其携带物品进行安全检查;对拒绝检查的乘客,民航可以拒绝运输。《民用航空法》第102条规定,民航不得运输拒绝接受安全检查的旅客,也不得运输未经安全检查的行李,可依法处罚携带禁运品和危险品的旅客。

(2)承运人有查验机票权。民航可以查验客票,对无票或持无效票乘机的旅客,在始发地发现,可拒绝其乘机,在到达地发现,可加倍收取自始发地至到达地的票款。

(3)索赔权。对因旅客过错造成航空公司损失的,承运人可以要求旅客赔偿损失。

(4)减轻、免除赔偿责任权。承运人如能证明旅客死亡、受伤是不可抗力或旅客本人健康状况造成的,或者是由于旅客本人重大过失或故意行为造成的,可以减轻或免除航空公司责任。

2. 承运人的义务

(1)出具客票的义务。承运人运送旅客应当出具客票,客票应当包括出发地点、目

地地点、承运人名称、出票人名称、旅客姓名、航班号、舱位等级、离站时间、票价、运输说明事项等,客票是航空运输合同订立和运输合同条件的初步证据。

(2) 保证飞行安全、航班正常的义务。《民用航空法》第15条规定,公共航空运输企业应当以保证飞机安全和航班正常,提供良好服务为准则,采取有效措施,提高运输服务质量。

(3) 告知义务。航班延误或取消时,承运人应迅速及时地将航班延误或取消等信息通知旅客,做好解释工作。

(4) 补救义务。航班延误或取消时,承运人应根据旅客要求,优先安排旅客乘坐后续航班或签转其他承运人的航班,或退票,并不得收取退票费。因承运人自身原因导致航班延误或取消,承运人应当向旅客提供餐食或住宿等服务。

(5) 赔偿义务。《民用航空法》第124条规定,因发生在民用航空器上或者旅客上、下民用航空器过程中的事件,造成旅客人身伤亡的,承运人应当承担赔偿责任。

3. 承运人违反义务的情形及责任

(1) 航班延误、取消的责任。

《中国民用航空旅客、行李国内运输规则》(以下简称《规则》)第57条、第58条、第59条分别规定:由于机务维护、航班调配、商务、机修等原因造成航班在始发地延误或取消,承运人应当向旅客提供餐食或住宿等服务;由于天气、突发事件、空中管制、安检以及旅客等非承运人原因造成航班在始发地延误或取消,承运人应当协助旅客安排餐食和住宿,费用可由旅客自理;航班在经停地延误或取消,无论何种原因,承运人均应当负责向经停旅客提供膳宿服务。

此外,2004年7月1日起施行的《民航总局对国内航空公司因自身原因造成航班延误给予旅客经济补偿的指导意见(试行)》,还要求航空公司根据航班延误4小时、8小时以上的不同情况,给予旅客以现金、购票折扣等方式的经济补偿。

案例阅读

【案情介绍】

2005年6月14号,北京某报记者欲乘广州航空公司117航班从北京赴广州采访,航班起飞时间为16:00。当乘客在首都机场一号楼20号登机口登机时,机场广播突然通知,飞往广州的该航班,因机械故障不能起飞,请乘客在休息室休息等候。等到23点,航班故障解除。航班延迟后,大多数旅客自行到离机场10公里左右的一家饭店,有少数客人要求退票,改乘其他航班。但机场不给办理退票手续,并告知从哪购票去哪退票。该记者因航班延误,取消了原定采访计划,时值午夜只好乘出租车回家。此案例中,机场有哪些违约行为?乘客应该如何维护自身权益?

【分析与提示】

1. 机场的违约行为有:根据《民用航空法》第95条、第126条,根据《规则》第23条、第

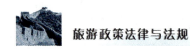

57条、第60条规定,机场有取消航班,不及时向乘客通报和解释误机原因、不安排乘客晚餐、不给乘客退票的违约行为。

2. 根据《规则》第19条、第23条、第57条、第60条,乘客可以要求机场优先安排后续航班或转签其他航班,可以要求机场提供免费饮食、住宿等服务,可以要求首都机场退还全部票款,不支付退票费。

3. 本案例中,外地购票的乘客完全可以要求首都机场退票,记者可以要求机场派车送他回家或者报销出租费用。

(2) 对旅客的责任。

《民用航空法》第124条规定,因发生在民用航空机上或者在旅客上、下民用航空机过程中的事件,造成旅客人身伤亡的,承运人应当承担责任;但是旅客的人身伤亡完全是由于旅客本人的健康状况造成的,承运人不承担责任。但因飞机高空飞行产生剧烈颠簸,导致旅客极端不适应,甚至受伤、死亡,或者剧烈颠簸使摆放不牢物品落下,砸伤乘客,航空公司应承担赔偿责任。

(3) 对随身携带物品的责任。

《民用航空法》规定:因发生在民用航空器上或者旅客上、下民用航空器过程中的事件,造成旅客随身携带物品毁灭、遗失或者损坏的,承运人应当承担责任。旅客随身携带的物品的毁灭、遗失或者损坏完全是由于行李,即该物品本身的自然属性、质量或者缺陷造成的,承运人不承担责任。

(4) 对托运行李的责任。

《民用航空法》规定:因发生在航空运输期间的事件,造成旅客的托运行李毁灭、遗失或者损坏的,承运人应当承担责任。但托运的行李的毁灭、遗失或者损坏完全是由于行李,即该物品本身的自然属性、质量或者缺陷造成的,承运人不承担责任。

(5) 赔偿责任。

《民用航空法》规定:国际航空运输承运人的赔偿责任限额按照规定执行,对每名旅客的赔偿限额为16 600计算单位;对托运行李或者货物的赔偿责任限额,每千克为17计算单位;对每名旅客随身携带的物品的赔偿责任限额332计算单位(所谓"计算单位"是指国际货币基金组织规定的特别提款权)。

《国内航空运输承运人赔偿责任限额规定》(2006年3月28号施行)规定:国内航空旅客运输中发生的损害赔偿,对每名旅客的最高赔偿额为人民币40万元;对每名旅客随身携带物品的赔偿责任限额为人民币3 000元,对旅客托运的行李和对运输的货物的赔偿责任限额为每公斤人民币100元。

(四) 关于旅客的相关规定

1. 旅客的权利

(1) 安全权。旅客在乘坐飞机时,其人身及携带物品、行李应得到安全保护,不受侵害。《民用航空法》第95条规定,公共航空运输企业应当以保证飞行安全和航班正常,提供良好服务为准则。

（2）知情权。旅客有了解航班延误、取消、办理登机手续等信息的权利。《民用航空法》第95条规定，旅客运输航班延误的，公共航空运输企业应当在机场内及时通告有关情况；《规则》第32条规定，承运人规定的停止办理乘机手续的时间，应当以适当方式告知旅客。

（3）选择权。旅客在航班延误、取消时，有选择乘坐后续航班、签转其他航班或退票的权利。因承运人原因造成旅客漏乘、误乘航班的，旅客有乘坐后续航班或退票的权利。

（4）索赔权。旅客对承运人造成其损失的，可要求承运人赔偿损失。《民用航空法》第124条规定："因发生在民用航空器上或者在旅客上、下民用航空器过程中的事件，造成旅客人身伤亡的，承运人应当承担责任；但是，旅客人身伤亡完全是由于旅客本人的健康状况造成的，承运人不承担责任。"第125条规定："因发生在民用航空器上或者在旅客上、下民用航空器过程中的事件，造成旅客随身携带的物品毁灭、遗失或者损坏的，承运人应当承担责任；因发生在航空运输期间的事件，造成旅客的托运行李毁灭、遗失、损坏的，承运人应当承担责任。"第126条规定："旅客、行李或者货物在航空运输中因延误造成的损失，承运人应当承担责任。但是，承运人证明本人或者其受雇人、代理人为了避免损失的发生，已经采取一切必要措施或者不可能采取此种措施的，不承担责任。"

2. 旅客的义务

（1）按客票指定的日期和航班乘机。旅客应当在承运人规定时限内到达机场，凭客票及本人有效身份证件按时办理客票查验、托运行李、领取登机牌等乘机手续。

（2）旅客应接受安全检查，不得携带危险品乘机。旅客乘坐飞机，不得随身携带或在行李中夹带枪支、弹药、管制刀具等法律、行政法规规定的禁运物品或者易燃、易爆、有毒、腐蚀性、放射性等危险物品。如旅客携带上述物品，一经查出，按有关规定严重处理，情节严重的，追究其刑事责任。

（3）在飞行中听从机组人员指挥、安排，配合机组人员维护机内公共秩序。

（4）看管好自己随身携带的物品。属于旅客自身原因造成物品丢失、损坏的，由旅客本人承担。

（5）按规定办理行李托运手续，交纳有关费用，到达目的地后，按规定及时领取托运行李。

（6）由于旅客过错造成承运人或第三者损失，旅客应承担赔偿责任。

3. 旅客违反义务的情形及责任

（1）旅客误机、漏乘、错乘。

误机是旅客未按规定时间办妥乘机手续或因旅行证件不符合规定而未能乘机。现实中误机的原因往往是交通堵塞没有按时赶到机场或导游错误通知游客乘机时间等；漏乘是在航班始发站办理乘机手续后或在经停站过站时未搭乘上指定的航班；错乘是乘客乘坐了不是客票上列明的航班。旅客误机、漏乘,可到乘机机场或原购票地点办理改乘航班,退票手续。承运人可以收取适当误机费,但团体旅客误机,客票作废,票款不退;旅客错乘飞机,承运人应安排错乘乘客搭乘最早的航班飞往旅客客票上的目的地,票款不退不补。

(2) 旅客携带违禁品登机。

飞机的安全要求比火车、汽车严格,禁止携带物品较多。如《中国民用航空旅客、行李国际运输规则》有关条例规定"属于古董或纪念品的剑刀及类似物品,只能作为托运行李运输并符合有关规定"。《民用航空法》规定,民航不得运输拒绝接受安全检查的旅客,也不得运输未经安全检查的行李。旅客误机是其违反法律规定造成的,不是机场人员工作失误,机场不承担误机赔偿责任。

(3) 旅客不听从机组人员指挥安排。

旅客不听从机组人员指挥安排,造成航空公司或第三者损害的,应承担赔偿责任,造成自己损失的,责任自负。如旅客不系安全带,碰伤自己;接听手机,干扰航空信号;物品摆放不牢,砸伤乘客等,都应依过错程度承担相应责任。

第三节 旅客铁路运输管理法规

一、旅客铁路运输管理法规概述

铁路是高度集中的国民经济大动脉,在我国各种交通运输工具中占有特别重要的位置。铁路运输是铁路运输企业利用机车、车辆、铁路线路等设备和工具将旅客或货物从一地运送到另一地的运输方式。它运输量大,速度快,安全,费用比飞机低,是适合中长途旅游的交通方式,是国内旅游的主要方式。

国家规范铁路运输活动的法律、法规,主要有全国人大常委会制定的《中华人民共和国铁路法》,1991年5月1日起施行(以下简称《铁路法》),它是调整我国铁路运输的基本法。另外有铁道部制定的《铁路旅客运输规程》(1997年12月1日施行),2003年8月1日经国务院批准、铁道部发布的《铁路旅客人身伤害及自带行李损失事故处理办法》。

二、旅客铁路运输管理法规的主要内容

(一) 铁路承运人与旅客间的权利义务

旅游者购买火车票后,成为铁路运输部门(又称铁路承运人)的旅客,与铁路运输部门建立起铁路运输法律关系,双方依法享有和履行铁路运输的权利与义务。铁路与旅客间的权利义务主要由《铁路法》、《铁路旅客运输规程》确定。

1. 铁路运输部门(下称承运人)的权利

(1) 承运人有依照规定收取运输费用的权利。《铁路法》第14条规定,对无票乘车或

者持失效车票乘车的,应当补收票款,并按照规定加收票款;拒不交付的,铁路运输企业可以责令下车。《铁路法》第19条规定,托运人因申报不实而少交的运费和其他费用应当补交,铁路运输企业按照国务院铁路主管部门的规定加收运费和其他费用。

(2) 承运人有权要求旅客遵守国家法令和保证铁路运输安全。《铁路法》第48条规定,禁止旅客携带危险品进站上车;铁路公安人员和国务院铁路主管部门规定的铁路职工,有权对旅客携带的物品进行运输安全检查。《铁路法》第56条规定,在车站和旅客列车内,发生法律规定需要检疫的传染病时,由铁路卫生检疫机构进行检疫;对在列车内寻衅滋事、扰乱公共秩序、危害旅客人身、财产安全的,铁路职工有权制止,铁路公安人员可以予以拘留。

(3) 承运人有索赔权。承运人对损害他人利益和铁路设备、设施的行为有权制止,消除危险和要求赔偿;因旅客、托运人或者收货人的责任给铁路运输企业造成财产损失的,由旅客、托运人或者收货人承担赔偿责任。

2. 承运人的义务

(1) 保证旅客运输安全正点。安全正点是运输企业应按照车票载明的车次、时间等要求将旅客安全、准点送达目的地,不能误点或取消车次。

(2) 采取有效措施做好旅客运输服务工作。列车员对旅客要文明礼貌,热情周到,保持车站和车厢内的清洁卫生,提供饮用开水,做好列车上的饮食供应工作,为旅客提供良好的旅行环境和服务设施,不断提高服务质量。

(3) 对旅客伤害和行李损失的赔偿义务。《铁路法》第58条规定,因铁路行车事故及其他铁路运营事故造成人身伤亡的,铁路运输企业应当承担赔偿责任。《铁路旅客运输规程》第10条规定,因承运人过错造成旅客人身损害或物品损失时予以赔偿;《铁路法》第17条规定,铁路运输企业应当对承运的货物、包裹、行李自接受承运时到交付时止发生的丢失、短少、变质、污染、损坏,承担赔偿责任。

3. 旅客的权利

(1) 依照车票票面记载内容乘车。车票是旅客运输合同的基本凭证,车票票面记载的上车车站、车次、乘车期限等内容是合同的内容,是旅客的权利。旅客对承运人未能按车票载明的日期、车次、条件安排乘车时,如火车晚点或取消,软卧安排硬卧等,有权要求承运人退还全部票款或安排改乘到达相同目的站的其他列车。旅客包括持有效乘车凭证乘车的人员以及按照国务院铁路主管部门有关规定免费乘车的儿童,经铁路运输企业同意,根据铁路货物运输合同,随车护送货物和人。

(2) 要求承运人提供与车票等级相适应的服务并保障其旅行安全。火车票等级有软卧、硬卧、软座、硬座,车厢有空调和普通,车速有特快、普快等,不同等级有不同条件和标准。旅客有权要求承运人提供相应服务,达到旅途舒适。

(3) 索赔权。旅客对承运人造成其身体伤害或物品损失的,有权要求承运人赔偿损失;旅客对承运人造成的行李逾期到达、丢失或损毁的,有权要求承运人赔偿损失。

4. 旅客的义务

(1) 持票乘车。旅客必须购买车票乘车,无票乘车或持无效车票乘车,应当补票,并

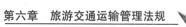

交付按规定加收的票款。铁路企业一般以身高为买票标准,对学生、军人等特殊人员实行半票或其他优惠政策。

(2) 遵守铁路法律、法规。旅客应当遵守铁路法、铁路运输规章制度,听从铁路车站、列车工作人员的引导,按照车站的引导标志进、出站;应接受铁路工作人员的安全检查,查验车票、检查行李、货物等行为。

(3) 爱护铁路设备设施,维护公共秩序和运输安全;及时领取托运行李。

(4) 托运行李的旅客应当及时领取行李,逾期领取的,按规定交付保管费。承运人与旅客的权利与义务是《铁路法》、《铁路旅客运输规程》等铁路法律、法规规定的,是法定权利与义务,是承运人与旅客确定铁路旅客运输合同的基本内容,是各方可行使的基本权利与应履行的基本义务。任何一方损害对方权利,或不履行应尽义务,都是违法行为,都应承担相应责任。

(二) 承运人与旅客违反义务的行为及责任

1. 承运人违反义务的行为及责任

承运人是与旅客或托运人签有运输合同的企业。铁路车站、列车及与运营有关人员即车站工作人员、列车员等,在执行职务中的行为代表承运人,他们都视为承运人,他们违反法律规定的行为是承运人违反义务行为。铁路运输实践中,承运人违反义务行为需承担的责任有:

(1) 火车晚点。

火车晚点是旅客运输中常见现象,尤其在节假日、旅游旺季,更是司空见惯。但火车晚点是承运人没有按照约定时间运送旅客的违约行为,承运人应当承担按照旅客要求,退还全部票款或者安排改乘到达相同目的站的其他列车的责任。

(2) 承运人未尽保护之责,使旅客受伤害和携带物品损坏丢失。

承运人有保证旅客和货物运输安全的严格责任。旅客在旅行过程中除非因不可抗力或自身原因造成伤害、自带物品损失之外,无论是承运人自身过错,还是第三人过错造成旅客乘坐火车时的身体伤害、自带物品损坏丢失等损失,承运人都应当承担赔偿责任。这些伤害、损害有:乘客被破裂之物或飞来之物扎伤、打伤,火车急刹车使包裹掉下并摔碎包内物品,火车启动摔伤下车乘客等。在运送期间因承运人过错给旅客造成身体损害或随身携带品损失时,身体损害赔偿金的最高赔偿限额为人民币 4 万元,随身携带品赔偿金的最高赔偿限额为人民币 800 元。

案例阅读

【案情介绍】

2007 年的一天,李某乘坐某次列车从甲地到乙地探亲,晚上十时许,他沿扶梯攀爬上铺准备休息时,由于列车高速运行的晃动,使他从扶梯上跌下,经医院诊断证明属压缩性骨折。他在与铁路部门协商未果的情况下,将列车归属的某铁路局告上了法院,请求法院依据侵权的事实和相关的法律、法规,判令某铁路局赔偿医疗费、误工费、护理费、精神抚慰金等共计人民币7万余元。铁路局是否有赔偿责任?是否应赔偿7万元?

【分析与提示】

(1)铁路局有赔偿责任。根据《铁路法》规定,承运人有保证旅客和货物运输安全的严格责任。旅客在旅行过程中除非因不可抗力或自身原因造成伤害、自带物品损失之外,无论是承运人自身过错,还是第三人过错造成旅客乘坐火车时的身体伤害、自带物品损坏丢失等损失,承运人都应当承担赔偿责任。

(2)不应该。根据《铁路旅客运输规程》规定,在运送期间因承运人过错给旅客造成身体损害或随身携带品损失时,身体损害赔偿金的最高赔偿限额为人民币4万元,随身携带品赔偿金的最高赔偿限额为人民币800元。

(3)本案例中,李某可以要求铁路局赔偿,但赔偿额最高为4万元。

(3)承运人未提供良好的旅行环境和服务设施的行为。

旅客有权要求承运人提供与车票等级相适应的服务,承运人有为旅客提供良好的旅行环境和服务设施的义务。但在现实中,列车车厢经常出现冬天暖气不热,夏天电扇不转或不经常转,空调列车的空调出故障或温度过低、过热,卧铺床单枕头不干净,开水不开或供应不及时等,损害旅客的旅行权益,承运人应承担责任。

2. 旅客违反义务的行为及责任

铁路旅客运输实际中,旅客违反义务需承担的责任有:

(1)旅客无票或持失效车票乘车。

旅客有支付运输费用,持有效客票乘车义务,那些不买票乘车,或者买普通车客票乘坐快速车,不按车票规定时间、车次乘车,持过期车票乘车的人,均属持无效车票乘车,应按铁路规定补交票款和接受经济处罚。

(2)旅客故意或过失伤害其他旅客或损失他人物品。

旅客为争占座位,为补卧铺,为放物品,或人多拥挤时碰撞引发争吵,激怒伤人,或往窗外乱丢瓶子、废物砸伤后一车厢乘客。旅客故意或过失伤害他人、损坏他人物品应承担侵权损害赔偿责任等。

第四节　旅客公路运输管理法规

一、旅客公路运输管理法规概述

公路运输是经公路将旅客或货物从一地运送另一地,以完成旅客或货物位移的陆路运输方式。它运输面大,比火车、飞机灵活方便,能走到城市、小镇、村落,能够直接将旅客运送到目的地、旅游景区。而且,公路运输价格较低,车的档次多,线路多,能满足旅客多层次要求,是短、中途旅游的主要运输方式,是景区与机场、火车站相连接的运输方式。随着近些年高速公路发展,公路客运安全性、舒适性、快捷性的增强,公路旅游运输逐步成为广泛选择的方式。我国关于公路运输的法律、法规主要有《中华人民共和国道路交通安全法》(2004 年 5 月 1 日起施行)、《中华人民共和国道路运输条例》(2004 年 7 月 1 日起施行)。

二、旅客公路运输管理法规的主要内容

(一) 公路承运人与旅客间的权利义务

旅游者购买公路客票后,成为公路运输部门(又称公路承运人)的旅客,与公路运输部门建立公路运输法律关系,双方依法享有和履行公路旅客运输权利与义务。

1. 客运承运人(下称承运人)的权利

(1) 承运人有权收取运输费用,有权要求乘客买票,持有效客票乘车。

(2) 承运人有权禁止旅客携带国家规定的危险物品及其他禁止携带物品乘车。

(3) 承运人有不赔偿乘客一定条件下物品损失的权利。运营者在旅客运输过程中,有权对被有关部门查获处理的乘客物品,对行包包装完整无异,而内部缺损、变质的物品,旅客自行看管物品的非经营者责任造成的损失,对不可抗力造成的乘客物品损失,可不予赔偿。

(4) 承运人有权要求损坏车站设备和设施的乘客按实际损失赔偿。

2. 承运人的义务

(1) 承运人应当为旅客提供良好的乘车环境,保持车辆整洁卫生,并采取必要措施防止在运输过程中对旅客人身、财产安全的侵害。

(2) 班线承运人应当向公众连续提供运输服务,不得擅自暂停、终止或者转让班线运输,不得强迫旅客乘车、甩客、敲诈旅客,不得擅自更换运输车辆。

(3) 从事包车客运的承运人应当按照约定的起始地、目的地和线路运输,从事旅游客运的承运人应当在旅游区域按照旅游线路运输。

(4) 对旅客误乘、漏乘的赔偿义务。车站在发售客票中填错发车的日期、班次、开车时间,检票、发车、填写路单失误造成旅客误乘、漏乘的,车站应承担责任;车站不按时检票或不及时接车造成班车晚点运行的,车站在保管、装卸、交接过程中造成旅客寄存物品和托运行包损坏、丢失或错运的,车站应当承担责任。

(5) 承运人应保证客车安全和驾驶员安全驾驶。

承运人应当按计划或合同提供安全完好车辆,因客车技术状况或装备问题,因驾驶员违章行驶或操作造成人身伤害及行包损坏、丢失的,因驾驶员擅自改变运行计划,如提前开车、绕道行驶或越站,造成旅客漏乘及直接经济损失,承运人须承担责任。

3. 旅客的权利

(1) 安全权。旅客在公路客运旅行或旅游过程中,有权要求客运经营者提供符合安

全标准的车辆,提供技术熟练的合格司机,要求司机安全驾驶,避让危险车辆和行走危险路段,有权要求客运经营者保障其人身不受他人非法伤害,所带物品不受抢劫、盗窃、破坏等。

(2)要求承运人履行义务的权利。旅客与承运人在购买车票时,就确定了公路客运的车辆标准(普通型或豪华型)、行车线路、行车时间,在旅游包车中对标准线路更有细致规定。旅客有权要求承运人按约定提供,不得更换车辆或晚派车辆、改道行驶、晚点运行等。

(3)求偿权。因承运人原因造成旅客人身伤亡或物品损坏丢失的,旅客有权要求承运人赔偿损失。

4. 旅客的义务

(1)旅客或包车方应当向承运人支付运输费用。

(2)旅客应接受承运方的安全检查和安全提醒,保证行车安全。旅客自身原因造成自身损失,自己承担。如自理行包和随身携带物品丢失、损坏的,客车中途停靠时,不按时上车造成漏乘、错乘的,旅客自己承担责任。

(3)赔偿他人损失的义务。旅客给其他乘客造成人身和财产损害的,应赔偿他人损失。如旅客醉酒呕吐污染他人衣物,带恶性传染病乘车造成其他乘客医学检查或者治病,损坏客车设施、设备,打伤同车乘客,损坏他人物品等行为造成损失的,均应赔偿。

(二)承运人及旅客违反义务的行为及责任

1. 承运人违反义务的行为及责任

(1)交通肇事,损害旅客人身及财产。

交通肇事、车毁人亡、车伤人伤是公路客运常见之事,是旅客最担忧和关注之事,是旅游安全事故中占比例最大的事故。造成车祸的原因有司机疲劳驾驶、违章驾驶、超速驾驶、开赌气车、汽车带故障运行等。这些故意或过失造成的车祸都是承运人违反安全运输旅客义务的行为,应承担赔偿旅客或游客损失的责任。对情节严重,符合行政处罚规定的,应给予行政处罚,对达到犯罪程度的,应给予刑事处罚。

(2)汽车晚点、旅客漏乘。

汽车晚点就是承运人没有按照规定时间在始发站、中途站发车,准时到达终点。漏乘是乘客没有乘上规定的车次。汽车晚点,承运人有告知乘客晚点原因、变更的发车时间、终到时间的义务。因承运人的原因造成旅客漏乘的行为,与汽车晚点一样,都是违反义务的行为,承运人应当承担赔偿责任。

(3)承运人未尽安全保护义务,使旅客被他人打伤、物品被偷,司机超速驾驶颠伤乘客、颠坏物品等行为。

(4)承运人有强迫旅客的抢客、甩客、擅自更改车辆,以低档车冒充高档车,或者取消运输,擅自改变旅游行车线路等行为。承运人的上述行为都是违反义务行为,应承担赔偿责任。

第六章 旅游交通运输管理法规

2. 旅客违反义务的行为及责任

旅客在旅行过程中,不遵守法律,违反应尽义务的,应承担民事责任、行政责任以至刑事责任。旅客违反义务的行为有:

(1) 旅客在小件物品或行包中藏匿危险品或其他禁运物品上车。

旅客藏匿危险品或其他违禁品上车,未造成危害和损失的,由承运人没收其携带的全部危险品和禁运物品并视情节轻重处以30元以下罚款;已造成危害和损失的,除承担治安行政责任、刑事责任外,应赔偿全部经济损失。

(2) 旅客过错伤害其他乘客及物品,应当承担赔偿责任。

旅客间因争座位,因醉酒、泄愤等原因,争吵打斗,伤害其他乘客,损坏他人物品,损坏车站、客车设备设施造成损失的,旅客应赔偿受害人实际损失。

(3) 旅客无票乘车,在中途停靠站不按时上车漏乘、误乘。

旅客无票乘车,应补交从上车站至到达站全部客票价款,并被处以100%罚款;旅客自身原因漏乘、误乘,自负责任。

附录参考1:

《铁路旅客运输规程》(选载)

(1997年12月1日颁布,1997年12月1日实施)

第一条 为了维护铁路旅客运输的正常秩序,保护铁路旅客运输合同各方当事人的合法权益,依据《中华人民共和国铁路法》制定本规程。

第二条 本规程适用于中华人民共和国境内的铁路旅客和行李、包裹公共运输。

第七条 铁路旅客运输合同是明确承运人与旅客之间权利义务关系的协议。起运地承运人依据本规程订立的旅客运输合同对所涉及的承运人具有同等约束力。

铁路旅客运输合同的基本凭证是车票。

第八条 铁路旅客运输合同从售出车票时起成立,至按票面规定运输结束旅客出站时止,为合同履行完毕。旅客运输的运送期间自检票进站起至到站出站时止计算。

第九条 旅客的基本权利和义务是:

权利:

(1) 依据车票票面记载的内容乘车;

(2) 要求承运人提供与车票等级相适应的服务并保障其旅行安全;

(3) 因承运人过错发生身体损害或物品损失时,有权要求承运人给予赔偿。

义务:

(1) 支付运输费用;

(2) 遵守国家法令和铁路运输规章制度,听从铁路车站、列车工作人员的引导,按照车站的引导标志进、出站;

(3) 爱护铁路设备、设施,维护公共秩序和运输安全。

第十条 承运人的基本权利和义务是:

权利:

(1) 依照规定收取运输费用;

(2) 要求旅客遵守国家法令和铁路规章制度,保证安全;

(3) 对损害他人利益和铁路设备、设施的行为有权制止、消除危险和要求赔偿。

义务:

(1) 确保旅客运输安全正点;

(2) 为旅客提供良好的旅行环境和服务设施,不断提高服务质量,文明礼貌地为旅客服务;

(3) 因承运人过错造成旅客身体损害或物品损失时予以赔偿。

第十二条 车票中包括客票和附加票两部分。客票部分为软座、硬座。附加票部分为加快票、卧铺票、空调票。

附加票是客票的补充部分,除儿童外,不能单独使用。

第十九条 承运人一般不接受儿童单独旅行(乘火车上学的学生和承运人同意在旅途中监护的除外)。随同成人旅行身高1.1~1.4 m的儿童,享受半价客票、加快票和空调票(以下简称儿童票)。超过1.4 m时应买全价票。每一成人旅客可免费携带一名身高不足1.1 m的儿童,超过一名时,超过的人数应买儿童票。

儿童票的座别应与成人车票相同,其到站不得远于成人车票的到站。

免费乘车的儿童单独使用卧铺时,应购买全价卧铺票,有空调时还应购买半价空调票。

第二十条 在普通大、专院校,军事院校,中、小学和中等专业学校、技工学校就读,没有工资收入的学生、研究生,家庭居住地和学校不在同一城市时,凭附有加盖院校公章的减价优待证的学生证(小学生凭书面证明),每年可享受四次家庭至院校(实习地点)之间的半价硬座客票、加快票和空调票(以下简称学生票)。新生凭录取通知书、毕业生凭学校书面证明可买一次学生票。

华侨学生和港澳台学生按照上述规定同样办理。

发售学生票时应以近径路或换乘次数少的列车发售。

下列情况不能发售学生票:

(1) 学校所在地有学生父或母其中一方时;

(2) 学生因休学、复学、转学、退学时;

(3) 学生往返于学校与实习地点时。

第二十二条 到站台上迎送旅客的人员应买站台票。站台票当日使用一次有效。对经常进站接送旅客的单位,车站可根据需要发售定期站台票。随同成人进站身高不足

1.1 m的儿童及特殊情况经车站同意进站人员可不买站台票。未经车站同意无站台票进站时,加倍补收站台票款。遇特殊情况,站长可决定暂停发售站台票。

第二十六条　遇有下列情况可延长车票的有效期:

(1) 因列车满员、晚点、停运等原因,使旅客在规定的有效期内不能到达到站时,车站可视实际需要延长车票的有效期。延长日数从客票有效期终了的次日起计算。

(2) 旅客因病,在客票有效期内,出具医疗单位证明或经车站证实时,可按医疗日数延长有效期,但最多不超过10天;卧铺票不办理延长,可办理退票手续;同行人同样办理。

第二十七条　车站对进出站的旅客和人员应检票,列车对乘车旅客应验票。对持半价票和各种乘车证的旅客须核对相应的证件,经确认无误后打查验标记。

第三十条　旅客须按票面载明的日期、车次、席别乘车,并在票面规定有效期内到达到站。旅客如在票面指定的日期、车次于中途站上车时,未乘区间票价不退。旅客可在列车中途停车站下车,也可在车票有效期间内恢复旅行,但中途下车后,卧铺票即行失效。

中转换车和中途下车旅客继续旅行时,应先行到车站办理车票签证手续。

第三十二条　乘坐卧铺旅客的车票由列车员保管并发给卧铺证,下车以前交换。如在列车开车1小时后卧铺仍无人使用时,列车长可将该铺另行出售。持票旅客再来卧铺时,应尽量安排同等席别的其他铺位;没有空位时,应编制客运记录交旅客,由到站退还卧铺票价,核收退票费。

卧铺只能由持票本人使用,成人带儿童或两个儿童可共用一个卧铺。

第三十四条　旅客不能按票面指定的日期、车次乘车时,在不延长客票有效期的前提下,可以办理一次提前或改晚乘车签证手续。办理改晚乘车签证手续时,最迟不超过开车后2小时,团体旅客必须在开车48小时以前办理。往返票、联程票、卧铺票不办理改签。

第四十三条　旅客丢失车票应另行购票。在列车上应自丢失站起(不能判明时从列车始发站起)补收票价,核收手续费。旅客补票后又找到原票时,列车长应编制客运记录交旅客,作为在到站出站前向到站要求退还后补票价的依据。退票核收退票费。

第四十八条　旅客要求退票时,按下列规定办理,核收退票费:

(1) 在发站开车前,特殊情况也可在开车后2小时内,退还全部票价。团体旅客必须在开车48小时以前办理。

(2) 在购票地退还联程票和往返票时,必须于折返地或换乘地的列车开车前5天办理。在折返地或换乘地退还未使用部分车票时,按本条第1项办理。

(3) 旅客开始旅行后不能退票。但如因伤、病不能继续旅行时,经站、车证实,可退还已收票价与已乘区间票价差额。已乘区间不足起码里程时,按起码里程计算;同行人同样办理。

(4) 退还带有"行"字戳迹的车票时,应先办理行李变更手续。

(5) 站台票售出不退。

市郊票、定期票、定额票的退票办法由铁路运输企业自定。

必要时,铁路运输企业可以临时调整退票办法。

第五十一条　旅客携带品由自己负责看管。每人免费携带品的重量和体积是：

儿童（含免费儿童）10 kg，外交人员 35 kg，其他旅客 20 kg。每件物品外部尺寸长、宽、高之和不超过 160 cm。杆状物品不超过 200 cm；重量不超过 20 kg。

残疾人旅行时代步的折叠式轮椅可免费携带并不计入上述范围。

第五十二条　下列物品不得带入车内：

(1) 国家禁止或限制运输的物品；

(2) 法律、法规、规章中规定的危险品、弹药和承运人不能判明性质的化工产品；

(3) 动物及妨碍公共卫生（包括有恶臭等异味）的物品；

(4) 能够损坏或污染车辆的物品；

(5) 规格或重量超过本规程第五十一条规定的物品。

为方便旅客的旅行生活，限量携带下列物品：

(1) 气体打火机 5 个，安全火柴 20 小盒。

(2) 不超过 20 ml 的指甲油、去光剂、染发剂。不超过 100 ml 的酒精、冷烫精。不超过 600 ml 的摩丝、发胶、卫生杀虫剂、空气清新剂。

(3) 军人、武警、公安人员、民兵、猎人凭法规规定的持枪证明佩带的枪支子弹。

(4) 初生雏 20 只。

第五十七条　铁路行李包裹运输合同是指承运人与托运人、收货人之间明确行李、包裹运输权利义务关系的协议。

行李、包裹运输合同的基本凭证是行李票、包裹票。

第五十八条　行李票、包裹票主要应当载明：

(1) 发站和到站；

(2) 托运人、收货人的姓名、地址、联系电话、邮政编码；

(3) 行李和包裹的品名、包装、件数、重量；

(4) 运费；

(5) 声明价格；

(6) 承运日期、运到期限、承运站站名戳及经办人员名章。

第五十九条　行李、包裹运输合同自承运人接收行李、包裹并填发行李票、包裹票时起成立，到行李、包裹运至到站交付给收货人止履行完毕。

第六十条　托运人的基本权利和义务：

权利：

(1) 要求承运人将行李、包裹按期、完好地运至目的地；

(2) 行李、包裹灭失、损坏、变质、污染时要求赔偿。

义务：

(1) 缴纳运输费用，完整、准确填写托运单，遵守国家有关法令及铁路规章制度，维护铁路运输安全；

(2) 因自身过错给承运人或其他托运人、收货人造成损失时应负赔偿责任。

第六十一条　承运人的基本权利和义务：

权利：

(1) 按规定收取运输费用，要求托运的物品符合国家政策法令和铁路规章制度。对托运的物品进行安全检查，对不符合运输条件的物品拒绝承运。

(2) 因托运人、收货人的责任给他人或承运人造成损失时向责任人要求赔偿。

义务：

(1) 为托运人提供方便、快捷的运输条件，将行李、包裹安全、及时、准确运送到目的地；

(2) 行李、包裹从承运后至交付前，发生灭失、损坏、变质、污染时，负赔偿责任。

第六十二条　行李是指旅客自用的被褥、衣服、个人阅读的书籍、残疾人车和其他旅行必需品。

第六十三条　行李中不得夹带货币、证券、珍贵文物、金银珠宝、档案材料等贵重物品和国家禁止、限制运输物品、危险品。

第六十四条　行李每件的最大重量为 50 kg。体积以适于装入行李车为限，但最小不得小于 0.01 立方米。行李应随旅客所乘列车运送或提前运送。

第六十八条　旅客在乘车区间内凭有效客票每张可托运一次行李，残疾人车不限次数。

第一百一十三条　发生旅客人身伤害或急病时，车站或列车应会同公安人员勘察现场，收集旁证、物证，调查事故发生原因，编制客运记录或旅客伤亡事故记录并积极采取抢救措施，按照旅客人身伤害或疾病处理的有关规定办理。

第一百一十四条　在运送期间因承运人过错给旅客造成身体损害或随身携带品损失时，身体损害赔偿金的最高赔偿限额为人民币 40 000 元，随身携带品赔偿金的最高赔偿限额为人民币 800 元。

经承运人证明事故是由承运人和旅客或托运人的共同过错所致，应根据各自过错的程度分别承担责任。

第一百一十五条　行李、包裹事故赔偿标准为：

按保价运输办理的物品全部灭失时按实际损失赔偿，但最高不超过声明价格。部分损失时，按损失部分所占的比例赔偿。分件保价的物品按所灭失该件的实际损失赔偿，最高不超过该件的声明价格。

未按保价运输的物品按实际损失赔偿，但最高连同包装重量每千克不超过 15 元。如由于承运人故意或重大过失造成的，不受上述赔偿限额的限制，按实际损失赔偿。

第一百一十六条　行李、包裹全部或部分灭失时，退还全部或部分运费。

第一百一十七条　因下列原因造成的旅客身体损害承运人不承担责任：

(1) 不可抗力；

(2) 疾病及旅客自身的过错。

第一百一十八条　因下列原因造成的行李、包裹损失承运人不承担责任：

(1) 物品本身的自然属性或合理损耗；
(2) 包装方法或容器不良，从外部观察不能发现或无规定的安全标志时；
(3) 托运人自己押运、带运的包裹（因铁路责任除外）；
(4) 托运人、收货人违反铁路规章或其他自身的过错。

第一百一十九条　发生旅客伤害事故时，旅客可向事故发生站或处理站请求赔偿。

第一百二十条　如旅客伤害系承运人过错所致，承运人除按运输责任支付赔偿金外，同时应按《铁路旅客意外伤害强制保险条例》的有关规定支付保险金。如伤害不属承运人过错，但属强制保险条例规定的承保范围时，则承运人应当支付保险金。

旅客因病治疗产生的医疗费用由旅客自己承担。无票人员在铁路发生伤害时，按路外伤亡有关规定处理。

第一百二十一条　因第三人责任造成旅客伤害时，应由第三人负责。第三人不明确或无赔偿能力，旅客要求承运人代为先行赔偿时，承运人应当先行代为赔偿。承运人代为赔偿后即取得向第三人追偿的权利。

第一百二十二条　发生行李、包裹事故时，车站应会同有关人员编制行李、包裹事故记录交收货人作为请求赔偿的依据。事故赔偿一般应在到站办理，特殊情况也可由发站办理。

第一百二十三条　发生事故，收货人要求赔偿时，应在规定的期限内提出并应附下列文字材料：
(1) 行李票或包裹票；
(2) 行李、包裹事故记录；
(3) 证明物品内容和价格的凭证。

第一百二十四条　丢失的行李、包裹找到后，承运人应迅速通知托运人或收货人领取，撤销一切赔偿手续，收回全部赔款。如托运人或收货人不同意领取时，按无法交付物品处理。如发现有欺诈行为不肯退回赔款时，可通过行政或法律手段追索。

第一百二十五条　暂存物品发生丢失、损坏时，应参照行李、包裹事故赔偿有关规定办理。赔偿款额协商确定。

第一百二十六条　承运人与旅客、托运人、收货人因合同纠纷产生索赔或互相间要求办理退补费用的有效期为一年。有效期从下列日期起计算：
(1) 身体损害和随身携带品损失时，为发生事故的次日；
(2) 行李、包裹全部损失时为运到期终了的次日；部分损失时为交付的次日；
(3) 给铁路造成损失时，为发生事故的次日；
(4) 多收或少收运输费用时，为核收该项费用的次日。

责任方自接到赔偿要求书的次日起，一般应于30天内向赔偿要求人做出答复并尽快办理赔偿。多收或少收时应于30内退补完毕。

第一百二十七条　因发生旅客身体损害、携带品损失或行李包裹事故，运输合同当事人诉诸法律时，一般由事故处理站代表铁路运输企业起诉或应诉。

本章小结

旅游交通是旅游业的三大支柱之一。旅游与交通密不可分,交通运输是旅游业的命脉,它的发展使现代旅游具有世界性、开放性等特征。本章通过了解现代旅游交通运输的概念与种类,识记旅游交通运输管理法规中的基本原则,尤其是当代三大旅游交通运输方式,即航空、铁路、公路运输合同中承运人与旅客之间的权利义务,以及应当承担的法律责任是本章学习的重中之重。

 思考与练习

1. 简述旅游交通的概念和特点。
2. 旅游交通法规的基本原则是哪些?
3. 客运合同中承运人的权利义务有哪些?
4. 航空承运人的义务有哪些?
5. 铁路承运人违反义务的行为及责任有哪些?
6. 案例分析:

李先生身体一向很好,喜欢旅游。他在 2008 年 9 月随旅游团乘飞机去海南旅游,飞机在飞行中突然发生剧烈颠簸,李先生顿感胸闷气短,瞬间倒在了机舱里,人事不省。虽然医务人员极力抢救,但李先生属于突发性心脏病,抢救无效死亡。李先生女儿要求航空公司赔偿,航空公司是否有赔偿责任? 如果有,应赔偿多少?

第七章 旅游资源管理法规

学习目标

- 了解旅游资源及风景名胜区的概念及等级;
- 理解自然保护区的建立与保护规定;
- 掌握风景名胜区及自然保护区的管理;
- 掌握文物保护的范围及文物管理的规定。

第一节 旅游资源管理概述

一、旅游资源的概念及分类

(一) 旅游资源的概念及立法

旅游资源是一个国家或地区发展旅游业的重要基础,旅游业发达的国家或地区都是凭借其丰富的旅游资源对游客形成强大的吸引力的。近年来,旅游业的高速发展,带动了各地旅游资源开发的热潮。对旅游资源的认识,正是随着旅游业的兴起而出现和不断深化的。

1. 旅游资源的概念

关于旅游资源的概念,至今未形成统一的认识。一般认为,凡是能够吸引旅游者产生旅游动机,并可能被利用来开展旅游活动的各种自然、人文客体或其他因素,都可称为旅游资源。业界权威的定义是:旅游资源是自然界和人类社会凡能对旅游者产生吸引力,可以为旅游业所开发利用,并可产生经济效益、社会效益和环境效益的各种事物和因素。

旅游资源是旅游业赖以生存和发展的前提条件,是旅游业产生的物质基础,是旅游的客体,是旅游产品和旅游活动的基本要素之一。构成旅游资源的基本条件:一是对旅游者有吸引力,能激发人们的旅游动机;二是有可利用性,随着旅游者旅游爱好和旅游习惯的改变,旅游资源的包容范畴不断扩大;三是资源的开发能产生不同的经济效益、社会效益和环境效益。

2. 旅游资源的立法

为了吸引更多的旅游者,发展旅游业,人们曾以各种手段发掘各类旅游资源。但是,在旅游资源开发过程中,一些问题也相继出现。如对环境的破坏、对文物古迹的破坏、对当地社会生活的负面影响等。为了旅游业的持续发展,必须很好地处理旅游资源的开发、利用和保护之间的关系。

世界各国开始注意到通过法律手段保护旅游资源的重要性。一些旅游资源丰富、法制比较健全的国家在这方面做了大量的工作,制定了各种法律或法规。例如,法国制定了《风景区和文物古迹保护法》,埃及制定了《关于授权旅游部监督开发旅游景区权力的法律》,日本政府在对公园、森林、特别保护区、野生鸟兽、古建筑和文物的保护方面以及城市绿化、防止污染等方面也专门制定了法律。

我国政府也十分重视对各类旅游资源的保护,相继制定了《中华人民共和国环境保护法》、《中华人民共和国文物保护法》、《中华人民共和国森林法》、《中华人民共和国水法》、《中华人民共和国野生动物保护法》、《风景名胜区管理条例》等一系列法律、法规,对旅游资源的开发、利用和保护等方面进行明确的规定。

(二) 旅游资源的分类

旅游资源可以是有形的,也可以是无形的;可以是已开发的,也可以是未开发的,但是必须能吸引旅游者,能够激发人们的旅游动机。旅游资源既是旅游者旅游活动的对象物,也是旅游业开展经营活动的凭借物。

按照国家标准分类系统,旅游资源大致可分为自然旅游资源和人文旅游资源两种。自然资源是以自然景观为吸引物的旅游资源。包括地文景观、水域风光、生物景观、天象与气候景观。人文旅游资源是以人类的各种活动为吸引物的旅游资源。既包括有形的人类活动的场所,又包括无形的各种人类活动。包括地质遗迹、建筑与设施、旅游商品、人文活动。

二、旅游资源质量等级评定

景区景点是旅游业发展的重要基础。对景区景点分等定级有利于对旅游资源的管理,有利于保护旅游者的利益,也有利于景区自身的持续发展。因此,国家质量技术监督局于2005年7月国家旅游局讨论通过了《旅游景区质量等级评定管理办法》(以下简称《办法》),2005年8月正式实施,对我国各旅游景区(点)进行等级评定。

(一) 旅游景区(点)的含义

旅游景区(点)是指经县级以上(含县级)行政管理部门批准成立,有统一管理机构,范围明确,具有参观游览、休闲度假、康乐健身等旅游功能,具备相应旅游服务设施并提供相应旅游服务的独立管理区。包括旅游风景区、文博院馆、寺庙观堂、旅游度假区、自然保护区、森林公园、主题公园、地质公园、游乐园、动物园、植物园及工业、农业、经贸、科教、军事、体育、文化艺术等各类旅游景区。

(二) 旅游景区(点)的质量等级及评定

1. 旅游景区(点)的质量等级

旅游景区(点)质量等级划分为五级,从高到低依次为一、二、三、四、五级旅游景区(点),分别用 AAAAA(简称 5A),AAAA,AAA,AA,A 来表示。

旅游景区(点)质量等级的标志、标牌、证书由国家旅游行政主管部门统一制作,由相应评定机构颁发。

2. 旅游景区(点)质量等级的评定范围和依据

(1) 旅游景区(点)质量等级的评定范围。

凡在中华人民共和国境内,正式开业接待旅游者 1 年以上的旅游景区(点),包括旅游风景区、文博院馆、寺庙观堂、旅游度假区、自然保护区、森林公园、主题公园、地质公园、游乐园、动物园、植物园及工业、农业、经贸、科教、军事、体育、文化艺术等,均可申请参加质量等级评定。旅游景区(点)质量等级是旅游景区(点)的景观质量、环境质量和服务质量的综合反映,因此原则上只对具有独立管理和服务机构的旅游景区(点)进行质量等级评定,对园中园、景中景等内部旅游地不进行单独评定。

(2) 旅游景区(点)质量等级的评定依据。

旅游景区(点)质量等级评定,依据中华人民共和国国家标准《旅游景区(点)质量等级的划分与评定》。具体而言,依据"景观质量与生态环境评价体系"、"旅游服务评价体系"的评价得分,并参考"游客意见评价体系"的游客满意度。

① "旅游服务评价体系",包括旅游交通、游览、旅游安全、卫生、通讯、购物、综合管理、接待人数等 8 个评价项目。"景观质量与生态环境评价体系",包括旅游资源与环境的保护和旅游资源品位与价值两个评价项目。每一个评价项目继续分为若干评价子项目。对各子项目赋以分值。各旅游景区(点)按各评价项目及子项目的相应得分数确定其等级。

② "游客意见评价体系"是旅游景区(点)质量等级评定的重要参考依据。包括总体印象、可进入性、游路设置、旅游安排、景观设施、路标指示、景物介绍牌、宣传资料、讲解服务、安全保障、环境卫生、旅游厕所、邮电服务、购物、餐饮、旅游秩序、景物保护等评价项目。每一个评价项目分为很满意、满意、一般、不满意等四个档次,并依此计算游客满意度。

③ 《景观质量与生态环境评价体系评分细则》、《旅游服务评价体系评分细则》、《游客评价体系评分细则》由国家旅游行政主管部门另行规定。

3. 旅游景区(点)质量等级评定的组织与权限

旅游景区(点)质量等级评定按国家和地方两级进行。

国家旅游局组织设立全国旅游景区质量等级评定委员会。全国旅游景区质量等级评定委员会负责全国旅游景区质量等级评定工作的组织和管理。国家旅游局旅游景区(点)质量等级评定机构的职责是:

（1）国家旅游局总体负责全国旅游景区（点）质量等级评定标准、评定细则的制定工作；

（2）负责对质量等级评定标准的实施进行监督检查。

各省、自治区、直辖市旅游行政管理部门组织设立本地区旅游景区（点）质量等级评定机构，并报全国旅游景区质量等级评定委员会备案。根据国家旅游景区（点）质量等级评定委员会的委托，省级旅游景区质量等级评定委员会进行相应的旅游景区质量等级评定工作的组织与管理。各地区旅游景区（点）质量等级评定的职责是：

① 3A级、2A级、1A级旅游景区由全国旅游景区质量等级评定委员会委托各省级旅游景区质量等级评定委员会负责评定。省级旅游景区质量等级评定委员会可以向条件成熟的地市级旅游景区质量等级评定机构再行委托。

② 4A级旅游景区由省级旅游景区质量等级评定委员会推荐，全国旅游景区质量等级评定委员会组织评定。

③ 5A级旅游景区从4A级旅游景区中产生。被公告为4A级旅游景区1年以上的方可申报5A级旅游景区。5A级旅游景区由省级旅游景区质量等级评定委员会推荐，全国旅游景区质量等级评定委员会组织评定。

第二节　风景名胜区管理制度

一、风景名胜区的概述

风景名胜区是我国重要的自然旅游资源。自1982年国务院公布第一批国家级风景名胜区以来，截至2006年底，先后6次共批准187个国家级风景名胜区。为了进一步加强对风景名胜区的保护和管理，2006年9月19日国务院公布了于2006年12月1日起施行的《风景名胜区条例》。

（一）风景名胜区的法定含义

《风景名胜区条例》中规定：风景名胜区，是指具有观赏、文化或者科学价值，自然景观、人文景观比较集中，环境优美，可供人们游览、休息或者进行科学、文化活动的区域。

（二）风景名胜区的设立条件

按照风景名胜区概念的含义，风景名胜区必须具备4个条件：

1. 具有观赏、文化或者科学价值

观赏价值主要指旅游资源的艺术特征。资源特征类型愈多，构成的景观愈加丰富，观赏价值就愈高。文化价值指旅游资源在历史发展过程中的地位，包括类型、年代、规模、保存状况等因素。一般来说，愈古、愈稀、文化寓意越高，则其文化价值愈高。科学价值主要指景物的某种研究功能，在自然、社会科学研究和教学上的价值。作为风景名胜区，应该同时具备这三大价值。如天水麦积山风景名胜区就是如此。

2. 自然景观、人文景观比较集中

作为风景名胜区,应该是自然景观和人文景观都比较集中的区域,从目前我国风景名胜区来看,有的是自然景观和人文景观比较集中的区域;也有的是纯自然景观;也有的是纯人文景观。

3. 环境优美,具有一定的规模和范围

环境优美是风景名胜区的基本特征。作为人们观赏的对象,必须具有相当的规模,否则,就会降低环境优美所产生的相应的吸引力。因此环境优美与相应的规模是风景名胜区不可或缺的因素。

4. 可供人们游览、休息或者进行科学文化活动

风景名胜区所具备的前三个条件也正决定了它必然具有可供人们游览、休息和进行科学文化活动的条件。风景名胜区应具有休闲性、娱乐性和科学性,它为人们提供游览、休息和科学文化活动的场所。

(三)风景名胜区的设立和等级划分

1. 风景名胜区的设立

设立风景名胜区,应当有利于保护和合理利用风景名胜资源。

新设立的风景名胜区与自然保护区不得重合或者交叉;已设立的风景名胜区与自然保护区重合或者交叉的,风景名胜区规划与自然保护区规划应当相协调。

2. 风景名胜区的等级划分

风景名胜区划分为国家级风景名胜区和省级风景名胜区。自然景观和人文景观能够反映重要自然变化过程和重大历史文化发展过程,基本处于自然状态或者保持历史原貌,具有国家代表性的,可以申请设立国家级风景名胜区;具有区域代表性的,可以申请设立省级风景名胜区。

设立国家级风景名胜区,由省、自治区、直辖市人民政府提出申请,国务院建设主管部门会同国务院环境保护主管部门、林业主管部门、文物主管部门等有关部门组织论证,提出审查意见,报国务院批准公布。

设立省级风景名胜区,由县级人民政府提出申请,省、自治区人民政府建设主管部门或者直辖市人民政府风景名胜区主管部门,会同其他有关部门组织论证,提出审查意见,报省、自治区、直辖市人民政府批准公布。

二、风景名胜区的管理

(一)风景名胜区的一般管理

1. 风景名胜区管理原则

国家对风景名胜区实行科学规划、统一管理、严格保护、永续利用的原则。

2. 风景名胜区的管理机构

风景名胜区所在地县级以上地方人民政府设置的风景名胜区管理机构,负责风景名

胜区的保护、利用和统一管理工作。

国务院建设主管部门负责全国风景名胜区的监督管理工作。国务院其他有关部门按照国务院规定的职责分工,负责风景名胜区的有关监管管理工作。

省、自治区人民政府建设主管部门和直辖市人民政府风景名胜区主管部门,负责本行政区域内风景名胜区的监督管理工作。省、自治区、直辖市人民政府其他有关部门按照规定的职责分工,负责风景名胜区的有关监督管理工作。

(二)风景名胜区的保护

1. 风景名胜区的规划

一个好的风景名胜区规划,是风景名胜区得以有力保护、科学开发和合理利用的基础和保障。

(1)风景名胜区规划的分类。风景名胜区规划分为总体规划和详细规划。总体规划是风景名胜区开发利用的基本依据和原则性文件。内容包括风景名胜区风景资源评价,如资源的典型性、稀有性、丰富性、完整性、游憩价值、科学文化价值、面积、环境质量;生态资源保护措施、重大建设项目布局、开发利用强度;风景名胜区的功能结构和空间布局;禁止开发和限制开发的范围;风景名胜区的游客容量;有关专项规划等几方面的内容。

风景名胜区总体规划的编制,应当体现人与自然和谐相处、区域协调发展和经济社会全面进步的要求,坚持保护优先、开发服从保护的原则,突出风景名胜资源的自然特性、文化内涵和地方特色。风景名胜区应当自设立之日起2年内编制完成总体规划。总体规划的规划期一般为20年。

风景名胜区详细规划是总体规划的具体体现和落实。详细规划应当根据核心景区和其他景区的不同要求编制,确定基础设施、旅游设施、文化设施等建设项目的选址、布局与规模,并明确建设用地范围和规划设计条件。

风景名胜区详细规划,应当符合风景名胜区总体规划。

(2)风景名胜区规划的编制。国家级风景名胜区规划由省、自治区人民政府建设主管部门或者直辖市人民政府风景名胜区主管部门组织编制,国家级风景名胜区的总体规划,由省、自治区、直辖市人民政府审查后,报国务院审批。国家级风景名胜区的详细规划,由省、自治区人民政府建设主管部门或者直辖市人民政府风景名胜区主管部门报国务院建设主管部门审批。

省级风景名胜区规划由县级人民政府组织编制。省级风景名胜区的总体规划,由省、自治区、直辖市人民政府审批,报国务院建设主管部门备案。省级风景名胜区的详细规划,由省、自治区人民政府建设主管部门或者直辖市人民政府风景名胜区主管部门审批。

编制风景名胜区规划,应当采用招标等公平竞争的方式选择具有相应资质等级的单位承担,以保证规划的质量。

编制风景名胜区规划,应当广泛征求有关部门、公众和专家的意见;必要时,应当进行听证。这样,使规划更合理,更加具有广泛性。

风景名胜区规划批准后,应当严格加以执行,《风景名胜区条例》第21条规定,风景名胜区内的单位和个人应当遵守经批准的风景名胜区规划，服从规划管理。风景名胜区规划未经批准的，不得在风景名胜区内进行各类建设活动。

《风景名胜区条例》第22条规定，经批准的风景名胜区规划不得擅自修改。确需对风景名胜区总体规划中的风景名胜区范围、性质、保护目标、生态资源保护措施、重大建设项目布局、开发利用强度以及风景名胜区的功能结构、空间布局、游客容量进行修改的，应当报原审批机关批准；对其他内容进行修改的，应当报原审批机关备案。风景名胜区详细规划确需修改的，应当报原审批机关批准。

风景名胜区总体规划的规划期届满前2年，规划的组织编制机关应当组织专家对规划进行评估，作出是否重新编制规划的决定。在新规划批准前，原规划继续有效。

2. 风景名胜区的保护

风景名胜区内的景观和自然环境，应当根据可持续发展的原则，严格保护，不得破坏或者随意改变。

第一，风景名胜区内的居民和游览者应当保护风景名胜区的景物、水体、林草植被、野生动物和各项设施。一个优美的旅游景区环境，不仅要靠管理部门去营造，更需要游览者去维护。因此，开展健康文明的游览活动，共同爱护风景名胜区内的景物，遵守景区内的规章制度，这是每个旅游者应尽的法定义务。风景名胜区内的居民更应该保护好自己的生活居住环境和赖以为生的景物景观。

第二，风景名胜区管理机构应当对风景名胜区内的重要景观进行调查、鉴定，并制定相应的保护措施。作为管理部门，对区内的资源赋存状况应该做到心中有数，才能制定切实有效的保护措施。因此调查鉴定是资源保护中的一项重要工作，应当认真组织，加以实施。

第三，在风景名胜区内禁止进行下列活动，以免景区内资源遭到破坏：

（1）开山、采石、开矿、开荒、修坟立碑等破坏景观、植被和地形地貌的活动；

（2）修建储存爆炸性、易燃性、放射性、毒害性、腐蚀性物品的设施；

（3）在景物或者设施上刻画、涂污；

（4）乱扔垃圾。

第四，禁止违反风景名胜区规划，在风景名胜区内设立各类开发区和在核心景区内建设宾馆、招待所、培训中心、疗养院以及与风景名胜资源保护无关的其他建筑物；已经建设的，应当按照风景名胜区规划，逐步迁出。在核心景区内建设宾馆、休养院等，不仅严重影响景观，有碍游览，而且形成了"建设性的破坏"，会导致景区的"城市化"，最终会导致风景区旅游业衰败。

第五，在风景名胜区内从事《风景名胜区条例》禁止范围以外的建设活动，应当经风景名胜区管理机构审核后，依照有关法律、法规的规定办理审批手续。《风景名胜区条例》更进一步规定，在国家级风景名胜区内修建缆车、索道等重大建设工程，项目的选址方案应当报国务院建设主管部门核准。这是针对前些年在国家级风景名胜区内擅自修建此类工程的一个纠正。

在风景名胜区内进行下列活动,应当经风景名胜区管理机构审核后,依照有关法律、法规的规定报有关主管部门批准:

(1) 设置、张贴商业广告;

(2) 举办大型游乐等活动;

(3) 改变水资源、水环境自然状态的活动;

(4) 其他影响生态和景观的活动。

第六,风景名胜区内的建设项目应当符合风景名胜区规划,并与景观相协调,不得破坏景观、污染环境、妨碍游览。景区内的景观无论是自然景观,还是人文景观,都有其自身特征,景区的建筑设施在样式、风格、材质上都应当与景观相协调,并妥善处理排放物,否则会破坏景观原有的特征和状态,污染环境。

在风景名胜区内进行建设活动的建设单位、施工单位应当制定污染防治和水土保持方案,并采取有效措施,保护好周围景物、水体、林草植被、野生动物资源和地形地貌。

(三) 风景名胜区的利用管理

风景名胜区管理机构应当根据风景名胜区的特点,保护民族民间传统文化,开展健康有益的游览观光和文化娱乐活动,普及历史文化和科学知识。这是利用风景旅游资源开展旅游活动的重要原则。

1. 风景名胜区的游览管理

(1) 风景名胜区管理机构应当根据风景名胜区规划,合理利用风景名胜资源,改善交通、服务设施和游览条件,为旅游者创造良好的游览条件。

(2) 风景名胜区管理机构应当在风景名胜区内设置风景名胜区标志和路标、安全警示等标牌,以方便旅游者游览。

(3) 风景名胜区管理机构应当建立健全安全保障制度,加强安全管理,保障游览安全,并督促风景名胜区内的经营单位接受有关部门依据法律、法规进行的监督检查。风景名胜区应当建设安全的观赏设施,开拓畅通的交通道路,及时发现和排除游览中可能出现的不安全因素,以及采取各种有效的安全保护措施。这不仅是保障旅游者安全的必要,也是保障景区内各种景物完好的需要。

(4) 禁止超过允许容量接纳游客和在没有安全保障的区域开展游览活动。风景名胜区内的各个旅游景点,都各自有一定容量,旅游点内外的交通设施、服务网点以及其他旅游设施条件,也都有一定容量。如果无限制地超量接待旅游者,不仅会造成景区交通拥挤,游览设施供不应求,而且会危及旅游者的安全,破坏景观。

2. 风景名胜区的经营管理

(1) 进入风景名胜区的门票,由风景名胜区管理机构负责出售。门票价格依照有关价格的法律、法规的规定执行。

(2) 风景名胜区内的交通、服务等项目,应当由风景名胜区管理机构依照有关法律、法规和风景名胜区规划,采用招标等公平竞争的方式确定经营者。

(3) 风景名胜区管理机构应当与经营者签订合同,依法确定各自的权利义务。经营者应当缴纳风景名胜资源有偿使用费。

（4）风景名胜区的门票收入和风景名胜资源有偿使用费，实行收支两条线管理。风景名胜区的门票收入和风景名胜资源有偿使用费应当专门用于风景名胜资源的保护和管理以及风景名胜区内财产的所有权人、使用权人损失的补偿。

（5）风景名胜区管理机构不得从事以营利为目的的经营活动，不得将规划、管理和监督等行政管理职能委托给企业或者个人行使。风景名胜区管理机构的工作人员，不得在风景名胜区内的企业兼职。

（四）违反《风景名胜区条例》的法律责任

（1）违反《风景名胜区条例》的规定，有下列行为之一的，由风景名胜区管理机构责令停止违法行为、恢复原状或者限期拆除，没收违法所得，并处 50 万元以上 100 万元以下的罚款：

① 在风景名胜区内进行开山、采石、开矿等破坏景观、植被、地形地貌的活动的；

② 在风景名胜区内修建储存爆炸性、易燃性、放射性、毒害性、腐蚀性物品的设施的；

③ 在核心景区内建设宾馆、招待所、培训中心、疗养院以及与风景名胜资源保护无关的其他建筑物的。

县级以上地方人民政府及其有关主管部门批准实施第（1）条规定的行为的，对直接负责的主管人员和其他直接责任人员依法给予降级或者撤职的处分；构成犯罪的，依法追究刑事责任。

（2）违反《风景名胜区条例》的规定，在风景名胜区内从事禁止范围以外的建设活动，未经风景名胜区管理机构审核的，由风景名胜区管理机构责令停止建设、限期拆除，对个人处 2 万元以上 5 万元以下的罚款，对单位处 20 万元以上 50 万元以下的罚款。

（3）违反《风景名胜区条例》的规定，在国家级风景名胜区内修建缆车、索道等重大建设工程，项目的选址方案未经国务院建设主管部门被准，县级以上地方人民政府有关部门核发选址意见书的，对直接负责的主管人员和其他直接责任人员依法给予处分；构成犯罪的，依法追究刑事责任。

（4）违反《风景名胜区条例》的规定，个人在风景名胜区内进行开荒、修坟立碑等破坏景观、植被、地形地貌的活动的，由风景名胜区管理机构责令停止违法行为、限期恢复原状或者采取其他补救措施，没收违法所得，并处 1 000 元以上 1 万元以下的罚款。

（5）违反《风景名胜区条例》的规定，在景物、设施上刻画、涂污或者在风景名胜区内乱扔垃圾的，由风景名胜区管理机构责令恢复原状或者采取其他补救措施，处 50 元的罚款；刻画、涂污或者以其他方式故意损坏国家保护的文物、名胜古迹的，按照治安管理处罚法的有关规定予以处罚；构成犯罪的，依法追究刑事责任。

（6）违反《风景名胜区条例》的规定，未经风景名胜区管理机构审批，在风景名胜区内进行下列活动的，由风景名胜区管理机构责令停止违法行为、限期恢复原状或者采取其他补救措施，没收违法所得，并处 5 万元以上 10 万元以下的罚款；情节严重的，并处 10 万元以上 20 万元以下的罚款：

① 设置、张贴商业广告的；
② 举办大型游乐等活动的；
③ 改变水资源、水环境自然状态活动的；
④ 其他影响生态和景观活动的。

(7) 违反《风景名胜区条例》的规定，施工单位在施工过程中，对周围景物、水体、林草植被、野生动物资源和地形地貌造成破坏的，由风景名胜区管理机构责令停止违法行为、限期恢复原状或者采取其他补救措施，并处 2 万元以上 10 万元以下的罚款；逾期未恢复原状或者采取有效措施的，由风景名胜区管理机构责令停止施工。

(8) 违反《风景名胜区条例》的规定，国务院建设主管部门、县级以上地方人民政府及其有关主管部门有下列行为之一的，对直接负责的主管人员和其他直接责任人员依法给予处分；构成犯罪的，依法追究刑事责任。
① 违反风景名胜区规划在风景名胜区内设立各类开发区的；
② 风景名胜区自设立之日起未在 2 年内编制完成风景名胜区总体规划的；
③ 选择不具有相应资质等级的单位编制风景名胜区规划的；
④ 风景名胜区规划批准前批准在风景名胜区内进行建设活动的；
⑤ 擅自修改风景名胜区规划的；
⑥ 不依法执行监督管理职责的其他行为。

(9) 违反《风景名胜区条例》的规定，风景名胜区管理机构有下列行为之一的，由设立该风景名胜区管理机构的县级以上地方人民政府责令改正；情节严重的，对直接负责的主管人员和其他直接责任人员给予降级或者撤职的处分；构成犯罪的，依法追究刑事责任：
① 超过允许容量接纳游客或者在没有安全保障的区域开展游览活动的；
② 未设置风景名胜区标志和路标、安全警示等标牌的；
③ 从事以营利为目的的经营活动的；
④ 将规划、管理和监督等行政管理职能委托给企业或者个人行使的；
⑤ 允许风景名胜区管理机构的工作人员在风景名胜区内的企业兼职的；
⑥ 审核同意在风景名胜区内进行不符合风景名胜区规划的建设活动的；
⑦ 发现违法行为不予查处的。

(10) 实施《风景名胜区条例》规定的违法行为，侵害国家、集体或者个人的财产的，有关单位或者个人应当依法承担民事责任。

(11) 依照《风景名胜区条例》的规定，被责令限期拆除在风景名胜区内违法建设的建筑物、构筑物或者其他设施的有关单位或者个人，必须立即停止建设活动，自行拆除；对继续进行建设的，作出责令限期拆除决定的机关有权制止。有关单位或者个人对责令限期拆除决定不服的，可以在接到责令限期拆除决定之日起 15 日内，向人民法院起诉；期满不起诉又不自行拆除的，由作出责令限期拆除决定的机关依法申请人民法院强制执行，费用由违法者承担。

第三节　自然保护区管理制度

一、自然保护区的概述

(一) 自然保护区的概念

自然保护区是指对有代表性的自然生态系统,珍稀濒危野生动植物物种的天然集中分布区和有特殊意义的自然遗址等保护对象所在的陆地、水体或者海域,依法划出一定面积予以特殊保护和管理的区域。

(二) 自然保护区的建立

1. 自然保护区的建立条件

为了加强自然保护区的建设与管理,保护自然环境和自然资源,国务院于1994年9月颁布了《中华人民共和国自然保护区条例》(以下简称《条例》),并于同年12月1日起实施。该《条例》规定,凡具有下列条件之一的,应当建立自然保护区:

(1) 典型的自然地理区域、有代表性的自然生态系统区域,以及已经遭受破坏但经保护能够恢复的同类自然生态系统区域。

(2) 珍稀、濒危野生动植物物种的天然集中分布区域。

(3) 具有特殊保护价值的海域、海岸、岛屿、湿地、内陆、水域、森林、草原和荒漠。

(4) 具有重大科学文化价值的地质构造、著名溶洞、化石分布区、冰川、温泉等自然遗址。

(5) 经国务院或者省、自治区、直辖市人民政府批准,需要予以特殊保护的其他自然区域。

2. 我国已建立的自然保护区

1956年,在广东肇庆建立了保护南亚热带季雨林为主的我国第一个自然保护区——鼎湖山自然保护区。截至1990年底,全国已建立自然保护区480个,面积32 808 822公顷,占全国面积的2.32%。其中,经国务院批准列为国家级自然保护区的有64个,比较著名的有:云南西双版纳自然保护区、贵州梵净山自然保护区、湖北神农架自然保护区、四川卧龙自然保护区、吉林长白山自然保护区等。此外,我国还建立了一批国家森林公园。如湖南张家界森林公园、陕西太白山国家森林公园、浙江千岛湖森林公园、安徽琅琊山森林公园等。

(三) 自然保护区的等级及区域构成

1. 自然保护区的等级

按照保护等级划分,自然保护区分为国家级自然保护区和地方级自然保护区。

(1) 国家级自然保护区。国家级自然保护区指在国内外有典型意义,在科学上有重大国际影响或者有特殊科学研究价值的自然保护区。

(2) 地方级自然保护区。地方级自然保护区指除国家级自然保护区外,其他具有典型意义或者重要科学研究价值的自然保护区。

2. 自然保护区的区域构成

为了有针对性地对自然保护区实施保护和管理，自然保护区又分为核心区、缓冲区和实验区。

原批准建立自然保护区的人民政府认为必要时，可在自然保护区的外围划定一定面积的外围保护地带。

二、自然保护区的管理

（一）自然保护区的管理机构及职责

1. 自然保护区的管理机构

国家级自然保护区，由其所在地的省、自治区、直辖市人民政府有关自然保护区行政主管部门或者国务院有关自然保护区行政主管部门管理。地方级自然保护区，由其所在地的县级以上人民政府有关自然保护区行政主管部门管理。有关自然保护区行政主管部门应当在自然保护区内设立专门管理机构，配备专业技术人员，负责自然保护区的具体管理工作。

2. 自然保护区的管理体制

国家对自然保护区实行综合管理与部门管理相结合的管理体制。

国务院环境保护行政主管部门负责全国自然保护区的综合管理。国务院林业、农业、地质矿产、水利、海洋等有关行政主管部门在各自职责范围内，主管有关自然保护区。县级以上地方人民政府负责自然保护区管理部门的设置和职责，由省、自治区、直辖市人民政府根据当地具体情况确定。

3. 自然保护区管理机构的主要职责

（1）贯彻执行国家有关自然保护区的法律、法规和方针、政策。

（2）制定自然保护区的各项管理制度，统一管理自然保护区。

（3）调查自然资源并建立档案，组织环境监测，保护自然保护区内的自然环境和自然资源。

（4）组织或者协助有关部门开展自然保护区的科学研究工作。

（5）进行自然保护区的宣传教育。

（6）在不影响自然保护区的自然环境和自然资源的前提下，组织开展参观、旅游等活动。

（二）自然保护区建立的程序

申请建立自然保护区，应当按照国家有关规定填报建立自然保护区申报书。

（1）国家级自然保护区的建立，由自然保护区所在省、自治区、直辖市人民政府或者国务院有关自然保护区行政管理部门提出申请，经国家级自然保护区评审委员会评审后，由国务院环境保护行政主管部门进行协调并提出审批建议，报国务院批准。

（2）地方级自然保护区的建立，由自然保护区所在县、市、自治县、自治州人民政府或者省、自治区、直辖市人民政府有关自然保护区行政主管部门提出申请，经地方级自然保护区评审委员会评审后，由省、自治区、直辖市人民政府环境保护行政主管部门进行协调并提出审批建议,报省、自治区、直辖市人民政府批准,批准后报国务院环境保护行政主管部门和国务院有关自然保护区行政主管部门备案。

(3) 跨两个以上行政区域的自然保护区的建立,由有关行政区域的人民政府协商一致后提出申请,并按照前两种规定的程序审批。

(4) 建立海上自然保护区,须经国务院批准。

(三) 自然保护区的管理

根据《自然保护区条例》的规定,凡在中华人民共和国领域和中华人民共和国管辖的其他海域内建设和管理自然保护区,必须遵守《自然保护区条例》。

对自然保护区的管理,《自然保护区条例》主要规定了以下三个方面的内容。

1. 范围和界限的划定

自然保护区的范围和界限由批准建立自然保护区的人民政府确定,并标明区界,予以公告。

2. 自然保护区的规划

国务院环境行政主管部门会同国务院有关自然保护区行政主管部门,在对全国自然环境和自然资源状况进行调查评价的基础上,拟订国家自然保护区发展规划,经国务院计划部门综合平衡后,报国务院批准实施。

3. 保护区内活动与人员管理

(1) 禁止在自然保护区内进行砍伐、放牧、狩猎、捕捞、采药、开垦、烧荒、开矿、采石、挖沙等活动,但法律、行政法规另有规定的除外。

(2) 禁止任何人进入自然保护区的核心区。因科学研究的需要,必须进入核心区从事科学研究观测、调查活动的,应当事先向自然保护区管理机构提交申请和活动计划,并经省级以上人民政府有关自然保护区行政主管部门批准;其中,进入国家级自然保护区核心区的,必须经国务院有关自然保护区行政主管部门批准。

(3) 禁止在自然保护区的缓冲区开展旅游和生产经营活动。因教学科研需要进入该缓冲区进行工作的,须经保护区管理机构批准。

(4) 在自然保护区的核心区和缓冲区内,不得建设任何生产设施。在自然保护区的实验区内,不得建设污染环境、破坏环境或者景观的生产设施。

(5) 在自然保护区的外围保护地带建设的项目,不得损害自然保护区的环境质量。

(6) 在国家自然保护区的实验区和地方级自然保护区的实验区经批准开展旅游、参观活动的,必须按照批准的方案进行,并加强管理;进入自然保护区参观、旅游的单位和个人,应当服从自然保护区管理机构的管理。

(7) 自然保护区所在地的公安机关,可以根据需要在自然保护区设置公安派出机构,维护自然保护区内的治安秩序。

(8) 外国人进入地方级自然保护区的,接待单位应事先报经省、自治区、直辖市人民政府有关自然保护区行政主管部门批准。外国人进入国家级自然保护区的,接待单位应报经国务院有关自然保护区行政主管部门批准。

进入自然保护区的外国人,应当遵守有关自然保护区的法律、法规和规定。

三、法律责任的确定

(一)自然保护区管理机构的行政责任

自然保护区管理机构,有下列行为之一的,由自然保护区行政主管部门责令限期改正。对直接责任人员,由其所在单位或者上级机关给予行政处分:

(1)未经批准在自然保护区开展参观、旅游活动的;

(2)开设与自然保护区保护方向不一致的参观、旅游项目的;

(3)不按照批准的方案开展参观、旅游活动的。

(二)自然保护区的刑事责任

有下列行为之一的,依法追究刑事责任:

(1)妨害自然保护区人员执行公务,情节严重的;

(2)造成自然保护区重大污染或者破坏事故,导致公私财产重大损失或人身伤亡的严重后果,构成犯罪的;

(3)自然保护区管理人员滥用职权、玩忽职守、徇私舞弊,构成犯罪的。

(三)其他单位和个人的行政责任

其他单位和个人有下列行为之一的,依法给予行政处罚:

(1)擅自移动或者破坏自然保护区界标;

(2)未经批准进入自然保护区或者在自然保护区内不服从管理机构管理的;

(3)经批准在自然保护区的缓冲区内从事科学研究、教学实习和标本采集,不向自然保护区管理机构提交活动成果副本的;

(4)违反本条例规定,在自然保护区进行砍伐、放牧、狩猎、捕捞、采药、开垦、烧荒、开矿、采石、挖沙的;

(5)自然保护区管理机构违反本条例规定,拒绝环境保护行政主管部门或者有关自然保护区行政主管部门监督检查,或者在被检查时弄虚作假的。

违反条例规定,给自然保护区造成损失的,由自然保护区行政主管部门责令赔偿损失。

第四节 文物保护管理制度

一、文物的法律定义及权属

(一)文物的法律定义

1. 文物

文物是指在人类社会历史发展过程中遗留下来的,由人类创造或者与人类活动有关的一切有价值的物质遗产的总称。概括地说,就是人类历史上物质文明和精神文明的遗物。它主要包括古代建筑、历史遗迹、生产和生活用品、工艺美术品等。我国是一个闻名于世的文明古国,悠久的历史、灿烂的文化给我们留下了大量珍贵的历史文化遗产,也为我们开展旅游活动提供了宝贵的财富。

2. 文物的保护范围

《中华人民共和国文物保护法》(以下简称《文物保护法》)明确规定:在中国境内,下列文物受国家保护:

(1) 有历史、艺术、科学价值的古文化遗址、古建筑、古墓葬、石窟寺和石刻、壁画;

(2) 与重大历史事件、革命运动或者著名人物有关的以及具有重要纪念意义、教育意义或者史料价值的近代现代重要史迹、实物、代表性建筑;

(3) 历史上各时代珍贵的艺术品、工艺美术品;

(4) 历史上各时代重要的文献资料以及具有历史、艺术、科学价值的手稿和图书资料等;

(5) 历史上各时代、各民族社会制度、社会生产、社会生活的代表性实物。

此外,具有科学价值的古脊椎动物化石和古人类化石同文物一样受国家的保护。

(二) 文物的权属

《文物保护法》明确规定了文物的归属问题。我国的文物所有权分为国家所有、集体所有和私人所有三种。

1. 属于国家所有的文物

《文物保护法》规定,中华人民共和国境内地下、内水和领海中遗存的一切文物,属于国家所有。在不可移动文物中,古文化遗址、古墓葬、石窟寺属于国家所有。国家指定保护的纪念建筑物,古建筑,石刻,壁画,近、现代代表性建筑等不可移动文物,除国家另有规定的以外,也属于国家所有。

属于国家所有的可移动文物包括:

(1) 中国境内出土的文物,国家另有规定的除外;

(2) 国有文物收藏单位以及其他国家机关、部队和国有企业、事业组织等收藏、保管的文物;

(3) 国家征集、购买的文物;

(4) 公民、法人和其他组织捐赠给国家的文物;

(5) 法律规定属于国家所有的其他文物。

属于国家所有的可移动文物的所有权不因其保管、收藏单位的终止或者变更而改变。

2. 属于集体所有和私人所有的文物

属于集体所有和私人所有的纪念建筑物、古建筑和祖传文物以及依法取得的其他文物,其所有权受法律保护。文物的所有者必须遵守国家有关文物保护的法律、法规的规定。

国家所有的文物、集体所有和私人所有的文物都属于国家保护的范围,任何侵犯文物所有权的行为,都将受到法律的追究。国家对国家所有的文物和珍贵文物还给予特别的保护。

二、文物资源的保护管理

(一) 文物保护单位的级别

依照我国《文物保护法》的规定:"革命遗址、纪念建筑物、古文化遗址、古墓葬、石窟寺、石刻等文物,应当根据它们的历史、艺术、科学价值,分别确定为不同级别的文物保护单位。"

我国《文物保护法》将我国文物保护单位分为三个级别,并规定了相应的核定公布机构,即:

(1) 全国重点文物保护单位。国务院文物行政部门在省级、市级和县级文物保护单位中,选择具有重大历史、艺术、科学价值的确定为全国重点文物保护单位,或者直接确定为全国重点文物保护单位,报国务院核定公布。

(2) 省级文物保护单位,由省、自治区、直辖市人民政府核定公布,并报国务院备案。

(3) 市级和县级文物保护单位,分别由设区的市、自治州和县级人民政府核定公布,并报省、自治区、直辖市人民政府备案。

国务院文物行政部门主管全国文物保护工作;地方各级人民政府负责本行政区域内地文物保护工作;县级以上地方人民政府承担文物保护工作的部门对本行政区域内的文物保护实施监督管理。

(二) 对文物保护单位的保护

1. 划定保护范围,建立记录档案

我国《文物保护法》规定:"各级文物保护单位,分别由省、自治区、直辖市人民政府和县、自治县、市人民政府划定必要的保护范围,做出标志说明,建立记录档案,并区别情况分别设置专业机构或者专人负责管理。全国重点文物保护单位的保护范围和记录档案,由省、自治区、直辖市文化行政管理部门报国家文化行政管理部门备案。"

2. 制定保护措施,并将保护措施纳入城乡建设规划

我国《文物保护法》规定,各级人民政府制订城乡建设规划时,事先要由城乡规划部门会同文物行政管理部门商定对本行政区域内各级文物保护单位的保护措施,并将保护措施纳入城乡建设规划。

3. 确保文物保护单位环境不受污染

我国《文物保护法》规定,在文物保护单位的保护范围和建设控制地带内,不得建设污染保护单位及其环境的设施,不得进行可能影响文物保护单位安全及其环境的活动,对已有的污染文物保护单位及其环境的设施,应当限期治理。

4. 确保文物保护单位环境风貌不受破坏

依照我国《文物保护法》的规定,在文物保护单位保护范围内不得进行其他建设工程。

但是，如果根据保护文物的实际需要，经省、自治区、直辖市人民政府批准，可以在文物保护单位的周围划出一定的建设控制地带。在这一定的建设控制地带内进行建设工程，不得破坏文物保护单位的历史风貌。工程设计方案应当根据文物保护单位的级别，经相应的文物行政部门同意后，报城乡建设规划部门批准。

（三）对不可移动文物的法律保护

《文物保护法》中对不可移动文物的保护和利用也作了相应的规定。不可移动文物既包括已核定为文物保护单位的文物，也包括尚未被核定为各级文物保护单位的不可移动的文物。

（1）我国《文物保护法》规定，对不可移动文物进行修缮、保养、迁移，必须遵守不改变文物原状的原则。应该坚持"修旧如旧"，不能"修旧如新"。例如，山西的鹳雀楼和西湖的雷峰塔，在重修时内部设置观光电梯就太不合适了。

（2）修建新建筑，应当尽可能避开不可移动文物；因特殊情况不能避开的，对文物保护单位应当尽可能实施原址保护；无法实施原址保护，必须迁移异地保护或者拆除的，应当报省、自治区、直辖市人民政府批准；迁移或者拆除省级文物保护单位的，批准前须征得国务院文物行政部门同意。全国重点文物保护单位不得拆除；需要迁移的，须由省、自治区、直辖市人民政府报国务院批准。

（3）核定为文物保护单位的属于国家所有的纪念建筑物或者古建筑，除可以建立博物馆、保管所或者辟为参观游览场所外，如果必须作其他用途，应当经核定公布该文物保护单位的人民政府文物行政部门征得上一级文物行政部门同意后，报核定公布该文物保护单位的人民政府批准。全国重点文物保护单位如果必须作其他用途，应当经省、自治区、直辖市人民政府报国务院批准。国有未核定为文物保护单位的不可移动文物作其他用途的，应当报告县级人民政府文物行政部门。

（4）非国有不可移动文物不得转让、抵押给外国人。非国有不可移动文物转让、抵押或者改变用途的，应当根据其级别报相应的行政部门备案；由当地人民政府出资帮助修缮的，应当报相应的文物行政部门批准。

（5）使用不可移动文物，必须遵守不改变文物原状的原则，负责保护建筑物及其附属文物的安全，不得损毁、改建、添建或者拆除不可移动文物。

使用不可移动文物，必须遵守不改变文物原状的原则，负责保护建筑物及其附属文物的安全，不得损毁、改建、添建或者拆除不可移动文物。对危害文物保护单位安全、破坏文物保护单位历史风貌的建筑物、构筑物，当地人民政府应当及时调查处理，必要时，对该建筑物、构筑物予以拆迁。

（四）文物考古发掘的管理

1. 考古发掘的报批手续

我国《文物保护法》规定，地下埋藏的文物，任何单位或者个人都不得私自发掘。从事考古发掘的单位，应当经国务院文物行政部门批准。一切考古发掘，都必须履行报批手续。

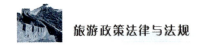

(1) 考古发掘的报批。从事考古发掘的单位，为了科学研究进行考古发掘，应当提出发掘计划，报国务院文物行政部门批准；对全国重点文物保护单位的考古发掘计划，应当经国务院文物行政部门审核后报国务院批准。国务院文物行政部门在批准或者审核前，应当征求社会科学研究机构及其他科研机构和有关专家的意见。

(2) 建设工程中考古发掘的报批。需要配合建设工程进行的考古发掘工作，应当由省、自治区、直辖市文物行政部门在勘探工作的基础上提出发掘计划，报国务院文物行政部门批准。国务院文物行政部门在批准前，应当征求社会科学研究机构及其他科研机构和有关专家的意见。

(3) 大型基本建设项目文物的勘查与保护。进行大型基本建设工程，建设单位应当事先报请省、自治区、直辖市人民政府文物行政部门，组织从事考古发掘的单位在工程范围内有可能埋藏文物的地方进行考古调查、勘探。如在考古调查、勘探中发现文物的，由省、自治区、直辖市人民政府文物行政部门根据文物保护的要求，会同建设单位共同商定保护措施；遇有重要发现的，由省、自治区、直辖市人民政府文物行政部门及时报国务院文物行政部门处理。

(4) 建设工程及农业生产中发现文物的报告制度。在进行建设工程或者在农业生产中，任何单位或者个人发现文物，应当保护现场，立即报告当地文物行政部门。文物行政部门接到报告后，如无特殊情况，应当在24小时内赶赴现场。并在7日内提出处理意见。文物行政部门可以报请当地人民政府通知公安机关协助保护现场；发现重要文物的，应当立即上报国务院文物行政部门，国务院文物行政部门应当在接到报告后15日内提出处理意见。

(5) 外国人和外国团体考古发掘的规定。非经国家文化行政管理部门报国务院特别许可，任何外国人或者外国团体不得在中华人民共和国境内进行考古调查和发掘。

2. 出土文物管理

我国《文物保护法》对出土文物的管理规定如下：

(1) 考古调查、勘探、发掘的结果，应当报告国务院文物行政部门和省、自治区、直辖市人民政府文物行政部门。

(2) 考古发掘的文物，应当登记造册，妥善保管，按照国家有关规定移交给由省、自治区、直辖市人民政府文物行政部门或者国务院文物行政部门指定的国有博物馆、图书馆或者其他国有收藏文物的单位收藏。经省、自治区、直辖市人民政府文物行政部门或者国务院文物行政部门批准，从事考古发掘的单位可以保留少量出土文物作为科研标本。

(3) 考古发掘的文物，任何单位或者个人不得侵占。

(4) 根据保证文物安全、进行科学研究和充分发挥文物作用的需要，省、自治区、直辖市人民政府文物行政部门，经本级人民政府批准，可以调用本行政区域内的出土文物；国务院文物行政部门经国务院批准，可以调用全国的重要出土文物。

(五) 馆藏文物与民间收藏文物的管理

1. 馆藏文物

(1) 馆藏文物的建档管理。博物馆、图书馆和其他文物收藏单位对收藏的文物，必须区分文物等级,设置藏品档案,建立严格的管理制度,并报主管文物行政部门备案。县级以上地方人民政府文物行政部门应当分别建立本行政区域内的馆藏文物档案;国务院文物行政部门应当建立国家一级文物藏品档案和其主管的国有文物收藏单位馆藏文物档案。未经批准,任何单位或者个人不得调取馆藏文物。

(2) 馆藏文物的调拨管理。国务院文物行政部门可以调拨全国的国有馆藏文物。省、自治区、直辖市人民政府文物行政部门可以调拨本行政区域内其主管的国有文物收藏单位馆藏文物;调拨国有馆藏一级文物,应当报国务院文物行政部门备案。国有文物收藏单位可以申请调拨国有馆藏文物。

未经批准,任何单位或者个人不得调取馆藏文物。禁止国有文物收藏单位将馆藏文物赠予、出租或者出售给其他单位、个人。

(3) 馆藏文物的参展与借用管理。国有文物收藏单位和其他单位举办展览需借用馆藏文物的,应当报主管文物行政部门批准;借用馆藏一级文物,应当经国务院文物行政部门批准。非国有文物收藏单位和其他单位举办展览需借用国有馆藏文物的,应当报主管文物行政部门批准;借用国有馆藏一级文物,应当经国务院文物行政部门批准。文物收藏单位之间借用文物的最长期限不得超过3年。

(4) 馆藏文物的交换管理。已经建立馆藏文物档案的国有文物收藏单位,经省、自治区、直辖市人民政府文物行政部门批准,并报国务院文物行政部门备案,其馆藏文物可以在国有文物收藏单位之间交换;交换馆藏一级文物的,必须经国务院文物行政部门批准。

文物收藏单位应通过法定的渠道取得文物,包括购买,接受捐赠、依法交换,以及法律、行政法规规定的其他方式。调拨、交换、借用的文物必须严格保管,不得丢失、损毁。

2. 民间收藏文物

(1) 民间收藏文物获取的合法途径。我国《文物保护法》规定,文物收藏单位以外的公民、法人和其他组织可以收藏通过下列方式取得的文物:① 依法继承或者接受赠予;② 从文物商店购买;③ 从经营文物拍卖的拍卖企业购买;④ 公民个人合法所有的文物相互交换或者依法转让;⑤ 国家规定的其他合法方式。

(2) 民间收藏文物的流通。文物收藏单位以外的公民、法人和其他组织合法收藏的文物可以依法流通。但是,公民、法人和其他组织不得买卖下列文物:① 国有文物,但是国家允许的除外;② 非国有馆藏珍贵文物;③ 国有不可移动文物中的壁画、雕塑、建筑构件,但应由文物收藏单位收藏的除外;④ 来源不合法的文物不得买卖。

另外,国家鼓励文物收藏单位以外的公民、法人和其他组织将其收藏的文物捐赠给国有文物收藏单位或者出借给文物收藏单位展览和研究。

(3) 文物商店和拍卖企业。除经批准的文物商店、经营文物拍卖的拍卖企业外,其他单位或者个人不得从事文物的商业经营活动。

文物商店应当由国务院文物行政部门或者省、自治区、直辖市人民政府文物行政部门批准设立,可以从事文物的购销经营活动,不得从事文物拍卖经营活动,不得设立经营文物拍卖的拍卖企业。

依法设立的拍卖企业经营文物拍卖的,应当取得国务院文物行政部门颁发的文物拍卖许可证,拍卖企业不得从事文物购销经营活动,不得设立文物商店。

禁止设立中外合资、中外合作和外商独资的文物商店或者经营文物拍卖的拍卖企业。

三、文物管理的法律责任

(一) 行政责任

违反《文物保护法》的规定,情节尚不严重的,由有关机关给予行政处罚。

破坏文物保护单位环境的,由环境保护行政单位依法予以处罚。

(1) 建设工程破坏文物,尚不构成犯罪的,由县级以上文物行政部门予以处罚。

(2) 构成违反治安管理行为的,由公安机关依法给予治安管理处罚。

(3) 买卖国家禁止买卖的文物或者将禁止出境的文物转让、出租、质押给外国人,尚不构成犯罪的,由县级以上文物行政部门予以处罚。

(4) 违反法律规定,构成走私行为,尚不构成犯罪的,由海关依照有关法律、行政法规的规定给予处罚。

(5) 不遵守文物保护的要求,对文物保护造成不利影响的,由县级以上人民政府文物主管部门责令改正,没收违法所得,并视情节轻重,并处罚款,对有关机关吊销资质证书。

(6) 文物商店和文物拍卖企业非法经营文物的,由工商行政管理部门予以相应处罚。

(二) 刑事责任

违反《文物保护法》的规定,情节严重,构成犯罪的,应当依法追究刑事责任:

(1) 盗掘古文化遗址、古墓葬的;

(2) 故意或者过失损毁国家保护的珍贵文物的;

(3) 擅自将国有馆藏文物出售或者私自送给非国有单位或者个人的;

(4) 将国家禁止出境的珍贵文物私自出售或者送给外国人的;

(5) 以牟利为目的倒卖国家禁止经营的文物的;

(6) 走私文物的;

(7) 盗窃、哄抢、私分或者非法侵占国有文物的;

(8) 应当追究刑事责任的其他妨害文物管理行为。

(三) 民事责任

违反法律规定,造成文物灭失、损毁的单位和个人,应当依法承担民事责任。

《古遗址古墓葬调查发掘暂行管理办法》规定,盗掘具有历史、艺术、科学价值的古文化遗址、古墓葬的,处3年以上10年下有期徒刑,可以并处罚金;情节较轻的,处10年以下有期徒刑或者拘役,可以并处罚金;有下列情形之一的,处10年以上有期徒刑、无期徒刑或者死刑,并处罚金或者没收财产:

(1) 盗掘确定为全国重点文物保护单位和省级文物保护单位的古文化遗址、古墓葬的;

(2) 盗掘古文化遗址、古墓葬集团的首要分子；

(3) 多次盗掘古文化遗址、古墓葬的；

(4) 盗掘古文化遗址、古墓葬,并盗窃珍贵文物或者造成珍贵文物严重破坏的。

附录阅读 1：

《风景名胜区条例》

(2006 年 9 月 6 日颁布,2006 年 12 月 1 日施行)

第一条 为了加强对风景名胜区的管理,有效保护和合理利用风景名胜资源,制定本条例。

第二条 风景名胜区的设立、规划、保护、利用和管理,适用本条例。

本条例所称风景名胜区,是指具有观赏、文化或者科学价值,自然景观、人文景观比较集中,环境优美,可供人们游览或者进行科学、文化活动的区域。

第三条 国家对风景名胜区实行科学规划、统一管理、严格保护、永续利用的原则。

第四条 风景名胜区所在地县级以上地方人民政府设置的风景名胜区管理机构,负责风景名胜区的保护、利用和统一管理工作。

第五条 国务院建设主管部门负责全国风景名胜区的监督管理工作。国务院其他有关部门按照国务院规定的职责分工,负责风景名胜区的有关监督管理工作。

省、自治区人民政府建设主管部门和直辖市人民政府风景名胜区主管部门,负责本行政区域内风景名胜区的监督管理工作。省、自治区、直辖市人民政府其他有关部门按照规定的职责分工,负责风景名胜区的有关监督管理工作。

第六条 任何单位和个人都有保护风景名胜资源的义务,并有权制止、检举破坏风景名胜资源的行为。

第七条 设立风景名胜区,应当有利于保护和合理利用风景名胜资源。

新设立的风景名胜区与自然保护区不得重合或者交叉；已设立的风景名胜区与自然保护区重合或者交叉的,风景名胜区规划与自然保护区规划应当相协调。

第八条 风景名胜区划分为国家级风景名胜区和省级风景名胜区。

自然景观和人文景观能够反映重要自然变化过程和重大历史文化发展过程,基本处于自然状态或者保持历史原貌,具有国家代表性的,可以申请设立国家级风景名胜区；具有区域代表性的,可以申请设立省级风景名胜区。

第九条 申请设立风景名胜区应当提交包含下列内容的有关材料：

(一) 风景名胜资源的基本状况；

(二) 拟设立风景名胜区的范围以及核心景区的范围；

（三）拟设立风景名胜区的性质和保护目标；

（四）拟设立风景名胜区的游览条件；

（五）与拟设立风景名胜区内的土地、森林等自然资源和房屋等财产的所有权人、使用权人协商的内容和结果。

第十条　设立国家级风景名胜区，由省、自治区、直辖市人民政府提出申请，国务院建设主管部门会同国务院环境保护主管部门、林业主管部门、文物主管部门等有关部门组织论证，提出审查意见，报国务院批准公布。

设立省级风景名胜区，由县级人民政府提出申请，省、自治区人民政府建设主管部门或者直辖市人民政府风景名胜区主管部门，会同其他有关部门组织论证，提出审查意见，报省、自治区、直辖市人民政府批准公布。

第十一条　风景名胜区内的土地、森林等自然资源和房屋等财产的所有权人、使用权人的合法权益受法律保护。

申请设立风景名胜区的人民政府应当在报请审批前，与风景名胜区内的土地、森林等自然资源和房屋等财产的所有权人、使用权人充分协商。

因设立风景名胜区对风景名胜区内的土地、森林等自然资源和房屋等财产的所有权人、使用权人造成损失的，应当依法给予补偿。

第十二条　风景名胜区规划分为总体规划和详细规划。

第十三条　风景名胜区总体规划的编制，应当体现人与自然和谐相处、区域协调发展和经济社会全面进步的要求，坚持保护优先、开发服从保护的原则，突出风景名胜资源的自然特性、文化内涵和地方特色。

风景名胜区总体规划应当包括下列内容：

（一）风景资源评价；

（二）生态资源保护措施、重大建设项目布局、开发利用强度；

（三）风景名胜区的功能结构和空间布局；

（四）禁止开发和限制开发的范围；

（五）风景名胜区的游客容量；

（六）有关专项规划。

第十四条　风景名胜区应当自设立之日起2年内编制完成总体规划。总体规划的规划期一般为20年。

第十五条　风景名胜区详细规划应当根据核心景区和其他景区的不同要求编制，确定基础设施、旅游设施、文化设施等建设项目的选址、布局与规模，并明确建设用地范围和规划设计条件。

风景名胜区详细规划，应当符合风景名胜区总体规划。

第十六条　国家级风景名胜区规划由省、自治区人民政府建设主管部门或者直辖市人民政府风景名胜区主管部门组织编制。

省级风景名胜区规划由县级人民政府组织编制。

第十七条　编制风景名胜区规划,应当采用招标等公平竞争的方式选择具有相应资质等级的单位承担。

风景名胜区规划应当按照经审定的风景名胜区范围、性质和保护目标,依照国家有关法律、法规和技术规范编制。

第十八条　编制风景名胜区规划,应当广泛征求有关部门、公众和专家的意见;必要时,应当进行听证。

风景名胜区规划报送审批的材料应当包括社会各界的意见以及意见采纳的情况和未予采纳的理由。

第十九条　国家级风景名胜区的总体规划,由省、自治区、直辖市人民政府审查后,报国务院审批。

国家级风景名胜区的详细规划,由省、自治区人民政府建设主管部门或者直辖市人民政府风景名胜区主管部门报国务院建设主管部门审批。

第二十条　省级风景名胜区的总体规划,由省、自治区、直辖市人民政府审批,报国务院建设主管部门备案。

省级风景名胜区的详细规划,由省、自治区人民政府建设主管部门或者直辖市人民政府风景名胜区主管部门审批。

第二十一条　风景名胜区规划经批准后,应当向社会公布,任何组织和个人有权查阅。

风景名胜区内的单位和个人应当遵守经批准的风景名胜区规划,服从规划管理。

风景名胜区规划未经批准的,不得在风景名胜区内进行各类建设活动。

第二十二条　经批准的风景名胜区规划不得擅自修改。确需对风景名胜区总体规划中的风景名胜区范围、性质、保护目标、生态资源保护措施、重大建设项目布局、开发利用强度以及风景名胜区的功能结构、空间布局、游客容量进行修改的,应当报原审批机关批准;对其他内容进行修改的,应当报原审批机关备案。

风景名胜区详细规划确需修改的,应当报原审批机关批准。

政府或者政府部门修改风景名胜区规划对公民、法人或者其他组织造成财产损失的,应当依法给予补偿。

第二十三条　风景名胜区总体规划的规划期届满前2年,规划的组织编制机关应当组织专家对规划进行评估,作出是否重新编制规划的决定。在新规划批准前,原规划继续有效。

第二十四条　风景名胜区内的景观和自然环境,应当根据可持续发展的原则,严格保护,不得破坏或者随意改变。

风景名胜区管理机构应当建立健全风景名胜资源保护的各项管理制度。

风景名胜区内的居民和游览者应当保护风景名胜区的景物、水体、林草植被、野生动物和各项设施。

第二十五条　风景名胜区管理机构应当对风景名胜区内的重要景观进行调查、鉴定,并制定相应的保护措施。

第二十六条　在风景名胜区内禁止进行下列活动：

（一）开山、采石、开矿、开荒、修坟立碑等破坏景观、植被和地形地貌的活动；

（二）修建储存爆炸性、易燃性、放射性、毒害性、腐蚀性物品的设施；

（三）在景物或者设施上刻画、涂污；

（四）乱扔垃圾。

第二十七条　禁止违反风景名胜区规划，在风景名胜区内设立各类开发区和在核心景区内建设宾馆、招待所、培训中心、疗养院以及与风景名胜资源保护无关的其他建筑物；已经建设的，应当按照风景名胜区规划，逐步迁出。

第二十八条　在风景名胜区内从事本条例第二十六条、第二十七条禁止范围以外的建设活动，应当经风景名胜区管理机构审核后，依照有关法律、法规的规定办理审批手续。

在国家级风景名胜区内修建缆车、索道等重大建设工程，项目的选址方案应当报国务院建设主管部门核准。

第二十九条　在风景名胜区内进行下列活动，应当经风景名胜区管理机构审核后，依照有关法律、法规的规定报有关主管部门批准：

（一）设置、张贴商业广告；

（二）举办大型游乐等活动；

（三）改变水资源、水环境自然状态的活动；

（四）其他影响生态和景观的活动。

第三十条　风景名胜区内的建设项目应当符合风景名胜区规划，并与景观相协调，不得破坏景观、污染环境、妨碍游览。

在风景名胜区内进行建设活动的，建设单位、施工单位应当制定污染防治和水土保持方案，并采取有效措施，保护好周围景物、水体、林草植被、野生动物资源和地形地貌。

第三十一条　国家建立风景名胜区管理信息系统，对风景名胜区规划实施和资源保护情况进行动态监测。

国家级风景名胜区所在地的风景名胜区管理机构应当每年向国务院建设主管部门报送风景名胜区规划实施和土地、森林等自然资源保护的情况；国务院建设主管部门应当将土地、森林等自然资源保护的情况，及时抄送国务院有关部门。

第三十二条　风景名胜区管理机构应当根据风景名胜区的特点，保护民族民间传统文化，开展健康有益的游览观光和文化娱乐活动，普及历史文化和科学知识。

第三十三条　风景名胜区管理机构应当根据风景名胜区规划，合理利用风景名胜资源，改善交通、服务设施和游览条件。

风景名胜区管理机构应当在风景名胜区内设置风景名胜区标志和路标、安全警示等标牌。

第三十四条　风景名胜区内宗教活动场所的管理，依照国家有关宗教活动场所管理的规定执行。

风景名胜区内涉及自然资源保护、利用、管理和文物保护以及自然保护区管理的,还应当执行国家有关法律、法规的规定。

第三十五条　国务院建设主管部门应当对国家级风景名胜区的规划实施情况、资源保护状况进行监督检查和评估。对发现的问题,应当及时纠正、处理。

第三十六条　风景名胜区管理机构应当建立健全安全保障制度,加强安全管理,保障游览安全,并督促风景名胜区内的经营单位接受有关部门依据法律、法规进行的监督检查。

禁止超过允许容量接纳游客和在没有安全保障的区域开展游览活动。

第三十七条　进入风景名胜区的门票,由风景名胜区管理机构负责出售。门票价格依照有关价格的法律、法规的规定执行。

风景名胜区内的交通、服务等项目,应当由风景名胜区管理机构依照有关法律、法规和风景名胜区规划,采用招标等公平竞争的方式确定经营者。

风景名胜区管理机构应当与经营者签订合同,依法确定各自的权利义务。经营者应当缴纳风景名胜资源有偿使用费。

第三十八条　风景名胜区的门票收入和风景名胜资源有偿使用费,实行收支两条线管理。

风景名胜区的门票收入和风景名胜资源有偿使用费应当专门用于风景名胜资源的保护和管理以及风景名胜区内财产的所有权人、使用权人损失的补偿。具体管理办法,由国务院财政部门、价格主管部门会同国务院建设主管部门等有关部门制定。

第三十九条　风景名胜区管理机构不得从事以营利为目的的经营活动,不得将规划、管理和监督等行政管理职能委托给企业或者个人行使。

风景名胜区管理机构的工作人员,不得在风景名胜区内的企业兼职。

第四十条　违反本条例的规定,有下列行为之一的,由风景名胜区管理机构责令停止违法行为、恢复原状或者限期拆除,没收违法所得,并处50万元以上100万元以下的罚款:

(一)在风景名胜区内进行开山、采石、开矿等破坏景观、植被、地形地貌的活动的;

(二)在风景名胜区内修建储存爆炸性、易燃性、放射性、毒害性、腐蚀性物品的设施的;

(三)在核心景区内建设宾馆、招待所、培训中心、疗养院以及与风景名胜资源保护无关的其他建筑物的。

县级以上地方人民政府及其有关主管部门批准实施本条第一款规定的行为的,对直接负责的主管人员和其他直接责任人员依法给予降级或者撤职的处分;构成犯罪的,依法追究刑事责任。

第四十一条　违反本条例的规定,在风景名胜区内从事禁止范围以外的建设活动,未经风景名胜区管理机构审核的,由风景名胜区管理机构责令停止建设、限期拆除,对个人处2万元以上5万元以下的罚款,对单位处20万元以上50万元以下的罚款。

第四十二条　违反本条例的规定,在国家级风景名胜区内修建缆车、索道等重大建设工程,项目的选址方案未经国务院建设主管部门核准,县级以上地方人民政府有关部门核发选址意见书的,对直接负责的主管人员和其他直接责任人员依法给予处分;构成犯罪的,依法追究刑事责任。

第四十三条　违反本条例的规定,个人在风景名胜区内进行开荒、修坟立碑等破坏景观、植被、地形地貌的活动的,由风景名胜区管理机构责令停止违法行为、限期恢复原状或者采取其他补救措施,没收违法所得,并处1000元以上1万元以下的罚款。

第四十四条　违反本条例的规定,在景物、设施上刻画、涂污或者在风景名胜区内乱扔垃圾的,由风景名胜区管理机构责令恢复原状或者采取其他补救措施,处50元的罚款;刻画、涂污或者以其他方式故意损坏国家保护的文物、名胜古迹的,按照治安管理处罚法的有关规定予以处罚;构成犯罪的,依法追究刑事责任。

第四十五条　违反本条例的规定,未经风景名胜区管理机构审核,在风景名胜区内进行下列活动的,由风景名胜区管理机构责令停止违法行为、限期恢复原状或者采取其他补救措施,没收违法所得,并处5万元以上10万元以下的罚款;情节严重的,并处10万元以上20万元以下的罚款:

（一）设置、张贴商业广告的;

（二）举办大型游乐等活动的;

（三）改变水资源、水环境自然状态的活动的;

（四）其他影响生态和景观活动的。

第四十六条　违反本条例的规定,施工单位在施工过程中,对周围景物、水体、林草植被、野生动物资源和地形地貌造成破坏的,由风景名胜区管理机构责令停止违法行为、限期恢复原状或者采取其他补救措施,并处2万元以上10万元以下的罚款;逾期未恢复原状或者采取有效措施的,由风景名胜区管理机构责令停止施工。

第四十七条　违反本条例的规定,国务院建设主管部门、县级以上地方人民政府及其有关主管部门有下列行为之一的,对直接负责的主管人员和其他直接责任人员依法给予处分;构成犯罪的,依法追究刑事责任:

（一）违反风景名胜区规划在风景名胜区内设立各类开发区的;

（二）风景名胜区自设立之日起未在2年内编制完成风景名胜区总体规划的;

（三）选择不具有相应资质等级的单位编制风景名胜区规划的;

（四）风景名胜区规划批准前批准在风景名胜区内进行建设活动的;

（五）擅自修改风景名胜区规划的;

（六）不依法履行监督管理职责的其他行为。

第四十八条　违反本条例的规定,风景名胜区管理机构有下列行为之一的,由设立该风景名胜区管理机构的县级以上地方人民政府责令改正;情节严重的,对直接负责的主管人员和其他直接责任人员给予降级或者撤职的处分;构成犯罪的,依法追究刑事责任:

（一）超过允许容量接纳游客或者在没有安全保障的区域开展游览活动的;

(二) 未设置风景名胜区标志和路标、安全警示等标牌的;
(三) 从事以营利为目的的经营活动的;
(四) 将规划、管理和监督等行政管理职能委托给企业或者个人行使的;
(五) 允许风景名胜区管理机构的工作人员在风景名胜区内的企业兼职的;
(六) 审核同意在风景名胜区内进行不符合风景名胜区规划的建设活动的;
(七) 发现违法行为不予查处的。

第四十九条　本条例第四十条第一款、第四十一条、第四十三条、第四十四条、第四十五条、第四十六条规定的违法行为,依照有关法律、行政法规的规定,有关部门已经予以处罚的,风景名胜区管理机构不再处罚。

第五十条　本条例第四十条第一款、第四十一条、第四十三条、第四十四条、第四十五条、第四十六条规定的违法行为,侵害国家、集体或者个人的财产的,有关单位或者个人应当依法承担民事责任。

第五十一条　依照本条例的规定,责令限期拆除在风景名胜区内违法建设的建筑物、构筑物或者其他设施的,有关单位或者个人必须立即停止建设活动,自行拆除;对继续进行建设的,作出责令限期拆除决定的机关有权制止。有关单位或者个人对责令限期拆除决定不服的,可以在接到责令限期拆除决定之日起15日内,向人民法院起诉;期满不起诉又不自行拆除的,由作出责令限期拆除决定的机关依法申请人民法院强制执行,费用由违法者承担。

第五十二条　本条例自2006年12月1日起施行。1985年6月7日国务院发布的《风景名胜区管理暂行条例》同时废止。

附录阅读2:

《中华人民共和国自然保护区条例》(选载)

第一条　为了加强自然保护区的建设和管理,保护自然环境和自然资源,制定本条例。

第二条　本条例所称自然保护区,是指对有代表性的自然生态系统、珍稀濒危野生动植物物种的天然集中分布区、有特殊意义的自然遗迹等保护对象所在的陆地、陆地水体或者海域,依法划出一定面积予以特殊保护和管理的区域。

第三条　凡在中华人民共和国领域和中华人民共和国管辖的其他海域内建设和管理自然保护区,必须遵守本条例。

第四条　国家采取有利于发展自然保护区的经济、技术政策和措施,将自然保护区的发展规划纳入国民经济和社会发展计划。

第五条　建设和管理自然保护区,应当妥善处理与当地经济建设和居民生产、生活的关系。

第六条　自然保护区管理机构或者其行政主管部门可以接受国内外组织和个人的捐赠,用于自然保护区的建设和管理。

第七条　县级以上人民政府应当加强对自然保护区工作的领导。一切单位和个人都有保护自然保护区内自然环境和自然资源的义务,并有权对破坏、侵占自然保护区的单位和个人进行检举、控告。

第八条　国家对自然保护区实行综合管理与分部门管理相结合的管理体制。国务院环境保护行政主管部门负责全国自然保护区的综合管理。国务院林业、农业、地质矿产、水利、海洋等有关行政主管部门在各自的职责范围内,主管有关的自然保护区。县级以上地方人民政府负责自然保护区管理的部门的设置和职责,由省、自治区、直辖市人民政府根据当地具体情况确定。

第九条　对建设、管理自然保护区以及在有关的科学研究中做出显著成绩的单位和个人,由人民政府给予奖励。

第十条　凡具有下列条件之一的,应当建立自然保护区:

(一)典型的自然地理区域、有代表性的自然生态系统区域以及已经遭受破坏但经保护能够恢复的同类自然生态系统区域;

(二)珍稀、濒危野生动植物物种的天然集中分布区域;

(三)具有特殊保护价值的海域、海岸、岛屿、湿地、内陆水域、森林、草原和荒漠;

(四)具有重大科学文化价值的地质构造、著名溶洞、化石分布区、冰川、火山、温泉等自然遗迹;

(五)经国务院或者省、自治区、直辖市人民政府批准,需要予以特殊保护的其他自然区域。

第十一条　自然保护区分为国家级自然保护区和地方级自然保护区。在国内外有典型意义、在科学上有重大国际影响或者有特殊科学研究价值的自然保护区,列为国家级自然保护区。除列为国家级自然保护区的外,其他具有典型意义或者重要科学研究价值的自然保护区列为地方自然保护区。地方级自然保护区可以分级管理,具体办法由国务院有关自然保护区行政主管部门或者省、自治区、直辖市人民政府根据实际情况规定,报国务院环境保护行政主管部门备案。

第十二条　国家级自然保护区的建立,由自然保护区所在省、自治区、直辖市人民政府或者国务院有关自然保护区行政主管部门提出申请,经国家级自然保护区评审委员会评审后,由国务院环境保护行政主管部门进行协调并提出审批建议,报国务院批准。地方级自然保护区的建立,由自然保护区所在县、自治县、市、自治州人民政府或者省、自治区、直辖市人民政府有关自然保护区行政主管部门提出申请,经地方级自然保护区评审委员会评审后,由省、自治区、直辖市人民政府环境保护行政主管部门进行协调并提出审批建议,报省、自治区、直辖市人民政府批准,并报国务院环境保护行政主管部门和国务院有关自然保护区行政主管部门备案。跨两个以上行政区域的自然保护区的建立,由有关行政区域的人民政府协商一致后提出申请,并按照前两款规定的程序审批。建立海上自然保护区,须经国务院批准。

第十三条　申请建立自然保护区,应当按照国家有关规定填报建立自然保护区申报书。

第十四条　自然保护区的范围和界线由批准建立自然保护区的人民政府确定,并标明区界,予以公告。确定自然保护区的范围和界线,应当兼顾保护对象的完整性和适度性,以及当地经济建设和居民生产、生活的需要。

第十五条　自然保护区的撤销及其性质、范围、界线的调整或者改变,应当经原批准建立自然保护区的人民政府批准。任何单位和个人,不得擅自移动自然保护区的界标。

第十六条　自然保护区按照下列方法命名:

国家级自然保护区:自然保护区所在地地名加"国家级自然保护区"。

地方级自然保护区:自然保护区所在地地名加"地方级自然保护区"。有特殊保护对象的自然保护区,可以在自然保护区所在地地名后加特殊保护对象的名称。

第十七条　国务院环境保护行政主管部门应当会同国务院有关自然保护区行政主管部门,在对全国自然环境和自然资源状况进行调查和评价的基础上,拟订国家级自然保护区发展规划,经国务院计划部门综合平衡后,报国务院批准实施。自然保护区管理机构或者该自然保护区行政主管部门应当组织编制自然保护区的建设规划,按照规定的程序纳入国家的、地方的或者部门的投资计划,并组织实施。

第十八条　自然保护区可以分为核心区、缓冲区和实验区。自然保护区内保存完好的天然状态的生态系统以及珍稀、濒危动植物的集中分布地,应当划为核心区,禁止任何单位和个人进入;除依照本条例第二十七条的规定经批准外,也不允许进入从事科学研究活动。核心区外围可以划定一定面积的缓冲区,只准进入从事科学研究观测活动。缓冲区外围划为实验区,可以进入从事科学试验、教学实习、参观考察、旅游以及驯化、繁殖珍稀、濒危野生动植物等活动。原批准建立自然保护区的人民政府认为必要时,可以在自然保护区的外围划定一定面积的外围保护地带。

第十九条　全国自然保护区管理的技术规范和标准,由国务院环境保护行政主管部门组织国务院有关自然保护区行政主管部门制定。国务院有关自然保护区行政主管部门可以按照职责分工,制定有关类型自然保护区管理的技术规范,报国务院环境保护行政主管部门备案。

第二十条　县级以上人民政府环境保护行政主管部门有权对本行政区域内各类自然保护区的管理进行监督检查;县级以上人民政府有关自然保护区行政主管部门有权对其主管的自然保护区的管理进行监督检查。被检查的单位应当如实反映情况,提供必要的资料。检查者应当为被检查的单位保守技术秘密和业务秘密。

第二十一条　国家级自然保护区,由其所在地的省、自治区、直辖市人民政府有关自然保护区行政主管部门或者国务院有关自然保护区行政主管部门管理。地方级自然保区，由其所在地的县级以上地方人民政府有关自然保护区行政主管部门管理。有关自然保护区行政主管部门应当在自然保护区内设立专门的管理机构，配备专业技术人员，负责自然保护区的具体管理工作。

第二十二条　自然保护区管理机构的主要职责是：

（一）贯彻执行国家有关自然保护的法律、法规和方针、政策；

（二）制定自然保护区的各项管理制度，统一管理自然保护区；

（三）调查自然资源并建立档案，组织环境监测，保护自然保护区内自然环境和自然资源；

（四）组织或者协助有关部门开展自然保护区的科学研究工作；

（五）进行自然保护的宣传教育；

（六）在不影响保护自然保护区的自然环境和自然资源的前提下，组织开展参观、旅游等活动。

第二十三条　管理自然保护区所需经费，由自然保护区所在地的县级以上地方人民政府安排。国家对国家级自然保护区的管理，给予适当的资金补助。

第二十四条　自然保护区所在地的公安机关，可以根据需要在自然保护区设置公安派出机构，维护自然保护区内的治安秩序。

第二十五条　在自然保护区内的单位、居民和经批准进入自然保护区的人员，必须遵守自然保护区的各项管理制度，接受自然保护区管理机构的管理。

第二十六条　禁止在自然保护区内进行砍伐、放牧、狩猎、捕捞、采药、开垦、烧荒、开矿、采石、挖沙等活动；但是，法律、行政法规另有规定的除外。

第二十七条　禁止任何人进入自然保护区的核心区。因科学研究的需要，必须进入核心区从事科学研究观测、调查活动的，应当事先向自然保护区管理机构提交申请和活动计划，并经省级以上人民政府有关自然保护区行政主管部门批准；其中，进入国家级自然保护区核心区的，必须经国务院有关自然保护区行政主管部门批准。自然保护区核心区内原有居民确有必要迁出的，由自然保护区所在地的地方人民政府予以妥善安置。

第二十八条　禁止在自然保护区的缓冲区开展旅游和生产经营活动。因教学科研的目的，需要进入自然保护区的缓冲区从事非破坏性的科学研究、教学实习和标本采集活动的，应当事先向自然保护区管理机构提交申请和活动计划，经自然保护区管理机构批准。从事前款活动的单位和个人，应当将其活动成果的副本提交自然保护区管理机构。

第二十九条　在国家级自然保护区的实验区开展参观、旅游活动的，由自然保护区管理机构提出方案，经省、自治区、直辖市人民政府有关自然保护区行政主管部门审核后，报国务院有关自然保护区行政主管部门批准；在地方级自然保护区的实验区开展参观、旅游活动的，由自然保护区管理机构提出方案，经省、自治区、直辖市人民政府有关自然保护区行政主管部门批准。在自然保护区组织参观、旅游活动的，必须按照批准的方案进行，并加强管理；进入自然保护区参观、旅游的单位和个人，应当服从自然保护区管理机构的管理。严禁开设与自然保护区保护方向不一致的参观、旅游项目。

第三十条　自然保护区的内部未分区的，依照本条例有关核心区和缓冲区的规定管理。

第三十一条　外国人进入地方级自然保护区的，接待单位应当事先报经省、自治区、直辖市人民政府有关自然保护区行政主管部门批准；进入国家级自然保护区的，接待单位应当报经国务院有关自然保护区行政主管部门批准。进入自然保护区的外国人，应当遵守有关自然保护区的法律、法规和规定。

第三十二条　在自然保护区的核心区和缓冲区内，不得建设任何生产设施。在自然保护区的实验区内，不得建设污染环境、破坏资源或者景观的生产设施；建设其他项目，其污染物排放不得超过国家和地方规定的污染物排放标准。在自然保护区的实验区内已经建成的设施，其污染物排放超过国家和地方规定的排放标准的，应当限期治理；造成损害的，必须采取补救措施。在自然保护区的外围保护地带建设的项目，不得损害自然保护区内的环境质量；已造成损害的，应当限期治理。限期治理决定由法律、法规规定的机关作出，被限期治理的企业事业单位必须按期完成治理任务。

第三十三条　因发生事故或者其他突然性事件，造成或者可能造成自然保护区污染或者破坏的单位和个人，必须立即采取措施处理，及时通报可能受到危害的单位和居民，并向自然保护区管理机构、当地环境保护行政主管部门和自然保护区行政主管部门报告，接受调查处理。

第三十四条　违反本条例规定，有下列行为之一的单位和个人，由自然保护区管理机构责令其改正，并可以根据不同情节处以100元以上5 000元以下的罚款：

（一）擅自移动或者破坏自然保护区界标的；

（二）未经批准进入自然保护区或者在自然保护区内不服从管理机构管理的；

（三）经批准在自然保护区的缓冲区内从事科学研究、教学实习和标本采集的单位和个人，不向自然保护区管理机构提交活动成果副本的。

第三十五条　违反本条例规定，在自然保护区进行砍伐、放牧、狩猎、捕捞、采药、开垦、烧荒、开矿、采石、挖沙等活动的单位和个人，除可以依照有关法律、行动法规规定给予处罚的以外，由县级以上人民政府有关自然保护区行政主管部门或者其授权的自然保护区管理机构没收违法所得，责令停止违法行为，限期恢复原状或者采取其他补救措施；对自然保护区造成破坏的，可以处以300元以上10 000元以下的罚款。

第三十六条　自然保护区管理机构违反本条例规定，拒绝环境保护行政主管部门或者有关自然保护区行政主管部门监督检查，或者在被检查时弄虚作假的，由县级以上人民政府环境保护行政主管部门或者有关自然保护区行政主管部门给予300元以上3 000元以下的罚款。

第三十七条　自然保护区管理机构违反本条例规定，有下列行为之一的，由县级以上人民政府有关自然保护区行政主管部门责令限期改正；对直接责任人员，由其所在单位或者上级机关给予行政处分。

（一）未经批准在自然保护区开展参观、旅游活动的；

（二）开设与自然保护区保护方向不一致的参观、旅游项目的；

（三）不按照批准的方案开展参观、旅游活动的。

第三十八条 违反本条例规定，给自然保护区造成损失的，由县级以上人民政府有关自然保护区行政主管部门责令赔偿损失。

第三十九条 妨碍自然保护区管理人员执行公务的，由公安机关依照《中华人民共和国治安管理处罚条例》的规定给予处罚；情节严重，构成犯罪的，依法追究刑事责任。

第四十条 违反本条例规定，造成自然保护区重大污染或者破坏事故，导致公私财产重大损失或者人身伤亡的严重后果，构成犯罪的，对直接负责的主管人员和其他直接责任人员依法追究刑事责任。

第四十一条 自然保护区管理人员滥用职权、玩忽职守、徇私舞弊，构成犯罪的，依法追究刑事责任；情节轻微，尚不构成犯罪的，由其所在单位或者上级机关给予行政处分。

附录阅读3：

《中华人民共和国文物保护法》

（2002年10月28日通过）

第一条 为了加强对文物的保护，继承中华民族优秀的历史文化遗产，促进科学研究工作，进行爱国主义和革命传统教育，建设社会主义精神文明和物质文明，根据宪法，制定本法。

第二条 在中华人民共和国境内，下列文物受国家保护：

（一）具有历史、艺术、科学价值的古文化遗址、古墓葬、古建筑、石窟寺和石刻、壁画；

（二）与重大历史事件、革命运动或者著名人物有关的以及具有重要纪念意义、教育意义或者史料价值的近代现代重要史迹、实物、代表性建筑；

（三）历史上各时代珍贵的艺术品、工艺美术品；

（四）历史上各时代重要的文献资料以及具有历史、艺术、科学价值的手稿和图书资料等；

（五）反映历史上各时代、各民族社会制度、社会生产、社会生活的代表性实物。

文物认定的标准和办法由国务院文物行政部门制定，并报国务院批准。

具有科学价值的古脊椎动物化石和古人类化石同文物一样受国家保护。

第三条 古文化遗址、古墓葬、古建筑、石窟寺、石刻、壁画、近代现代重要史迹和代表性建筑等不可移动文物，根据它们的历史、艺术、科学价值，可以分别确定为全国重点文物保护单位,省级文物保护单位,市、县级文物保护单位。

历史上各时代重要实物、艺术品、文献、手稿、图书资料、代表性实物等可移动文物,分为珍贵文物和一般文物;珍贵文物分为一级文物、二级文物、三级文物。

第四条 文物工作贯彻保护为主、抢救第一、合理利用、加强管理的方针。

第五条 中华人民共和国境内地下、内水和领海中遗存的一切文物,属于国家所有。

古文化遗址、古墓葬、石窟寺属于国家所有。国家指定保护的纪念建筑物、古建筑、石刻、壁画、近代现代代表性建筑等不可移动文物,除国家另有规定的以外,属于国家所有。

国有不可移动文物的所有权不因其所依附的土地所有权或者使用权的改变而改变。

下列可移动文物,属于国家所有:

(一)中国境内出土的文物,国家另有规定的除外;

(二)国有文物收藏单位以及其他国家机关、部队和国有企业、事业组织等收藏、保管的文物;

(三)国家征集、购买的文物;

(四)公民、法人和其他组织捐赠给国家的文物;

(五)法律规定属于国家所有的其他文物。

属于国家所有的可移动文物的所有权不因其保管、收藏单位的终止或者变更而改变。

国有文物所有权受法律保护,不容侵犯。

第六条 属于集体所有和私人所有的纪念建筑物、古建筑和祖传文物以及依法取得的其他文物,其所有权受法律保护。文物的所有者必须遵守国家有关文物保护的法律、法规的规定。

第七条 一切机关、组织和个人都有依法保护文物的义务。

第八条 国务院文物行政部门主管全国文物保护工作。地方各级人民政府负责本行政区域内的文物保护工作。县级以上地方人民政府承担文物保护工作的部门对本行政区域内的文物保护实施监督管理。

县级以上人民政府有关行政部门在各自的职责范围内,负责有关的文物保护工作。

第九条 各级人民政府应当重视文物保护,正确处理经济建设、社会发展与文物保护的关系,确保文物安全。

基本建设、旅游发展必须遵守文物保护工作的方针,其活动不得对文物造成损害。

公安机关、工商行政管理部门、海关、城乡建设规划部门和其他有关国家机关,应当依法认真履行所承担的保护文物的职责,维护文物管理秩序。

第十条 国家发展文物保护事业。县级以上人民政府应当将文物保护事业纳入本级国民经济和社会发展规划,所需经费列入本级财政预算。

国家用于文物保护的财政拨款随着财政收入增长而增加。

国有博物馆、纪念馆、文物保护单位等的事业性收入,专门用于文物保护,任何单位或者个人不得侵占、挪用。

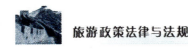

国家鼓励通过捐赠等方式设立文物保护社会基金,专门用于文物保护,任何单位或者个人不得侵占、挪用。

第十一条 文物是不可再生的文化资源。国家加强文物保护的宣传教育,增强全民文物保护的意识,鼓励文物保护的科学研究,提高文物保护的科学技术水平。

第十二条 有下列事迹的单位或者个人,由国家给予精神鼓励或者物质奖励:

(一)认真执行文物保护法律、法规,保护文物成绩显著的;

(二)为保护文物与违法犯罪行为作坚决斗争的;

(三)将个人收藏的重要文物捐献给国家或者为文物保护事业作出捐赠的;

(四)发现文物及时上报或者上交,使文物得到保护的;

(五)在考古发掘工作中作出重大贡献的;

(六)在文物保护科学技术方面有重要发明创造或者其他重要贡献的;

(七)在文物面临破坏危险时,抢救文物有功的;

(八)长期从事文物工作,作出显著成绩的。

第十三条 国务院文物行政部门在省级、市级和县级文物保护单位中,选择具有重大历史、艺术、科学价值的确定为全国重点文物保护单位,或者直接确定为全国重点文物保护单位,报国务院核定公布。

省级文物保护单位,由省、自治区、直辖市人民政府核定公布,并报国务院备案。

市级和县级文物保护单位,分别由设区的市、自治州和县级人民政府核定公布,并报省、自治区、直辖市人民政府备案。

尚未核定公布为文物保护单位的不可移动文物,由县级人民政府文物行政部门予以登记并公布。

第十四条 保存文物特别丰富并且具有重大历史价值或者革命纪念意义的城市,由国务院核定公布为历史文化名城。

保存文物特别丰富并且具有重大历史价值或者革命纪念意义的城镇、街道、村庄,由省、自治区、直辖市人民政府核定公布为历史文化街区、村镇,并报国务院备案。

历史文化名城和历史文化街区、村镇所在地的县级以上地方人民政府应当组织编制专门的历史文化名城和历史文化街区、村镇保护规划,并纳入城市总体规划。

历史文化名城和历史文化街区、村镇的保护办法,由国务院制定。

第十五条 各级文物保护单位,分别由省、自治区、直辖市人民政府和市、县级人民政府划定必要的保护范围,作出标志说明,建立记录档案,并区别情况分别设置专门机构或者专人负责管理。全国重点文物保护单位的保护范围和记录档案,由省、自治区、直辖市人民政府文物行政部门报国务院文物行政部门备案。

县级以上地方人民政府文物行政部门应当根据不同文物的保护需要,制定文物保护单位和未核定为文物保护单位的不可移动文物的具体保护措施,并公告施行。

第十六条 各级人民政府制定城乡建设规划,应当根据文物保护的需要,事先由城乡建设规划部门会同文物行政部门商定对本行政区域内各级文物保护单位的保护措施,并纳入规划。

第十七条　文物保护单位的保护范围内不得进行其他建设工程或者爆破、钻探、挖掘等作业。但是，因特殊情况需要在文物保护单位的保护范围内进行其他建设工程或者爆破、钻探、挖掘等作业的，必须保证文物保护单位的安全，并经核定公布该文物保护单位的人民政府批准，在批准前应当征得上一级人民政府文物行政部门同意；在全国重点文物保护单位的保护范围内进行其他建设工程或者爆破、钻探、挖掘等作业的，必须经省、自治区、直辖市人民政府批准，在批准前应当征得国务院文物行政部门同意。

第十八条　根据保护文物的实际需要，经省、自治区、直辖市人民政府批准，可以在文物保护单位的周围划出一定的建设控制地带，并予以公布。

在文物保护单位的建设控制地带内进行建设工程，不得破坏文物保护单位的历史风貌；工程设计方案应当根据文物保护单位的级别，经相应的文物行政部门同意后，报城乡建设规划部门批准。

第十九条　在文物保护单位的保护范围和建设控制地带内，不得建设污染文物保护单位及其环境的设施，不得进行可能影响文物保护单位安全及其环境的活动。对已有的污染文物保护单位及其环境的设施，应当限期治理。

第二十条　建设工程选址，应当尽可能避开不可移动文物；因特殊情况不能避开的，对文物保护单位应当尽可能实施原址保护。

实施原址保护的，建设单位应当事先确定保护措施，根据文物保护单位的级别报相应的文物行政部门批准，并将保护措施列入可行性研究报告或者设计任务书。

无法实施原址保护，必须迁移异地保护或者拆除的，应当报省、自治区、直辖市人民政府批准；迁移或者拆除省级文物保护单位的，批准前须征得国务院文物行政部门同意。全国重点文物保护单位不得拆除；需要迁移的，须由省、自治区、直辖市人民政府报国务院批准。

依照前款规定拆除的国有不可移动文物中具有收藏价值的壁画、雕塑、建筑构件等，由文物行政部门指定的文物收藏单位收藏。

本条规定的原址保护、迁移、拆除所需费用，由建设单位列入建设工程预算。

第二十一条　国有不可移动文物由使用人负责修缮、保养；非国有不可移动文物由所有人负责修缮、保养。非国有不可移动文物有损毁危险，所有人不具备修缮能力的，当地人民政府应当给予帮助；所有人具备修缮能力而拒不依法履行修缮义务的，县级以上人民政府可以给予抢救修缮，所需费用由所有人负担。

对文物保护单位进行修缮，应当根据文物保护单位的级别报相应的文物行政部门批准；对未核定为文物保护单位的不可移动文物进行修缮，应当报登记的县级人民政府文物行政部门批准。

文物保护单位的修缮、迁移、重建，由取得文物保护工程资质证书的单位承担。

对不可移动文物进行修缮、保养、迁移，必须遵守不改变文物原状的原则。

第二十二条　不可移动文物已经全部毁坏的，应当实施遗址保护，不得在原址重建。

但是,因特殊情况需要在原址重建的,由省、自治区、直辖市人民政府文物行政部门报省、自治区、直辖市人民政府批准;全国重点文物保护单位需要在原址重建的,由省、自治区、直辖市人民政府报国务院批准。

第二十三条 核定为文物保护单位的属于国家所有的纪念建筑物或者古建筑,除可以建立博物馆、保管所或者辟为参观游览场所外,作其他用途的,市、县级文物保护单位应当经核定公布该文物保护单位的人民政府文物行政部门征得上一级文物行政部门同意后,报核定公布该文物保护单位的人民政府批准;省级文物保护单位应当经核定公布该文物保护单位的省级人民政府的文物行政部门审核同意后,报该省级人民政府批准;全国重点文物保护单位作其他用途的,应当由省、自治区、直辖市人民政府报国务院批准。国有未核定为文物保护单位的不可移动文物作其他用途的,应当报告县级人民政府文物行政部门。

第二十四条 国有不可移动文物不得转让、抵押。建立博物馆、保管所或者辟为参观游览场所的国有文物保护单位,不得作为企业资产经营。

第二十五条 非国有不可移动文物不得转让、抵押给外国人。

非国有不可移动文物转让、抵押或者改变用途的,应当根据其级别报相应的文物行政部门备案;由当地人民政府出资帮助修缮的,应当报相应的文物行政部门批准。

第二十六条 使用不可移动文物,必须遵守不改变文物原状的原则,负责保护建筑物及其附属文物的安全,不得损毁、改建、添建或者拆除不可移动文物。

对危害文物保护单位安全、破坏文物保护单位历史风貌的建筑物、构筑物,当地人民政府应当及时调查处理,必要时,对该建筑物、构筑物予以拆迁。

第二十七条 一切考古发掘工作,必须履行报批手续;从事考古发掘的单位,应当经国务院文物行政部门批准。

地下埋藏的文物,任何单位或者个人都不得私自发掘。

第二十八条 从事考古发掘的单位,为了科学研究进行考古发掘,应当提出发掘计划,报国务院文物行政部门批准;对全国重点文物保护单位的考古发掘计划,应当经国务院文物行政部门审核后报国务院批准。国务院文物行政部门在批准或者审核前,应当征求社会科学研究机构及其他科研机构和有关专家的意见。

第二十九条 进行大型基本建设工程,建设单位应当事先报请省、自治区、直辖市人民政府文物行政部门组织从事考古发掘的单位在工程范围内有可能埋藏文物的地方进行考古调查、勘探。

考古调查、勘探中发现文物的,由省、自治区、直辖市人民政府文物行政部门根据文物保护的要求会同建设单位共同商定保护措施;遇有重要发现的,由省、自治区、直辖市人民政府文物行政部门及时报国务院文物行政部门处理。

第三十条 需要配合建设工程进行的考古发掘工作,应当由省、自治区、直辖市文物行政部门在勘探工作的基础上提出发掘计划,报国务院文物行政部门批准。国务院文物行政部门在批准前,应当征求社会科学研究机构及其他科研机构和有关专家的意见。

确因建设工期紧迫或者有自然破坏危险,对古文化遗址、古墓葬急需进行抢救发掘的,由省、自治区、直辖市人民政府文物行政部门组织发掘,并同时补办审批手续。

第三十一条　凡因进行基本建设和生产建设需要的考古调查、勘探、发掘,所需费用由建设单位列入建设工程预算。

第三十二条　在进行建设工程或者在农业生产中,任何单位或者个人发现文物,应当保护现场,立即报告当地文物行政部门,文物行政部门接到报告后,如无特殊情况,应当在二十四小时内赶赴现场,并在七日内提出处理意见。文物行政部门可以报请当地人民政府通知公安机关协助保护现场;发现重要文物的,应当立即上报国务院文物行政部门,国务院文物行政部门应当在接到报告后十五日内提出处理意见。

依照前款规定发现的文物属于国家所有,任何单位或者个人不得哄抢、私分、藏匿。

第三十三条　非经国务院文物行政部门报国务院特别许可,任何外国人或者外国团体不得在中华人民共和国境内进行考古调查、勘探、发掘。

第三十四条　考古调查、勘探、发掘的结果,应当报告国务院文物行政部门和省、自治区、直辖市人民政府文物行政部门。

考古发掘的文物,应当登记造册,妥善保管,按照国家有关规定移交给由省、自治区、直辖市人民政府文物行政部门或者国务院文物行政部门指定的国有博物馆、图书馆或者其他国有收藏文物的单位收藏。经省、自治区、直辖市人民政府文物行政部门或者国务院文物行政部门批准,从事考古发掘的单位可以保留少量出土文物作为科研标本。

考古发掘的文物,任何单位或者个人不得侵占。

第三十五条　根据保证文物安全、进行科学研究和充分发挥文物作用的需要,省、自治区、直辖市人民政府文物行政部门经本级人民政府批准,可以调用本行政区域内的出土文物;国务院文物行政部门经国务院批准,可以调用全国的重要出土文物。

第三十六条　博物馆、图书馆和其他文物收藏单位对收藏的文物,必须区分文物等级,设置藏品档案,建立严格的管理制度,并报主管的文物行政部门备案。

县级以上地方人民政府文物行政部门应当分别建立本行政区域内的馆藏文物档案;国务院文物行政部门应当建立国家一级文物藏品档案和其主管的国有文物收藏单位馆藏文物档案。

第三十七条　文物收藏单位可以通过下列方式取得文物:

(一)购买;

(二)接受捐赠;

(三)依法交换;

(四)法律、行政法规规定的其他方式。

国有文物收藏单位还可以通过文物行政部门指定保管或者调拨方式取得文物。

第三十八条　文物收藏单位应当根据馆藏文物的保护需要,按照国家有关规定建立、健全管理制度,并报主管的文物行政部门备案。未经批准,任何单位或者个人不得调取馆藏文物。

文物收藏单位的法定代表人对馆藏文物的安全负责。国有文物收藏单位的法定代表人离任时，应当按照馆藏文物档案办理馆藏文物移交手续。

第三十九条　国务院文物行政部门可以调拨全国的国有馆藏文物。省、自治区、直辖市人民政府文物行政部门可以调拨本行政区域内其主管的国有文物收藏单位馆藏文物；调拨国有馆藏一级文物，应当报国务院文物行政部门备案。

国有文物收藏单位可以申请调拨国有馆藏文物。

第四十条　文物收藏单位应当充分发挥馆藏文物的作用，通过举办展览、科学研究等活动，加强对中华民族优秀的历史文化和革命传统的宣传教育。

国有文物收藏单位之间因举办展览、科学研究等需借用馆藏文物的，应当报主管的文物行政部门备案；借用馆藏一级文物的，应当经省、自治区、直辖市人民政府文物行政部门批准，并报国务院文物行政部门备案。

非国有文物收藏单位和其他单位举办展览需借用国有馆藏文物的，应当报主管的文物行政部门批准；借用国有馆藏一级文物，应当经国务院文物行政部门批准。

文物收藏单位之间借用文物的最长期限不得超过三年。

第四十一条　已经建立馆藏文物档案的国有文物收藏单位，经省、自治区、直辖市人民政府文物行政部门批准，并报国务院文物行政部门备案，其馆藏文物可以在国有文物收藏单位之间交换；交换馆藏一级文物的，必须经国务院文物行政部门批准。

第四十二条　未建立馆藏文物档案的国有文物收藏单位，不得依照本法第四十条、第四十一条的规定处置其馆藏文物。

第四十三条　依法调拨、交换、借用国有馆藏文物，取得文物的文物收藏单位可以对提供文物的文物收藏单位给予合理补偿，具体管理办法由国务院文物行政部门制定。

国有文物收藏单位调拨、交换、出借文物所得的补偿费用，必须用于改善文物的收藏条件和收集新的文物，不得挪作他用；任何单位或者个人不得侵占。

调拨、交换、借用的文物必须严格保管，不得丢失、损毁。

第四十四条　禁止国有文物收藏单位将馆藏文物赠与、出租或者出售给其他单位、个人。

第四十五条　国有文物收藏单位不再收藏的文物的处置办法，由国务院另行制定。

第四十六条　修复馆藏文物，不得改变馆藏文物的原状；复制、拍摄、拓印馆藏文物，不得对馆藏文物造成损害。具体管理办法由国务院制定。

不可移动文物的单体文物的修复、复制、拍摄、拓印，适用前款规定。

第四十七条　博物馆、图书馆和其他收藏文物的单位应当按照国家有关规定配备防火、防盗、防自然损坏的设施，确保馆藏文物的安全。

第四十八条　馆藏一级文物损毁的，应当报国务院文物行政部门核查处理。其他馆藏文物损毁的，应当报省、自治区、直辖市人民政府文物行政部门核查处理；省、自治区、直辖市人民政府文物行政部门应当将核查处理结果报国务院文物行政部门备案。

馆藏文物被盗、被抢或者丢失的,文物收藏单位应当立即向公安机关报案,并同时向主管的文物行政部门报告。

第四十九条　文物行政部门和国有文物收藏单位的工作人员不得借用国有文物,不得非法侵占国有文物。

第五十条　文物收藏单位以外的公民、法人和其他组织可以收藏通过下列方式取得的文物:

(一)依法继承或者接受赠予;

(二)从文物商店购买;

(三)从经营文物拍卖的拍卖企业购买;

(四)公民个人合法所有的文物相互交换或者依法转让;

(五)国家规定的其他合法方式。

文物收藏单位以外的公民、法人和其他组织收藏的前款文物可以依法流通。

第五十一条　公民、法人和其他组织不得买卖下列文物:

(一)国有文物,但是国家允许的除外;

(二)非国有馆藏珍贵文物;

(三)国有不可移动文物中的壁画、雕塑、建筑构件等,但是依法拆除的国有不可移动文物中的壁画、雕塑、建筑构件等不属于本法第二十条第四款规定的应由文物收藏单位收藏的除外;

(四)来源不符合本法第五十条规定的文物。

第五十二条　国家鼓励文物收藏单位以外的公民、法人和其他组织将其收藏的文物捐赠给国有文物收藏单位或者出借给文物收藏单位展览和研究。

国有文物收藏单位应当尊重并按照捐赠人的意愿,对捐赠的文物妥善收藏、保管和展示。

国家禁止出境的文物,不得转让、出租、质押给外国人。

第五十三条　文物商店应当由国务院文物行政部门或者省、自治区、直辖市人民政府文物行政部门批准设立,依法进行管理。

文物商店不得从事文物拍卖经营活动,不得设立经营文物拍卖的拍卖企业。

第五十四条　依法设立的拍卖企业经营文物拍卖的,应当取得国务院文物行政部门颁发的文物拍卖许可证。

经营文物拍卖的拍卖企业不得从事文物购销经营活动,不得设立文物商店。

第五十五条　文物行政部门的工作人员不得举办或者参与举办文物商店或者经营文物拍卖的拍卖企业。

文物收藏单位不得举办或者参与举办文物商店或者经营文物拍卖的拍卖企业。

禁止设立中外合资、中外合作和外商独资的文物商店或者经营文物拍卖的拍卖企业。

除经批准的文物商店、经营文物拍卖的拍卖企业外,其他单位或者个人不得从事文物的商业经营活动。

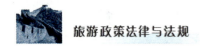

第五十六条　文物商店销售的文物,在销售前应当经省、自治区、直辖市人民政府文物行政部门审核;对允许销售的,省、自治区、直辖市人民政府文物行政部门应当作出标识。

拍卖企业拍卖的文物,在拍卖前应当经省、自治区、直辖市人民政府文物行政部门审核,并报国务院文物行政部门备案;省、自治区、直辖市人民政府文物行政部门不能确定是否可以拍卖的,应当报国务院文物行政部门审核。

第五十七条　文物商店购买、销售文物,拍卖企业拍卖文物,应当按照国家有关规定作出记录,并报原审核的文物行政部门备案。

拍卖文物时,委托人、买受人要求对其身份保密的,文物行政部门应当为其保密;但是,法律、行政法规另有规定的除外。

第五十八条　文物行政部门在审核拟拍卖的文物时,可以指定国有文物收藏单位优先购买其中的珍贵文物。购买价格由文物收藏单位的代表与文物的委托人协商确定。

第五十九条　银行、冶炼厂、造纸厂以及废旧物资回收单位,应当与当地文物行政部门共同负责拣选掺杂在金银器和废旧物资中的文物。拣选文物除供银行研究所必需的历史货币可以由人民银行留用外,应当移交当地文物行政部门。移交拣选文物,应当给予合理补偿。

第六章　文物出境进境

第六十条　国有文物、非国有文物中的珍贵文物和国家规定禁止出境的其他文物,不得出境;但是依照本法规定出境展览或者因特殊需要经国务院批准出境的除外。

第六十一条　文物出境,应当经国务院文物行政部门指定的文物进出境审核机构审核。经审核允许出境的文物,由国务院文物行政部门发给文物出境许可证,从国务院文物行政部门指定的口岸出境。

任何单位或者个人运送、邮寄、携带文物出境,应当向海关申报;海关凭文物出境许可证放行。

第六十二条　文物出境展览,应当报国务院文物行政部门批准;一级文物超过国务院规定数量的,应当报国务院批准。

一级文物中的孤品和易损品,禁止出境展览。

出境展览的文物出境,由文物进出境审核机构审核、登记。海关凭国务院文物行政部门或者国务院的批准文件放行。出境展览的文物复进境,由原文物进出境审核机构审核查验。

第六十三条　文物临时进境,应当向海关申报,并报文物进出境审核机构审核、登记。

临时进境的文物复出境,必须经原审核、登记的文物进出境审核机构审核查验;经审核查验无误的,由国务院文物行政部门发给文物出境许可证,海关凭文物出境许可证放行。

第六十四条　违反本法规定,有下列行为之一,构成犯罪的,依法追究刑事责任:

（一）盗掘古文化遗址、古墓葬的；

（二）故意或者过失损毁国家保护的珍贵文物的；

（三）擅自将国有馆藏文物出售或者私自送给非国有单位或者个人的；

（四）将国家禁止出境的珍贵文物私自出售或者送给外国人的；

（五）以牟利为目的倒卖国家禁止经营的文物的；

（六）走私文物的；

（七）盗窃、哄抢、私分或者非法侵占国有文物的；

（八）应当追究刑事责任的其他妨害文物管理行为。

第六十五条　违反本法规定，造成文物灭失、损毁的，依法承担民事责任。

违反本法规定，构成违反治安管理行为的，由公安机关依法给予治安管理处罚。

违反本法规定，构成走私行为，尚不构成犯罪的，由海关依照有关法律、行政法规的规定给予处罚。

第六十六条　有下列行为之一，尚不构成犯罪的，由县级以上人民政府文物主管部门责令改正，造成严重后果的，处五万元以上五十万元以下的罚款；情节严重的，由原发证机关吊销资质证书：

（一）擅自在文物保护单位的保护范围内进行建设工程或者爆破、钻探、挖掘等作业的；

（二）在文物保护单位的建设控制地带内进行建设工程，其工程设计方案未经文物行政部门同意、报城乡建设规划部门批准，对文物保护单位的历史风貌造成破坏的；

（三）擅自迁移、拆除不可移动文物的；

（四）擅自修缮不可移动文物，明显改变文物原状的；

（五）擅自在原址重建已全部毁坏的不可移动文物，造成文物破坏的；

（六）施工单位未取得文物保护工程资质证书，擅自从事文物修缮、迁移、重建的。

刻画、涂污或者损坏文物尚不严重的，或者损毁依照本法第十五条第一款规定设立的文物保护单位标志的，由公安机关或者文物所在单位给予警告，可以并处罚款。

第六十七条　在文物保护单位的保护范围内或者建设控制地带内建设污染文物保护单位及其环境的设施的，或者对已有的污染文物保护单位及其环境的设施未在规定的期限内完成治理的，由环境保护行政部门依照有关法律、法规的规定给予处罚。

第六十八条　有下列行为之一的，由县级以上人民政府文物主管部门责令改正，没收违法所得，违法所得一万元以上的，并处违法所得二倍以上五倍以下的罚款；违法所得不足一万元的，并处五千元以上二万元以下的罚款：

（一）转让或者抵押国有不可移动文物，或者将国有不可移动文物作为企业资产经营的；

（二）将非国有不可移动文物转让或者抵押给外国人的；

（三）擅自改变国有文物保护单位的用途的。

第六十九条　历史文化名城的布局、环境、历史风貌等遭到严重破坏的，由国务院撤销其历史文化名城称号;历史文化城镇、街道、村庄的布局、环境、历史风貌等遭到严重破坏的,由省、自治区、直辖市人民政府撤销其历史文化街区、村镇称号;对负有责任的主管人员和其他直接责任人员依法给予行政处分。

第七十条　有下列行为之一,尚不构成犯罪的,由县级以上人民政府文物主管部门责令改正,可以并处二万元以下的罚款,有违法所得的,没收违法所得:

(一) 文物收藏单位未按照国家有关规定配备防火、防盗、防自然损坏的设施的;

(二) 国有文物收藏单位法定代表人离任时未按照馆藏文物档案移交馆藏文物,或者所移交的馆藏文物与馆藏文物档案不符的;

(三) 将国有馆藏文物赠予、出租或者出售给其他单位、个人的;

(四) 违反本法第四十条、第四十一条、第四十五条规定处置国有馆藏文物的;

(五) 违反本法第四十三条规定挪用或者侵占依法调拨、交换、出借文物所得补偿费用的。

第七十一条　买卖国家禁止买卖的文物或者将禁止出境的文物转让、出租、质押给外国人,尚不构成犯罪的,由县级以上人民政府文物主管部门责令改正,没收违法所得,违法经营额一万元以上的,并处违法经营额二倍以上五倍以下的罚款;违法经营额不足一万元的,并处五千元以上二万元以下的罚款。

第七十二条　未经许可,擅自设立文物商店、经营文物拍卖的拍卖企业,或者擅自从事文物的商业经营活动,尚不构成犯罪的,由工商行政管理部门依法予以制止,没收违法所得、非法经营的文物,违法经营额五万元以上的,并处违法经营额二倍以上五倍以下的罚款;违法经营额不足五万元的,并处二万元以上十万元以下的罚款。

第七十三条　有下列情形之一的,由工商行政管理部门没收违法所得、非法经营的文物,违法经营额五万元以上的,并处违法经营额一倍以上三倍以下的罚款;违法经营额不足五万元的,并处五千元以上五万元以下的罚款;情节严重的,由原发证机关吊销许可证书:

(一) 文物商店从事文物拍卖经营活动的;

(二) 经营文物拍卖的拍卖企业从事文物购销经营活动的;

(三) 文物商店销售的文物、拍卖企业拍卖的文物,未经审核的;

(四) 文物收藏单位从事文物的商业经营活动的。

第七十四条　有下列行为之一,尚不构成犯罪的,由县级以上人民政府文物主管部门会同公安机关追缴文物;情节严重的,处五千元以上五万元以下的罚款:

(一) 发现文物隐匿不报或者拒不上交的;

(二) 未按照规定移交拣选文物的。

第七十五条　有下列行为之一的,由县级以上人民政府文物主管部门责令改正:

(一) 改变国有未核定为文物保护单位的不可移动文物的用途,未依照本法规定报告的;

(二) 转让、抵押非国有不可移动文物或者改变其用途,未依照本法规定备案的;

(三) 国有不可移动文物的使用人拒不依法履行修缮义务的;

（四）考古发掘单位未经批准擅自进行考古发掘,或者不如实报告考古发掘结果的;

（五）文物收藏单位未按照国家有关规定建立馆藏文物档案、管理制度,或者未将馆藏文物档案、管理制度备案的;

（六）违反本法第三十八条规定,未经批准擅自调取馆藏文物的;

（七）馆藏文物损毁未报文物行政部门核查处理,或者馆藏文物被盗、被抢或者丢失,文物收藏单位未及时向公安机关或者文物行政部门报告的;

（八）文物商店销售文物或者拍卖企业拍卖文物,未按照国家有关规定作出记录或者未将所作记录报文物行政部门备案的。

第七十六条　文物行政部门、文物收藏单位、文物商店、经营文物拍卖的拍卖企业的工作人员,有下列行为之一的,依法给予行政处分,情节严重的,依法开除公职或者吊销其从业资格;构成犯罪的,依法追究刑事责任:

（一）文物行政部门的工作人员违反本法规定,滥用审批权限、不履行职责或者发现违法行为不予查处,造成严重后果的;

（二）文物行政部门和国有文物收藏单位的工作人员借用或者非法侵占国有文物的;

（三）文物行政部门的工作人员举办或者参与举办文物商店或者经营文物拍卖的拍卖企业的;

（四）因不负责任造成文物保护单位珍贵文物损毁或者流失的;

（五）贪污、挪用文物保护经费的。

前款被开除公职或者被吊销从业资格的人员,自被开除公职或者被吊销从业资格之日起十年内不得担任文物管理人员或者从事文物经营活动。

第七十七条　有本法第六十六条、第六十八条、第七十条、第七十一条、第七十四条、第七十五条规定所列行为之一的,负有责任的主管人员和其他直接责任人员是国家工作人员的,依法给予行政处分。

第七十八条　公安机关、工商行政管理部门、海关、城乡建设规划部门和其他国家机关,违反本法规定滥用职权、玩忽职守、徇私舞弊,造成国家保护的珍贵文物损毁或者流失的,对负有责任的主管人员和其他直接责任人员依法给予行政处分;构成犯罪的,依法追究刑事责任。

第七十九条　人民法院、人民检察院、公安机关、海关和工商行政管理部门依法没收的文物应当登记造册,妥善保管,结案后无偿移交文物行政部门,由文物行政部门指定的国有文物收藏单位收藏。

第八十条　本法自公布之日起施行。

本章小结

本章介绍了旅游资源及旅游景区(点)质量等级评定,介绍了风景名胜区的概念、等级;重点学习风景名胜区的管理;分析了自然保护区的建立、结构及保护等方面的基本规定;介绍了文物保护与文物管理等的法律规定。上述法律法规都是我们在保护开发和利用旅游资源时必须遵守的,也是实现旅游业的持续发展所必需的。

 思考与练习

1. 简述旅游景区质量等级评定制度。
2. 风景名胜区的概念及管理包括哪些方面?
3. 自然保护区的管理内容有哪些?
4. 文物保护的范围有哪些?

第八章 旅游出入境管理法规

学习目标

- 了解我国开办出国旅游的方针；
- 理解国际旅游者的法律地位；
- 掌握中国人出入境的有效证件及办理；
- 掌握外国人入境的有效证件。

第一节 中国公民出入境管理制度

一、中国公民出入境管理概述

我国规范公民出入境的法律、法规主要有《中华人民共和国出境入境管理法》(1985年颁布施行)、《中国公民出国旅游管理办法》(2002年7月1日施行)、《中华人民共和国公民出境入境管理法实施细则》、《中华人民共和国护照法》、《中国公民出国旅游管理办法》、《大陆居民赴台湾地区旅游管理办法》。

(一)《中华人民共和国公民出境入境管理法》的宗旨、适用范围

保障中国公民出入中国国境的正当权利和利益,促进国际交往,是《中华人民共和国公民出境入境管理法》(以下简称《公民出入境管理法》)的宗旨。

中国公民出境、入境,适用《公民出入境管理法》。

(二) 中国公民出入境的有效证件及办理

1. 中国旅游者出入境的有效证件

(1) 护照。

护照是主权国家发给本国公民出入国境和在国外居留、旅游等合法的身份证件,它可以证明该公民的国籍、身份及出国目的。我国颁发的护照分为外交护照、公务护照、普通护照三种。中国公民出境旅游应申请办理普通护照。

凡出国人员均须持有效护照以备有关当局查验。按照法律规定,护照申请应向户口

所在地的市、县公安机关出入境管理部门提出,申请人应回答有关询问,履行下列手续:交验户口簿或其他户籍证明;提交出境申请表;提交所在单位对申请人出境的意见;提交旅游所需的外汇证明。办理探亲旅游,还应提交亲友邀请证明、亲友生活保证书,并出示我公安机关出具的与亲属关系说明。公安机关发给护照时,还附发出境卡。

护照由出境人保存、使用,不得毁损、涂改,严防遗失。遗失护照,应报告主管部门,在登报声明或挂失声明后申请补发。普通护照有效期为:护照持有人未满16周岁的5年,16周岁的10年。可申请延长;申请应在有效期满前提出;因情况变化,需变更护照或加注的,应提出申请,携带加注事项证明或说明材料到指定机关办理。

申请人具有下列情形之一的,公安机关出入境管理机构不予签发普通护照:不具有中华人民共和国国籍的;无法证明身份的;在申请过程中弄虚作假的;被判处刑罚正在服刑的;人民法院通知有未了结的民事案件不能出境的;属于刑事案件被告人或者犯罪嫌疑人的;国务院有关主管部门认为出境后将对国家安全造成危害或者对国家利益造成重大损失的。此外,公民因妨害国境管理受到刑事处罚或者因非法出境、非法居留、非法就业被遣返回国的,公安机关出入境管理机构自其刑罚执行完毕或者被遣返回国之日起6个月至3年以内不予签发普通护照。

(2)旅行证。

旅行证是中国旅游者出入境的主要证件,由中国驻外的外交代表机关、领事机关或外交部授权的其他驻外机关颁发。旅行证分为1年1次有效和2年多次有效两种,由持证人保存、使用。需变更或加注旅行证的记载事项,应提供变更材料、加注事项的证明或说明材料向颁证机关提出申请。通常颁发给以下几类中国公民:未持有效港澳居民来往内地通行证,但拟前往大陆的港澳同胞;未持有效台湾居民往来大陆通行证,但拟往大陆,或需从国外直接前往香港、澳门特别行政区的台湾同胞;无有效中国证件,需回国的中国公民;在美国出生的儿童,其父母双方均为中国国籍,且未获美国永久居留权者;领事官员认为不便或不必持有护照的其他人员。

(3)出入境通行证。

出入中国边境的通行证件,由省级公安厅(局)及其授权的公安机关签发。出入境通行证有效期分为1年内多次出入境有效、3个月1次出入境有效、3个月内1次出境有效或者1次入境有效。

(4)签证。

签证是一主权国家外交、领事或公安机关或由上述机关授权的其他机关,根据外国人要求入境申请,依照有关规定在其所持证件(护照或其他旅行证件)上签注、盖印,表示准其出入本国国境或者过境的手续。中国公民凭护照或其他有效证件出入境,无需办理签证。但若作为允许旅游者前往一个国家或中途经过或停留的证件,中国旅游者在经批准出境获得护照和出境登记后,应申办欲前往国家的签证或入境许可证。按国际惯例,一般按护照种类发给相应签证,但也可发给高于或低于护照种类的签证。出国旅游应向驻华使、领馆办理签证申请;没有使、领馆,也没有其他使馆代办业务的,则需到办理该国签证机关的国家办理。出国旅游要提前办理签证;办好签证要特别注意有效期和停留期;需延长的,应办理申请延长手续。

组团社应当为旅游者办理前往国签证等出境手续。1次及2次签证的入境有效期一般为3个月或者6个月,签证停留期一般为30天。

护照以及出入境证件持有人出现下列情形之一的,原发证机关或上级机关予以吊销或宣布作废:持证人因非法进入前往国或者非法居留被送回国内的;持护照、证件招摇撞骗的;从事危害国家安全、荣誉和利益活动的。若违反法律规定,持证人还将受到收缴证件、警告、拘留的处罚;情节严重的,追究刑事责任。

2. 中国公民出入境申请的办理

中国公民出境,向户口所在地的市、县公安机关提出申请;中国公民因公务出境,由派遣部门向外交部或外交部授权的地方外事部门申请办理出境证件;海员因执行任务出境,由港务监督局或港务监督局授权的港务监督办理出境证件。

定居国外的中国公民中短期回国探亲、访友、投资、经商、旅游的,凭有效护照、旅行证或者其他有效证件入境。要求回国定居的,在入境前应向中国驻外国的外交代表机关、领事机关或外交部授权的其他驻外机关办理手续,也可以向有关省级公安机关办理手续。入境定居或者工作的中国公民,入境后应按照户口管理规定,办理常住户口登记;入境暂住的,应按照户口管理规定办理暂住登记。

因公出境的中国公民使用的护照由外交部或外交部授权的地方外事部门颁发;因私出境的中国公民使用的护照由公安部或公安部授权的地方公安机关颁发;海员证由港务监督局或港务监督局授权的港务监督颁发。中国公民在国外申请护照、证件,由中国驻外国代表机关、领事机关或外交部授权的其他驻外机关颁发。公安部、外交部、港务监督局和原发证机关各自对其发出的或其授权的机关发出的护照和证件有权吊销或宣布作废。

二、中国公民出入境管理的相关规定

(一) 中国旅游者出入境的权利义务及其限制

1. 中国旅游者出入境的权利义务

中国旅游者出入境的合法权益受中国法律的保护,同时也受前往国法律的保护。当今世界上许多国家为发展旅游业,对旅游者在旅游活动中最关心的安全、服务质量、发生意外事故得到法律保障等问题通过立法建立相应法律制度,签订双边或多边协定规定外国旅游者应受到和本国公民同等的法律保护,并给予若干优惠,中国旅游者理应得到相关外国法律的保护。

中国旅游者持护照出入境无需办理签证;公安机关对于中国旅游者出境申请应在规定时间内答复;申请人有权查询规定时间没有审批结果的原因,受理部门应作出答复;申请人认为不批准出境不符合法律规定,可向上一级公安机关申诉,受理机关应作出处理和答复;旅游者本人保存、使用的护照,除非法定事由,特定机关不得吊销、收缴和扣押;旅游

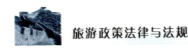

者有义务按规定缴纳有关费用。

中国公民出国旅游应申办有效证件及出境登记卡,并妥善保管护照等证件;在指定口岸或对外开放的口岸出入境,应向边检站出示中国护照或其他有效证件,填写入境登记卡,接受"一关四检"等各种检查,遵守中国及前往国家法律,不得有危害祖国安全、荣誉和利益的行为。

2. 中国旅游者出境限制

《中华人民共和国出境入境管理法》规定:有下列情形之一的,不批准出境:① 刑事案件的被告人和公安机关或者人民检察院或者人民法院认定的犯罪嫌疑人;② 人民法院通知有未了结民事案件的;③ 被判处刑罚正在服刑的;④ 正在被劳动教养的;⑤ 国务院有关机关认为出境后将对国家安全造成危害或者对国家利益造成重大损失的。

3. 法律责任

中国公民若违反《出入境管理法》,有下列情形之一的,由公安机关处以警告或者10日以下的拘留处罚;情节严重,构成犯罪的,依法追究刑事责任:中国公民包括旅游者非法出境、入境的;伪造、涂改、冒用、转让出境、入境证件的。

(二) 出国旅游管理法规制度

1. 我国开办出国旅游的方针

出国旅游,广义上也称出境旅游,指持护照前往其他国家或地区的旅游,包括边境游、港澳游和出国游。前往地区不同,旅行所持证件也不同。根据旅游费用来源可分为公费、自费以及其他三类;根据出境方式可分为有组织与非组织两类。我国目前所指出国旅游,特指中国公民自费出国旅游,即由中国旅游企业组织中国公民以团队形式自费前往国外旅游,包括探亲、访友及其他短期因私出国事宜。

针对我国作为发展中国家的国情及其经济实力,参照国际上一般的做法,国家对开办公民自费出国旅游采取有计划、有组织、有控制的指导方针。有计划指国家根据全国入境旅游的情况,包括创汇额和接待外国旅游者人数,并考虑国内市场的需求,制定出国旅游的年度计划,确定每年出国旅游的总量规模,以保证旅游业的外汇收入的增长大于支出。有组织指在现阶段,从国际国内的实际情况出发,公民出国旅游仍以团队形式进行,不办理散客出国旅游业务,要求整团出入国境。有控制指对出国旅游实行总量控制和配额管理,并对特许经营出国旅游业务的旅行社进行审批和数量控制。

2. 出国旅游管理的几项制度

(1) 总量控制、配额管理制度。

国家旅游局根据发展旅游业的基本方针、每年创汇情况和接待海外旅游者总量并考虑我国基本情况和公民的外汇支付能力,制定每年的出国旅游配额总量。根据"总量控制、入出挂钩"的原则,分配给有经营权的旅行社具体的出国配额,使各地区、各个组团社所得出国旅游配额与其为入境旅游所作贡献、招徕和接待海外旅游者人数挂钩。配额制是国家对出国旅游实施管理的一项具体措施,通过国家旅游局同意,印制、发放中国公民自费出国旅游"审核证明"、"旅游团队名单表",在总量上进行宏观调控。

(2) 组团社审批制度。

组团社是指经国家旅游行政管理部门批准、特许经营中国公民自费出国旅游业务的国际旅行社。根据国家制定公民自费出国旅游的方针政策,从国家长远利益出发,坚持出入挂钩,考虑地区合理分布,按市场需求循序渐进、动态管理的原则,对经营公民自费出国旅游的旅行社实行审批制度。

(3) 出国旅游目的地的审批制度。

出国旅游的目的地,指经我国政府批准,允许旅行社组织团队前往的国家。出国旅游目的地的国家和地区,由国家旅游局会同外交部、公安部提出,报国务院审批。开放中国公民出国旅游目的地的条件是:对方是我国客源国,有利于双方旅游合作与交流;政治上对我友好,开展国民外交符合我国对外政策的目标,旅游资源有吸引力,具备适合我国旅游者的接待服务设施;对我国旅游者在政治、法律等方面没有歧视性、限制性、报复性政策;旅游者有安全保障,具有良好的可进入性。

(4) 现阶段以团队方式开展出国旅游制度。

团队,是指由有出国旅游经营权的旅行社组织的3人以上的出国旅游团。为保障参游人员的人身安全及合法利益,便于旅游服务质量的监督管理,防止旅游者非法滞留、涉足三禁(黄、赌、毒),我国规定公民自费出国旅游主要以团队形式进行,且每团派遣领队,暂不办理零星散客出国旅游。领队负责团队活动的安排,代表组团社负责与境外接待社接洽,保证团队旅游服务质量。

(三) 团队、组团社、公安机关的职责及法律责任

1. 团队职责

团队活动在领队的带领下进行:经国家开放口岸出入中国国境,公安边防机关有特殊规定的,按规定办理;整团出入境,在境外确需分团的,组团社应事先报经有关省级公安边防机关批准。

出国旅游者的义务:

(1) 应当遵守旅游目的地国家的法律,尊重当地的风俗习惯,并服从旅游团队领队的统一管理。

(2) 严禁旅游者在境外滞留不归。

2. 组团社的义务和职责

(1) 如实填写《中国公民出国旅游团队名单表》按核定的配额人数组团,办理参游人员报名、收费手续,填写审核证明;

(2) 为出国旅游团队安排专职导游;

(3) 为旅游者办理出国手续;

(4) 组团社应当维护旅游者的合法权益;

(5) 与旅游者签订书面合同;

(6) 组团社应按照旅游合同约定的条件,为旅游者提供服务;

(7) 组团社应当按照规定选择境外的接待社;

(8) 组团社及其旅游团队领队应当要求境外接待社履行约定。要求境外接待社按照团队活动计划安排旅游,不得安排参加色情、赌博、涉毒以及危险性活动;

(9) 旅游团队领队应该提醒旅游者相关注意事项;

(10) 组团社和领队都应当及时报告相关事项。对于团队在境外遇到特殊困难和安全问题,领队须及时向我驻外使馆、驻外旅游办事处报告,组团社须及时向国内旅游行政部门及公安部门报告;对滞留不归的,组团社应及时向公安机关和旅游行政部门报告,有关查询、遣返等事项,组团社应予以协助并负责垫付费用,事后向被遣返人员追偿;协助有关部门做好团队行李验放等管理工作。

3. 公安机关职责

查验参游人员提交的审核证明和费用发票;确认组团社和参游人员的合法资格后,依照有关法律、法规办理出国旅游手续;在法定期限内作出批准或不批准的决定,通知参游人员;参游人员经批准出境,由公安机关出入境管理部门颁发护照,并附发出境登记卡。

4. 法律责任

团队未经批准在境外分团的,入境后由边防检查团对组团社的有关责任人员按《中国公民出境入境边防检查条例》有关规定处罚;对以自费出国旅游名义弄虚作假,骗取出境证件,偷越国(边)境的或者为组织、运送他人偷越国(边)境的,依照《中华人民共和国出境入境管理法》及其实施细则和《全国人大常委会关于严惩组织、运送他人偷越国(边)境犯罪的补充规定》的有关规定处罚。

第二节　外国人入出境管理制度

一、外国人入出境管理概述

我国规范外国旅游者在我国进行旅游活动的法律、法规主要有《中华人民共和国外国人入境出境管理法》(1985年颁布施行,以下简称"管理法")、《中华人民共和国外国人入境出境管理法实施细则》(1994年颁布施行)。

(一)《中华人民共和国外国人入境出境管理法》适用范围、基本原则

《中华人民共和国外国人入境出境管理法》适用于外国人入、出、通过中华人民共和国国境和在中国境内居留、旅行。其基本原则有:

(1) 主管机关许可的原则。《管理法》规定,外国人入境、过境和在中国境内居留,必须经过中国政府主管机关许可。这里的主管机关包括,一是中国的外交代表机关、领事机关和外交部授权的其他驻外机关;二是公安部、公安部授权的地方公安机关和外交部、外交部授权的地方外事部门。

(2) 指定口岸通行,接受边防检查的原则。

(3) 保护外国人合法权利和利益的原则。

（4）遵守中国法律的原则。《管理法》规定，外国人在中国境内，必须遵守中国法律，不得危害中国国家安全、损害社会公共利益、破坏社会公共秩序。

二、外国人入出境管理的规定

（一）外国人入出境管理机关及其有效证件

1. 外国人入出境管理机关及其职责

中国政府在国外受理外国人入境、过境申请的机关，是中国的外交代表机关、领事机关和外交部授权的其他驻外机构。在国内受理外国人入境、过境、居留、旅行申请的机关，是公安部、公安部授权的地方公安机关和外交部、外交部授权的地方外事部门。

外国人入出境管理机关的职责是：

（1）受理外国人入境、过境、居留、旅行的机关有权拒发签证、证件；对已发出的签证、证件，有权吊销或者宣布作废。

（2）公安部或外交部在必要时，可以改变各自授权的机关作出的决定。

（3）对非法入境、非法居留的外国人，县级以上的公安机关可以拘留审查、监视居住或者遣返出境。

（4）县级以上公安机关外事民警在执行任务时，有权查验外国人的护照和其他证件。外事民警查验时，应当出示自己的工作证件，有关组织或者个人有协助的责任。

2. 外国旅游者入境有效证件

（1）护照。

护照由公民所在国的外交或公安机关颁发。除外交护照外，还有公民护照、普通护照两种，各国视情况颁发。凡入出中国边境的外国旅游者应持有效护照，以便中国有关当局查验。

（2）签证。

签证实际上是一国实施有条件准许入境的措施。根据证件持有人是否享有外交特权和礼遇，分别给予外交、礼遇、公务或者普通签证；根据需要次数和时间限制，分为长期、短期签证，一般是一次出入境有效。

旅游者申请签证，需口头答复被询问的有关情况，并履行相关手续；提供有效证件；填写签证申请表；交近期2寸半身正面免冠照片；交验中国旅游部门的接待证明（签证通知）；向法律规定的部门申请L字签证(L字签证是发给来中国旅游、探亲或处理其他私人事务入境的人员，其中9人以上来中国旅游的，发给团体旅游签证）。

国家旅游局、省级旅游局及特定的旅行社，依法行使到我国境内旅游的签证通知权。中国政府驻外使领馆和外交部授权的其他驻外机关、公安部及其授权的其他机关、外交部及其授权的其他机关是办理签证事宜的部门。经授权的地方公安机关作为口岸签证机关，按法律规定的事宜，对在外事、旅游活动中确需来华而来不及在中国驻外机关申办签证的外国人办理签证的，申办人一下飞机即可办理签证，这种方式俗称"落地签证"。

我国采取三种签证制度：通常情况下采取1次签证1次有效的方法，还有多次签证和免除签证。签证有一定格式的内容，包括签证有效期、有效次数、停留期、入出境口岸、偕行人员等。外国旅游者应在签证有效期内，按照指定的入境口岸、交通工具和线路通行，非经许可，中途不得停留。

旅游者领取签证、证件后，需要申请变更或延期，诸如有效期延长、增加偕行人员、增加不对外国人开放地点，法律是许可的，但应向证件发放机关申办，并办理下列手续：交验护照和签证、旅行证等证件；填写变更或延期申请表，并提供与延期或变更有关的证明；缴纳规定的费用。

（3）旅行证。

持有效证件的旅游者，可以前往我国规定对外开放的地区旅游，根据有关规定，此类地区称为甲类地区；已对外开放的、控制开放的新增加的开放地区称为乙类地区；只准许去考察、进行技术交流、现场施工等公务活动的一般性对外开放地区为丙类地区；不对外国人开放的地区称为丁类地区。前往乙、丙、丁类地区的应办理旅行证。

旅行证，是指外国人前往不对外国人开放的地区旅行，必须向当地公安机关申请的旅行证件，由旅游者临时居留地或工作地的市、县公安局办理。申请人应交验护照或居留证件，提供旅行事由的有关证明，填写旅行申请表。外国人旅行证有效期最长为1年。如需延长有效期、增加不对外国人开放的地点、增加偕行人数，必须向公安局申请延期或变更。

我国法律规定对不办理外国人旅行证、未经批准前往不对外国人开放地的外国人，可以处警告或者500元以下罚款；情节严重的，并处限期出境。

旅行社还可接受外国旅游者、华侨、港澳台同胞、外国华人的委托，代办中国入境、过境、居留、旅行等签证，代向海关办理申报、检验手续。

（二）外国人在中国居留与住宿所需证件

1. 外国人居留管理

外国人在中国居留，必须持有中国政府主管机关签发的身份证件或者居留证件。身份证件或者居留证件的有效期限，根据入境的事由确定。外国人居留证件，发给在中国居留1年以上的人员；外国人临时居留证，发给在中国居留不满1年的人员；外国人在中国投资或同中国的企事业单位进行经济、科技、文化合作以及其他需要在中国长期居留的外国人，经中国政府主管机关批准，可获得长期居留或永久居留资格。因政治原因要求在中国政治避难的外国人，经中国政府主管机关批准，准许在中国居留。持有F,L,G,C字签证的外国人，可在签证注明的期限内在中国居留，不需要办理居留证件。

对不遵守中国法律的外国人，中国政府主管机关可以缩短其在中国停留的期限或者取消其在中国停留的资格。

2. 外国人住宿管理

外国人在中国境内临时住宿，应当依照规定办理住宿登记。

外国人在宾馆、饭店、旅店、招待所、学校等企事业单位或者机关、团体及其他中国机构内住宿，应出示有效护照或者居留证件，并填写临时住宿登记表。在非开放地区住宿还要出示旅行证。

外国人在中国居民家中住宿,如在城镇的,须于抵达后24小时内,由留宿人或本人持住宿人护照、签证和留宿人户口簿到当地公安机关申报,填写临时住宿登记表;在农村的,须于72小时内向当地派出所或户籍办公室申报。

外国人在中国的外国机构或在中国的外国人家中住宿,须于住宿人抵达后24小时内由留宿机构、留宿人或者本人持住宿人的护照或居留证件,向当地公安机关申报,并填写临时住宿登记表。

外国人在移动性住宿工具内临时住宿,须于24小时内向当地公安机关申报。为外国人的移动性住宿工具提供场地的机构或个人,应于24小时内向当地公安机关申报。

持居留证件的外国人在中国变更居留地点,必须依照规定办理迁移手续。

未持居留证件的外国人和来中国留学的外国人,未经中国政府主管机关允许,不得在中国就业。

(三)外国人入出境检查制度

我国有关法律规定了对外国旅游者进行"一关四检"的检查制度。

1. 海关检查

海关由各主权国家设立,为了维护国家安全和利益,对进出口货物、运输工具、行李物品、货币、金银等执行监督管理和稽查走私、征收关税的国家行政机关。海关检查,指海关在国境口岸依法对进出国境的货物、运输工具、行李物品、邮递物品和其他物品执行监督管理、代收关税和查禁走私等任务时所进行的检查。我国海关在执行任务时贯彻既严格又方便的原则,既保卫国家的政治、经济利益,维护国家主权,又便利正常往来。

外国旅游者来中国,主要是接受海关对其入境运输工具和行李物品的检查。在旅游实践中,旅游者不仅搭乘飞机、船舶或列车,而且在邻近国家之间,往往驾驶车辆、船舶等,因此各国都制定了对外国旅游者运输工具的监督和检查制度。进出中国国境的旅游者应将携带的符合规定的行李物品交海关检查。旅游者应填写"旅客行李申报表"一式两份,经海关查验行李物品后签章,双方各持一份,在旅游者回程时交海关验核。来我国居留不超过6个月的旅游者,携带海关认为必须复运出境的物品,由海关登记后放行,旅游者出境时必须将原物带出;旅游者携带的金银、珠宝、钻石等饰物,如准备携带出境,应向海关登记,由海关发给证明书,以便出境时海关凭证核放。进出国境的旅游者携带的行李物品符合纳税规定的,应照章纳税。

2. 边防检查

各国为维护国家主权和安全,禁止非法出入境,便利进出境人员相关交通运输畅通,都在对外开放的港口、机场、国境车站和通道以及特许的进出口岸设立了边防检查站,对进出国境的人和物进行检查。

3. 安全检查

中国海关和边防站,为保证旅游者生命和财产安全,禁止携带武器、凶器、爆炸物品。采用通过安全门使用磁性探测检查、红外线透视、搜身开箱检查等方法,对旅游者进行安全检查。

4. 卫生检疫

5. 动植物检疫

(四)外国旅游者入出境的权利义务及其限制

1. 外国旅游者入出境的权利义务

外国旅游者享有入出境的下列合法权益并受中国法律保护：人身自由不受侵犯；非经人民检察院批准或人民法院决定，并由公安机关执行，不受逮捕；根据双边或多边条约，按照互惠原则，享有免签签证的权利以及法律、法规规定的其他权利。

外国旅游者入出中国国境应经过中国政府主管机关许可，持有效证件；在签证有效期内，应遵守中国法律、法规，不危害中国国家安全、损害社会公共利益、破坏社会公共秩序。

2. 外国旅游者入出境的法律限制

根据中国法律规定，下列外国人包括旅游者，不准入境：被中国政府驱逐出境、未满不准入境年限的；被认为入境后可能进行恐怖、暴力、颠覆活动的；患有精神病、麻风病、艾滋病、性病、开放性肺结核等传染病的；被认为入境后可能进行走私、贩毒、卖淫活动的；不能保障其在中国所需费用的；被认为入境后可能进行危害我国国家安全和利益的其他活动的。

下列外国人包括旅游者，不准出境：刑事案件的被告人和公安机关或人民检察院或人民法院认定的犯罪嫌疑人；人民法院通知有未了结民事案件不能离境的；有其他违反中国法律的行为尚未处理，经有关主管机关认定需要追究的。

3. 法律责任

外国人包括外国旅游者，违反《入境出境管理法》，有下列情形之一的，县级以上公安机关可以处以警告、罚款或者3日以上10日以下拘留处罚；情节严重的，公安机关可以处以限期出境或者驱逐出境；构成犯罪的依法追究刑事责任；非法入出中国国境的；在中国境内非法居留或者停留的；未持有效旅游证件，前往不对外国人开放的地区旅行的；伪造、涂改、冒用、转让入境、出境证件的。

第三节　中国出入境边防检查和卫生检疫管理制度

一、中国出入境边防检查制度

(一)出入境边防检查管理概述

为维护中国主权、安全和社会秩序，便利一切离开、进入或者通过中国国(边)境的中国籍、外国籍和无国籍的人以及交通运输工具通行，我国早在1952年7月29日就由中央人民政府政务院批准实施了《出入国境治安检查暂行条例》，1965年4月30日国务院发布了《边防检查条例》。1995年9月1日起我国开始施行《中华人民共和国出境入境边防检查条例》，上述两个法规同时废止。

1. 出入境边防检查机关

我国在对外开放的港口、航空港、车站和边境通道等口岸设立了出境、入境边防检查站，其工作由公安部主管。

2. 出入境边防检查机关的职责

《条例》规定：边防检查站为维护国家主权、安全和社会秩序，履行下列职责：

（1）对出入境人员及其行李物品、交通运输工具及其运载的货物实施边防检查；

（2）按国家有关规定对出入境的交通运输工具进行监护；

（3）对口岸的限定区域进行警戒，维护出入境秩序；

（4）执行主管机关赋予的其他法律、行政法规规定的任务。

边防检查人员必须依法执行公务；任何组织和个人不得妨碍边防检查人员依法执行公务。出入境人员和交通工具，必须经对外开放的口岸或主管机关特许的地点通行，接受边防检查、监护和管理。

（二）出入境边防检查制度的主要内容

1. 出入境人员的检查和管理

出入境人员必须按照规定填写出境入境登记卡，向边防检查站交验本人的有效护照或者其他出入境证件，经查验核准后，方可出入境。

边防检查站对有下列情形之一的出入境人员，有权阻止其出入境：未持入境、出境证件的；持用无效出境、入境证件的；持用他人出境、入境证件的；持用伪造或者涂改的出境、入境证件的；拒绝接受边防检查的；未在限定口岸通行的；国务院公安部门、国家安全部门通知不准出境、入境的；法律、行政法规规定不准出境入境的。

出境、入境人员有下列情形之一的，边防检查站有权限制其活动范围、进行调查或移送有关机关处理：有持用他人出境、入境证件嫌疑的；有持用伪造或者涂改的出境、入境证件嫌疑的；国务院公安部、国家安全部和省级公安机关、国家安全机关通知有犯罪嫌疑的；有危害国家安全、利益和社会秩序嫌疑的。

2. 对运输工具及人员的检查和监护

出入境的交通运输工具离抵口岸时，必须接受边防检查。对交通运输工具的入境检查，在最先抵达的口岸进行。出境检查，在最后离开的口岸进行。在特殊情况下，经主管部门批准，对交通运输工具的入境、出境检查，也可以在特许的地点进行。

边防检查站对于下列情形之一的出境、入境交通运输工具，有权进行监护：离抵口岸的火车、外国船舶和中国客船在出境检查后到出境前、入境后到入境检查前和检查期间；火车及其他机动车辆在国（边）界线边防检查站较远的区域内行使期间；外国船舶在中国内河航行期间；边防检查站认为有必要进行监护的其他情形。

出入境交通运输工具有下列情形之一的，边防检查站有权推迟或者阻止其出境、入境：离抵口岸时，未经边防检查站同意，擅自出境、入境的；拒绝接受边防检查、监护的；被认为载有危害国家安全、利益和社会秩序的人员或者物品的;被认为载有非法出境、入境人员的;拒不执行边防检查站依法作出的处罚或者处理决定的;未经批准擅自改变出境、入境口岸的。

3. 行李物品、货物的检查

边防检查站根据维护国家安全和社会秩序的需要,可以对出境、入境人员携带的行李物品,及相关交通运输工具载运的货物进行重点检查。

出境、入境人员相关交通运输工具不得携带、载运法律、行政法规规定的危害国家安全和社会秩序的违禁物品;携带、载运违禁物品的,边防检查站应当扣留违禁物品,对携带人、载运违禁物品的交通运输工具负责人依照有关法律、行政法规的规定处理。

任何人不得非法携带属于国家秘密的文件、资料和其他物品出境;非法携带属于国家秘密文件、资料和其他物品的,边防检查站应当予以收缴,对携带人依照有关法律、行政法规规定处理。

出境、入境的人员携带或者托运枪支、弹药,必须遵守有关法律、行政法规的规定,向边防检查站办理携带或者托运手续;未经许可,不得携带、托运枪支、弹药出境、入境。

(三) 违反《条例》的处罚

对违反本条例规定的处罚,由边防检查站执行。

(1) 出境、入境的人员有下列情形之一的,处以500元以上,2 000元以下的罚款或者依照有关法律、行政法规的规定处以拘留。

① 未持出境、入境证件的;

② 持用无效证件出境、入境证件的;

③ 持用他人出境、入境证件的;

④ 持用伪造或者涂改的出境、入境证件的。

(2) 未经批准携带或者托运枪支、弹药出境、入境的,没收其枪支、弹药,并处1 000元以上5 000元以下的罚款。

(3) 有下列情形之一的,处以警告或者500元以下罚款:

① 未经批准进入口岸的限定区域或者进入后不服从管理、扰乱口岸管理秩序的;

② 侮辱边境检查人员的;

③ 未经批准或者未按照规定登陆、住宿的。

(4) 出境、入境的交通工具载运不准出境、入境人员,偷越国(边)境人员及未持有效出境、入境证件的人员出境、入境的,对其负责人按每载运1人处以5 000元以上10 000元以下的罚款。

(5) 交通运输工具有下列情形之一的,对其负责人处以10 000元以上30 000元以下的罚款:

① 离、抵口岸时,未经边防检查站同意的,擅自出境、入境的;

② 未按照规定向边防检查站申报员工、旅客和货物情况的,或者拒绝协助检查的;

③ 交通运输工具在入境后到入境检查前、出境检查后到出境前,未经边防检查站许

可,上下人员,装卸货物的。

(6) 交通运输工具有下列情形之一的,对其负责人给予警告并处以 500 元以上 5 000 元以下的罚款:

① 出境、入境的交通运输工具有在中国境内不按照规定的路线行驶的;

② 外国船舶未经许可停靠在非对外开放港口的;

③ 中国船舶未经批准擅自搭靠外国籍船舶的。

(7) 出境、入境的人员违反本条例的规定,构成犯罪的,依法追究刑事责任。

被处罚人对边防检查站作出的处罚决定不服的,可以自接到处罚决定书之日起 15 日内,向边防检查站所在地的县级公安机关申请复议;有关县级公安机关应当自接到复议申请书之日起 15 日内作出复议决定;被处罚人对复议决定不服的,可以自接到复议决定书之日起 15 日内,向人民法院起诉。

二、中国出入境卫生检疫管理制度

(一) 中国出入境卫生检疫管理概述

自 20 世纪 70 年代以来,卫生检疫措施逐渐被大多数国家所接受,形成了国际性的规则。所谓卫生检疫措施,是指一国政府或非政府机构以维护国家安全、保护人类与动植物安全和健康、保护环境以及保障食品安全与产品质量等为由而采取的强制性检疫措施或法规,这些措施或法规主观或客观地成为外国商品自由进入的障碍。

《中华人民共和国国境卫生检疫法》于 1986 年 12 月 2 日通过,自 1987 年 5 月 1 日起施行,根据 2007 年 12 月 29 日第十届全国人民代表大会常务委员会第三十一次会议《关于修改〈中华人民共和国国境卫生检疫法〉的决定》修正。

1. 立法目的

《中华人民共和国国境卫生检疫法》第 1 条规定:"为了防止传染病由国外传入或者由国内传入,实施国境卫生检疫,保护人体健康,制定本法。"

2. 卫生检疫机构

在中华人民共和国国际通航的港口、机场以及陆地边境和国界江河的口岸(以下简称口岸),设立国境卫生检疫机关,依照本法规定实施传染病检疫、检测和卫生监督。国务院卫生行政部门主管全国国境卫生检疫工作。

3. 传染病的范围

本法规定的传染病是指检疫传染病和监测传染病。

入境、出境的人员、交通工具、运输设备以及可能传播检疫传染病的行李、货物、邮包等物品,都应当接受检疫,经国境卫生检疫机关许可,方准入境或者出境,具体办法由本法实施细则规定。

国境卫生检疫机关发现检疫传染病或者疑似检疫传染病时,除采取必要措施外,必须立即通知当地卫生行政部门,同时用最快的方法报告国务院卫生行政部门,最迟不超过

24小时。邮电部门对疫情报告应当优先传送。

(二) 卫生检疫

1. 检疫的范围

入境的交通工具和人员,必须在最先到达的国境口岸的指定地点接受检疫。除引航员外,未经国境卫生检疫机关许可,任何人不准上下交通工具,不准装卸行李、货物、邮包等物品。

出境的交通工具和人员,必须在最后离开的国境口岸接受检疫。

来自国外的船舶、航空器因故停泊、降落在中国境内非口岸地点的时候,船舶、航空器的负责人应当立即向就近的国境卫生检疫机关或者当地卫生行政部门报告。除紧急情况外,未经国境卫生检疫机关或者当地卫生行政部门许可,任何人不得上下船舶、航空器,不准装卸行李、货物、邮包等物品。

2. 检疫过程中发现问题的处理

在国境口岸发现检疫传染病、疑似检疫传染病,或者有人非因意外伤害而死因不明的,国境口岸有关单位和交通工具的负责人,应当立即向国境卫生检疫机关报告,并申请临时检疫。

因卫生检疫机关根据检疫医师提供的检疫结果,对未染有检疫传染病或者已实施卫生处理的交通工具,签发入境检疫证或者出境检疫证。

国境卫生检疫机关对检疫传染病染疫人必须立即将其隔离,隔离期限根据医学检查结果确定;对检疫传染病染疫嫌疑人应当将其留检,留检期间根据该传染病的潜伏期确定。

因患检疫传染病而死亡的尸体,必须就近火化。

3. 传染病检测对象

根据《检疫法》的规定,出入境检验检疫机构传染病监测的对象主要有:

(1) 国境口岸内和交通工具上的食品、饮用水从业人员,以及国境口岸为入、出境交通工具提供食品和饮用水单位的从业人员;

(2) 出国探亲、定居、劳务、留学、商务、公务等中国籍有关人员;

(3) 在国外居住3个月以上的归国人员;

(4) 遣返人员;

(5) 申请入境居住1年以上的外国籍人员和华侨、港澳台同胞及经常出入境的有关人员;

(6) 中国籍入、出境交通员工及在我国交通工具上工作的外籍员工。

国境卫生检疫机关对入境、出境的人员实施传染病监测,并且采取必要的预防、控制措施。国境卫生检疫机关对入境、出境的人员填写健康申明卡,出示某种传染病的预防接种证书、健康证明或者其他有关证件。

对患有监测传染病的人、来自国外监测传染病流行区的人或者与检测传染病人密切接触的人,国境卫生检疫机关应当区别情况,发给就诊方便卡,实施留检或者采取其他预防、控制措施,并及时通知当地卫生行政部门。各地医疗单位对持有就诊方便卡的人,应当优先诊治。

4. 法律责任

对违反本规定,有下列行为之一的单位或者个人,国境卫生检疫机关可以根据情节轻重,给予警告或者罚款:

(1) 逃避检疫,向国境卫生检疫机关隐瞒真实情况的;

(2) 入境的人员未经国境卫生检疫机关许可,擅自上下交通工具,或者装卸行李、货物、邮包等物品,不听劝阻的。

罚款全部上缴国库。

当事人对国境卫生检疫机关给予的处罚决定不服的,可以在接到通知之日起15日内,向当地人民法院起诉。逾期不起诉又不履行的,国境卫生检疫机关可以申请人民法院强制执行。

违反本法规定,引起检疫传染病传播或者引起检疫传染病传播严重危险的,依照《刑法》规定追究刑事责任。

国境卫生检疫机关工作人员,应当秉公执法,忠于职守,对入境、出境的交通工具和人员,及时进行检疫;违法失职的,给予行政处分,情节严重构成犯罪的,依法追究刑事责任。

第四节　国际旅游者的法律地位

一、国际旅游者法律地位的概述

国际旅游者,是指离开自己的国籍国到其他国家旅行游览超过24小时以上的人。国际旅游者的法律地位适用国际法规定的外国人法律地位的一般原则。

外国人的法律地位,一般由各主权国家的国内法加以规定,有的以双边或多边条约加以规定。外国人的法律地位在国际上统指外国人入境、出境、通过该国国境和在该国内居留、旅行、经商办企业期间的权利和义务。

在一国境内的外国人,无论是长期居留或短期旅游,除享有外交豁免权的,均需按照国际法关于外国人的法律地位(政治地位、民事地位)的规定。在一国境内的外国人都受住在国管辖权的管辖,都必须服从和遵守住在国的法律、法规、条例等规定,这是住在国国家主权的体现。

二、主权国家对外国人的管辖权

外国人,一般指本国公民以外的人。即侨居在一国境内并非该国公民或国民而具有其他国家国籍的人,包括自然人、法人和无国籍者。为了便于管辖,国际上一般把无国籍者当作外国人对待。但是,享有外交权和豁免权的外国人除外,他们具有特殊的法律地位。在一国境内同时具有该国国籍和外国国籍的人即双重国籍者,对其所属的两个国家来说,他们都不是外国人,不享有外国人的待遇。

(一)属地优越权管辖

按照国际法的规定,主权国家对本国境内的居民,包括外国人和无国籍者实行属地优越权管辖,住在国对外国人的合法权益应予保护。国家自主地规定外国人的法律地位和待遇,外国人必须服从所在国的管辖,遵守所在国的法律、法规;外国人的合法权益主权国家予以保护。当外国人的合法权益受到非法侵害时,有权享有所在国法律的救济;反之,外国人违反所在国法律、法规的规定,造成他人或所在国国家的损害时,有义务作为被告受住在国法律的追诉。属地优越权是被现代国际社会所肯定的,它是国家主权的体现,否则,国家主权就不能维护,国际正常交往就不能维持,国际和平与合作就会受到侵害。

外国人的法律地位均由各国的国内法加以规定,有的以双边或多边条约加以规定。给予外国人什么待遇,这是一国的主权,别国无权干涉。根据平等互利的国际惯例,主权国家有权制定对外国人管理的法律、法规,并履行依照国际条约所承担的义务。

(二)属人优越权管辖

属人优越权管辖是指本国公民,即使他在本国境外,也适用本国法律,该国民必须对国籍国效忠,其本国亦有义务为他提供保护。所以,国家在规定外国人法律地位和待遇时,还必须考虑外国人对其本国的义务及国家与外国人本国所定条约的义务,国家如何对待外国人,不仅涉及国家与外国人之间的权利义务,而且是外国人所在国对外国人本国的国际责任。国际司法实践证明,国家相互之间负有一定的义务,以一定的方法对待彼此的国民,如国家违反了这一义务,就应承担国际责任。一国通过外交途径对在国外的本国国民的合法权益进行的保护,是国际社会通行的惯例,为各国所遵从。

根据国家主权原则,一方面国家享有对在其领域内的外国人有属地优越权;另一方面也有保护其在外国的本国国民合法权益的属人优越权。就一个外国人而言,他受着双重管辖,既要服从所在国的管辖,又要服从国籍国的管辖,这就是外国人特定法律地位的表现。

三、外国人的待遇

给外国人何种待遇,国际法没有统一规定,根据什么原则和方式给予外国人的待遇属国家主权范围,除受国际条约的约束外,国家可以自由决定给予外国人何种待遇。根据各国实践,给予外国人的待遇有以下几种。

(一)国民待遇

国民待遇,是由各国内立法和国际条约加以规定,被各国普遍确认和采用的制度。主权国家给予外国人与国内人之间大体相同的民事权利,可以防止对外国人实行不公正的歧视待遇,也可避免外国人获得不合理的特权,这有利于促进各国及其公民、法人之间的经济交往和正常关系的发展。

(二)最惠国待遇

最惠国待遇,是指一国(供惠国)在航海、贸易、关税、国民法律地位等方面,给予另一国(受惠国)公民、法人的待遇,不得低于现在或将来给予任何第三国(最惠国)的待遇。最惠国待遇涉及三类国家,即:第一类是"供惠国",指承担给予最惠国待遇的缔约一方;第二类是"最惠国",指已经或将来取得了供惠国给予优惠待遇的第三国;第三类是"受惠国",指依第三国享有的最优惠待遇而享受该优惠的缔约另一方。条约中所列最优惠待遇的具体条款,称之为最惠国条款。最惠国待遇是国家之间在平等互惠基础上,通过签定双边或多边条约,规定在某些方面给予缔约国的公民或法人最惠国待遇。它是在一国境内外国人法律地位平等的标志。在当今国际关系中,最惠国待遇是国家之间关系正常化的表现。国家之间相互给予最惠国待遇,多在贸易协定、技术协定、关税、投资保护协定、通商航海条约或国民法律地位等方面表现出来。

(三)非歧视待遇

非歧视待遇(无差别待遇),是指缔约国一方不得把低于国内或其他外国公民、法人的权利以某种限制或禁止措施,适用于另一方公民和法人的一项制度。非歧视待遇完全符合国家主权平等的国际法原则,充分体现各国公民、法人的民事地位平等,有利于促进国际民商事经济的交往。

(四)优惠待遇

优惠待遇,是指一国在投资、贸易、航运等方面给予另一国及其公民、法人以特定的权利和优待。常在放宽进口限制、减免关税、允许商品物资过境运输、给外商投资优待方面表现出来。授予优惠待遇是国内法中的特别规定。

(五)普遍优惠待遇

普遍优惠待遇(普惠制),是指发达国家进口发展中国家的制成品、半制成品时,在关税贸易上给发展中国家普遍的、非互惠的和非歧视的优惠待遇。该项待遇的特点是:发达国家对发展中国家或地区出口的工业制成品或半制成品提供普遍的优惠待遇,不涉及第三国;发达国家不要求发展中国家反向给发达国家优惠。普遍优惠待遇,对发展中国家的经济发展起着积极的促进作用。但应指明的是,普遍优惠待遇涉及发达国家的切身利益,往往不会轻易地付诸实施。

附录阅读1:

《中华人民共和国公民出境入境管理法》(选载)

(1985年11月22日公布,自1986年2月1日起施行)

第一条 为保障中国公民出入中国国境的正当权利和利益,促进国际交往,特制定本法。

第二条 中国公民凭国务院主管机关及其授权的机关签发的有效护照或者其他有效证件出境、入境，无需办理签证。

第三条 中国公民出境、入境，从对外开放的或者指定的口岸通行，接受边防检查机关的检查。

第四条 中国公民出境后，不得有危害祖国安全、荣誉和利益的行为。

第五条 中国公民因私事出境，向户口所在地的市、县公安机关提出申请，除本法第八条规定的情形外，都可以得到批准。

公安机关对中国公民因私事出境的申请，应当在规定的时间内作出批准或者不批准的决定，通知申请人。

第六条 中国公民因公务出境，由派遣部门向外交部或者外交部授权的地方外事部门申请办理出境证件。

第七条 海员因执行任务出境，由港务监督局或者港务监督局授权的港务监督办理出境证件。

第八条 有下列情形之一的，不批准出境：

（一）刑事案件的被告人和公安机关或者人民检察院或者人民法院认定的犯罪嫌疑人；

（二）人民法院通知有未了结民事案件不能离境的；

（三）被判处刑罚正在服刑的；

（四）正在被劳动教养的；

（五）国务院有关主管机关认为出境后将对国家安全造成危害或者对国家利益造成重大损失的。

第九条 有下列情形之一的，边防检查机关有权阻止出境，并依法处理：

（一）持用无效出境证件的；

（二）持用他人出境证件的；

（三）持用伪造或者涂改的出境证件的。

第十条 定居国外的中国公民要求回国定居的，应当向中国驻外国的外交代表机关、领事机关或者外交部授权的其他驻外机关办理手续，也可以向有关省、自治区、直辖市的公安机关办理手续。

第十一条 入境定居或者工作的中国公民，入境后应当按照户口管理规定，办理常住户口登记。入境暂住的，应当按照户口管理规定办理暂住登记。

第十二条 因公务出境的中国公民所使用的护照由外交部或者外交部授权的地方外事部门颁发，海员证由港务监督局或者港务监督局授权的港务监督颁发，因私事出境的中国公民所使用的护照由公安部或者公安部授权的地方公安机关颁发。

中国公民在国外申请护照、证件，由中国驻外国的外交代表机关、领事机关或者外交部授权的其他驻外机关颁发。

第十三条 公安部、外交部、港务监督局和原发证机关,各自对其发出的或者其授权的机关发出的护照和证件,有权吊销或者宣布作废。

第十四条 对违反本法规定,非法出境、入境,伪造、涂改、冒用、转让出境、入境证件的,公安机关可以处以警告或者十日以下的拘留处罚;情节严重,构成犯罪的,依法追究刑事责任。

第十五条 受公安机关拘留处罚的公民对处罚不服的,在接到通知之日起十五日内,可以向上一级公安机关提出申诉,由上一级公安机关作出最后的裁决,也可以直接向当地人民法院提起诉讼。

附录阅读 2:

《中华人民共和国公民出境入境管理法实施细则》(选载)

(1994 年 7 月 15 日颁布,1994 年 7 月 15 实施)

第一条 根据《中华人民共和国公民出境入境管理法》第十九条的规定,制定本实施细则。

第二条 本实施细则适用于中国公民因私事出境、入境。所称"私事",是指:定居、探亲、访友、继承财产、留学、就业、旅游和其他非公务活动。

第三条 居住国内的公民因私事出境,须向户口所在地的市、县公安局出入境管理部门提出申请,回答有关的询问并履行下列手续:

(一)交验户口簿或者其他户籍证明;

(二)填写出境申请表;

(三)提交所在工作单位对申请人出境的意见;

(四)提交与出境事由相应的证明。

第四条 本实施细则第三条第四项所称的证明是指:

(一)出境定居,须提交拟定居地亲友同意去定居的证明或者前往国家的定居许可证明;

(二)出境探亲访友,须提交亲友邀请证明;

(三)出境继承财产,须提交有合法继承权的证明;

(四)出境留学,须提交接受学校入学许可证件和必需的经济保证证明;

(五)出境就业,须提交聘请、雇用单位或者雇主的聘用、雇用证明;

(六)出境旅游,须提交旅行所需外汇费用证明。

第五条 市、县公安局对出境申请应当在 30 天内,地处偏僻、交通不便的应当在 60 天内,作出批准或者不批准的决定,通知申请人。

申请人在规定时间内没有接到审批结果通知的,有权查询,受理部门应当作出答复;申请人认为不批准出境不符合《中华人民共和国公民出境入境管理法》的,有权向上一级公安机关提出申诉,受理机关应当作出处理和答复。

第六条 居住国内的公民经批准出境的,由公安机关出入境管理部门发给中华人民共和国护照,并附发出境登记卡。

第七条 居住国内的公民办妥前往国家的签证或者入境许可证件后,应当在出境前办理户口手续。出境定居的,须到当地公安派出所或者户籍办公室注销户口。短期出境的,办理临时外出的户口登记,返回后凭护照在原居住地恢复常住户口。

第八条 中国公民回国后再出境,凭有效的中华人民共和国护照或者有效的中华人民共和国旅行证或者其他有效出境入境证件。

第九条 在境外的中国公民短期回国,凭有效的中华人民共和国护照或者有效的中华人民共和国旅行证或者其他有效入境出境证件入境。

第十条 定居国外的中国公民要求回国定居的,应当在入境前向中国驻外国的外交代表机关、领事机关或者外交部授权的其他驻外机关提出申请,也可由本人或者经由国内亲属向拟定居地的市、县公安局提出申请,由省、自治区、直辖市公安厅(局)核发回国定居证明。

第十一条 定居国外的中国公民要求回国工作的,应当向中国劳动、人事部门或者聘请、雇用单位提出申请。

第十二条 定居国外的中国公民回国定居或者回国工作抵达目的地后,应当在30天内凭回国定居证明或者经中国劳动、人事部门核准的聘请、雇用证明到当地公安局办理常住户口登记。

第十三条 定居国外的中国公民短期回国,要按照户口管理规定,办理暂住登记。在宾馆、饭店、旅店、招待所、学校等企业、事业单位或者机关、团体及其他机构内住宿的,应当填写临时住房登记表,住在亲友家的,由本人或者亲友在24小时内(农村可在72小时内)到住地公安派出所或者户籍办公室办理暂住登记。

第十四条 中国公民应当从对外开放的或者指定的口岸出境、入境,向边防检查站出示中华人民共和国护照或者其他出境入境证件,填交出境、入境登记卡,接受查验。

第十五条 有下列情形之一的,边防检查站有权阻止出境、入境:

(一)未持有中华人民共和国护照或者其他出境入境证件的;

(二)持用无效护照或者其他无效出境入境证件的;

(三)持用伪造、涂改的护照、证件或者冒用他人护照、证件的;

(四)拒绝交验证件的。

具有前款第二、三项规定的情形的,并可依照本实施细则第二十三条的规定处理。

第十六条 中国公民出境入境的主要证件——中华人民共和国护照和中华人民共和国旅行证由持证人保存、使用。除公安机关和原发证机关有权依法吊销、收缴证件以及人民检察院、人民法院有权依法扣留证件外,其他任何机关、团体和企业、事业单位或者个人不得扣留证件。

第十七条 中华人民共和国护照有效期5年,可以延期2次,每次不超过5年。申请延期应在护照有效期满前提出。

在国外,护照延期,由中国驻外国的外交代表机关、领事机关或者外交部授权的其他驻外机关办理。在国内,定居国外的中国公民的护照延期,由省、自治区、直辖市公安厅(局)及其授权的公安机关出入境管理部门办理;居住国内的公民在出境前的护照延期,由原发证的或者户口所在地的公安机关出入境管理部门办理。

第十八条 中华人民共和国旅行证分1年一次有效和2年多次有效两种,由中国驻外国的外交代表机关、领事机关或者外交部授权的其他驻外机关颁发。

第十九条 中华人民共和国入出境通行证,是入出中国国(边)境的通行证件,由省、自治区、直辖市公安厅(局)及其授权的公安机关签发。这种证件在有效期内一次或者多次入出境有效。一次有效的,在出境时由边防检查站收缴。

第二十条 中华人民共和国护照和其他出境入境证件的持有人,如因情况变化,护照、证件上的记载事项需要变更或者加注时,应当分别向市、县公安局出入境管理部门或者中国驻外国的外交代表机关、领事机关或者外交部授权的其他驻外机关提出申请,提交变更、加注事项的证明或者说明材料。

第二十一条 中国公民持有的中华人民共和国护照和其他出境入境证件因即将期满或者签证页用完不能再延长有效期限,或者被损坏不能继续使用的,可以申请换发,同时交回原持有的护照、证件;要求保留原护照的,可以与新护照合订使用。护照、出境入境证件遗失的,应当报告中国主管机关,在登报声明或者挂失声明后申请补发。换发和被发护照、出境入境证件,在国外,由中国驻外国的外交代表机关、领事机关或者外交部授权的其他驻外机关办理;在国内,由省、自治区、直辖市公安厅(局)及其授权的公安机关出入境管理部门办理。

第二十二条 中华人民共和国护照和其他出境入境证件的持有人有下列情形之一的,其护照、出境入境证件应予以吊销或者宣布作废:

(一) 持证人因非法进入前往国或者非法居留被送回国内的;

(二) 公民持护照、证件招摇撞骗的;

(三) 从事危害国家安全、荣誉和利益的活动的。

护照和其他出境入境证件的吊销和宣布作废,由原发证机关或者其上级机关作出。

第二十三条 持用伪造、涂改等无效证件或者冒用他人证件出境、入境的,除收缴证件外,处以警告或者5日以下拘留;情节严重,构成犯罪的,依照《全国人民代表大会常务委员会关于严惩组织、运送他人偷越国(边)境犯罪的补充规定》的有关条款的规定追究刑事责任。

第二十四条 伪造、涂改、转让、买卖出境入境证件的,处10日以下拘留;情节严重,构成犯罪的,依照《中华人民共和国刑法》和《全国人民代表大会常务委员会关于严惩组织、运送他人偷越国(边)境犯罪的补充规定》的有关条款的规定追究刑事责任。

旅游政策法律与法规

第二十五条 编造情况,提供假证明,或者以行贿等手段,获取出境入境证件,情节较轻的,处以警告或者5日以下拘留;情节严重,构成犯罪的,依照《中华人民共和国刑法》和《全国人民代表大会常务委员会关于严惩组织、运送他人偷越国(边)境犯罪的补充规定》的有关条款的规定追究刑事责任。

第二十六条 公安机关的工作人员在执行《中华人民共和国公民出境入境管理法》和本实施细则时,如有利用职权索取、收受贿赂或者有其他违法失职行为,情节轻微的,由主管部门酌情予以行政处分;情节严重,构成犯罪的,依照《中华人民共和国刑法》和《全国人民代表大会常务委员会关于严惩组织、运送他人偷越国(边)境犯罪的补充规定》的有关条款的规定追究刑事责任。

附录阅读3:

《中华人民共和国外国人入境出境管理法实施细则》(选载)

(1986年12月3日批准,1994年7月15日发布)

第一条 外国人入境,应当向中国的外交代表机关、领事机关或者外交部授权的其他驻外机关申请办理签证。

外国人持有中国国内被授权单位的函电,并持有与中国有外交关系或者官方贸易往来国家的普通护照,因下列事由确需紧急来华而来不及在上述中国驻外机关申办签证的,也可以向公安部授权的口岸签证机关申请办理签证:

(一)中方临时决定邀请来华参加交易会的;
(二)应邀来华参加投标或者正式签订经贸合同的;
(三)按约来华监装出口、进口商检或者参加合同验收的;
(四)应邀参加设备安装或者工程抢修的;
(五)应中方要求来华解决索赔问题的;
(六)应邀来华提供科技咨询的;
(七)应邀来华团组办妥签证后,经中方同意临时增换的;
(八)看望危急病人或者处理丧事的;
(九)直接过境人员由于不可抗拒的原因不能在24小时内乘原机离境或者需改乘其他交通工具离境的;
(十)其他被邀请确实来不及在上述中国驻外机关申请签证,并持有指定的主管部门同意在口岸申办签证的函电的。

不属上述情况者,口岸签证机关不得受理其签证申请。

第二条　公安部授权的口岸签证机关设立在下列口岸：北京、上海、天津、大连、福州、厦门、西安、桂林、杭州、昆明、广州(白云机场)、深圳(罗湖、蛇口)、珠海(拱北)。

第三条　根据外国人来中国的身份和所持护照的种类,分别发给外交签证、礼遇签证、公务签证、普通签证。

第四条　签发普通签证时,根据外国人申请来中国的事由,在签证上标明相应的汉语拼音字母：

（一）D字签证发给来中国定居的人员；

（二）Z字签证发给来中国任职或者就业的人员及其随行家属；

（三）X字签证发给来中国留学、进修、实习6个月以上的人员；

（四）F字签证发给应邀来中国访问、考察、讲学、经商、进行科技文化交流及短期进修、实习等活动不超过6个月的人员；

（五）L字签证发给来中国旅游、探亲或者因其他私人事务入境的人员,其中9人以上组团来中国旅游的,可以发给团体签证；

（六）G字签证发给经中国过境的人员；

（七）C字签证发给执行乘务、航空、航运任务的国际列车乘务员、国际航空器机组人员及国际航行船舶的海员及其随行家属；

（八）J-1字签证发给来中国常驻的外国记者,J-2字签证发给临时来中国采访的外国记者。

第五条　外国人申请签证须回答被询问的有关情况并履行下列手续：

（一）提供有效护照或者能够代替护照的证件；

（二）填写签证申请表,交近期2寸半身正面免冠照片；

（三）交验与申请入境、过境事由有关的证明。

第六条　本实施细则第五条(三)项所说的有关证明是指：

（一）申请D字签证,须持有定居身份确认表。定居身份确认表由申请人或者委托其在中国的亲属向申请定居地的市、县公安局出入境管理部门申请领取；

（二）申请Z字签证,须有中国聘雇单位的聘请或者雇佣证明,或者被授权单位的函电；

（三）申请X字签证,须有接受单位或者主管部门的证明；

（四）申请F字签证,须有被授权单位的函电；

（五）申请L字签证,来华旅游的,须有中国旅游部门的接待证明,必要时须提供离开中国后前往国家(地区)的飞机票、车票或者船票；

（六）申请G字签证,须持有前往国家(地区)的有效签证。如果申请人免办前往国家(地区)的签证,须持有联程客票；

（七）申请C字签证,按协议提供有关的证明；

（八）申请J-1、J-2字签证,须有主管部门的证明。

外国人来中国定居或者居留1年以上的,在申请入境签证时,还须交验所在国政府指

第八章　旅游出入境管理法规

定的卫生医疗部门签发的,或者卫生医疗部门签发的并经过公证机关公证的健康证明书。健康证明书自签发之日起6个月有效。

第七条 下列外国人不准入境:

(一)被中国政府驱逐出境,未满不准入境年限的;

(二)被认为入境后可能进行恐怖、暴力、颠覆活动的;

(三)被认为入境后可能进行走私、贩毒、卖淫活动的;

(四)患有精神病和麻风病、艾滋病、性病、开放性肺结核病等传染病的;

(五)不能保障其在中国期间所需费用的;

(六)被认为入境后可能进行危害我国国家安全和利益的其他活动的。

第八条 外国人持有联程客票并已定妥联程座位搭乘国际航班从中国直接过境,在过境城市停留不超过24小时,不出机场的,免办过境签证;要求离开机场的,须向边防检查站申请办理停留许可手续。

第九条 国际航行船舶在中国港口停泊期间,外国船员及其随行家属要求登陆,不出港口城市的,向边防检查站申请登陆证,要求在陆地住宿的,申请住宿证。有正当理由需要前往港口城市以外的地区,或者不能随原船出境的,须向当地公安局申请办理相应的签证。

第十条 外国人抵达口岸,必须向边防检查站缴验有效护照和中国的签证、证件,填写入出境卡,经边防检查站查验核准加盖验讫章后入境。

第十一条 外国航空器或者船舶抵达中国口岸时,其负责人负有下列责任:

(一)机长、船长或者代理人必须向边防检查站提交机组人员、船员名单和旅客名单;

(二)如果载有企图偷越国境的人员,发现后应立即向边防检查站报告,听候处理;

(三)对于不准入境的人员,必须负责用原交通工具带走,对由于不可抗拒的原因不能立即离境的人,必须负责其在中国停留期间的费用和离开时的旅费。

第十二条 对下列外国人,边防检查站有权阻止入境或者出境:

(一)未持有效护照、证件或者签证的;

(二)持伪造、涂改或者他人护照、证件的;

(三)拒绝接受查验证件的;

(四)公安部或者国家安全部通知不准入境、出境的。

第十三条 外国人出境,须缴验有效护照或者其他有效证件,以及准予在中国停留的签证或者居留证件。

第十四条 被签证机关指定通行口岸的外国人和外国人的交通工具,必须从指定的口岸入、出境。

第十六条 持标有D、Z、X、J-1字签证的外国人,必须自入境之日起30日内到居住地市、县公安局办理外国人居留证或者外国人临时居留证。上述居留证件的有效期即为准许持证人在中国居留的期限。

外国人居留证,发给在中国居留1年以上的人员。

外国人临时居留证,发给在中国居留不满1年的人员。

持标有F、L、G、C字签证的外国人,可以在签证注明的期限内在中国停留,不需办理居留证件。

第十七条　外国人申请居留证件须回答被询问的有关情况并履行下列手续:

(一)交验护照、签证和与居留事由有关的证明;

(二)填写居留申请表;

(三)申请外国人居留证的,还要交验健康证明书,交近期2寸半身正面免冠照片。

第十八条　外国人居留证有效期可签发1年至5年,由市、县公安局根据外国人居留的事由确定。

对符合《外国人入境出境管理法》第十四条规定的外国人,公安机关可以发给1年至5年长期居留资格的证件,有显著成效的可以发给永久居留资格的证件。

第十九条　根据中国政府同外国政府签订的协议免办签证的外国人,需在中国停留30日以上的,应于入境后按本实施细则第十六、十七条申请居留证件。

但是,《外国人入境出境管理法》第三十四条规定的外国人,不适用前款的规定。

第二十条　外国人在签证或者居留证件有效期满后需继续在中国停留或者居留,须于期满前申请延期。

外国人在中国居留期间,如果发现患有本实施细则第七条第四项规定的疾病,中国卫生主管机关可以提请公安机关令其提前出境。

第二十一条　在外国人居留证上填写的项目内容(姓名、国籍、职业或者身份、工作单位、住址、护照号码、偕行儿童等)如有变更,持证人须于10日内到居住地公安局办理变更登记。

第二十二条　持外国人居留证的人迁出所在市、县,须于迁移前向原居住地的公安局办理迁移登记,到达迁入地后,须于10日内向迁入地公安局办理迁入登记。

定居的外国人申请迁移,须事先向迁入地公安局申请准予迁入的证明,凭该证明按前款规定办理迁移登记。

第二十三条　出于维护国家安全、社会秩序或者其他公共利益的原因,市、县公安局可以限制外国人或者外国机构在某些地区设立住所或者办公处所;已在上述限制地区设立住所或者办公处所的,必须在市、县公安局迁移通知书指定的期限内迁至许可的地区。

第二十四条　在中国定居的外国人必须每年一次在指定的时间到居住地的公安局缴验外国人居留证。

公安局认为必要时,可通知外国人到出入境管理部门缴验外国人居留证,外国人应按通知指定的时间前往缴验。

第二十七条　外国人在中国死亡,其家属或者监护人或者代理人须于3日内持死亡证明向当地公安局申报并缴销死者的居留证件或者签证。

外国人非正常死亡,有关人员或者发现者应当立即向公安机关报告。

第二十九条　外国人在宾馆、饭店、旅店、招待所、学校等企业、事业单位或者机关、团体及其他中国机构内住宿,应当出示有效护照或者居留证件,并填写临时住宿登记表。在非开放地区住宿还要出示旅行证。

第三十条 外国人在中国居民家中住宿,在城镇的,须于抵达后24小时内,由留宿人或者本人持住宿人的护照、证件和留宿人的户口簿到当地公安机关申报,填写临时住宿登记表;在农村的,须于72小时内向当地派出所或者户籍办公室申报。

第三十一条 外国人在中国的外国机构内或者在中国的外国人家中住宿,须于住宿人抵达后24小时内,由留宿机构、留宿人或者本人持住宿人的护照或者居留证件,向当地公安机关申报,并填写临时住宿登记表。

第三十三条 外国人在移动性住宿工具内临时住宿,须于24小时内向当地公安机关申报。为外国人的移动性住宿工具提供场地的机构或者个人,应于24小时前向当地公安机关申报。

第三十四条 外国人前往不对外国人开放的市、县旅行,须事先向所在市、县公安局申请旅行证,获准后方可前往。申请旅行证须履行下列手续:

(一) 交验护照或者居留证件;

(二) 提供与旅行事由有关的证明;

(三) 填写旅行申请表。

第三十五条 外国人旅行证的有效期最长为1年,但不得超过外国人所持签证或者居留证件的有效期限。

第三十六条 外国人领取旅行证后,如要求延长旅行证有效期、增加不对外国人开放的旅行地点、增加偕行人数,必须向公安局申请延期或者变更。

第三十七条 外国人未经允许,不得进入不对外开放的场所。

第三十八条 外国人应当在签证准予停留的期限内或者居留证件的有效期内出境。

第四十条 对非法入出中国国境的外国人,可以处1 000元以上、10 000元以下的罚款,或者处3日以上、10日以下的拘留,也可以并处限期出境或者驱逐出境;情节严重,构成犯罪的,依法追究刑事责任。

第四十一条 对违反本实施细则第十一条规定,拒绝承担责任的交通工具负责人或者其代理人,可以处1 000元以上、10 000元以下的罚款,或者处3日以上、10日以下的拘留。

第四十二条 对违反本实施细则第十六、十九、二十条规定,非法居留的外国人,可以处警告或者每非法居留一日,处500元罚款,总额不超过5 000元,或者处3日以上、10日以下的拘留;情节严重的,并处限期出境。

对违反本实施细则第二十一、二十二条规定的外国人,可以处警告或者500元以下的罚款,情节严重的,并处限期出境。

对违反本实施细则第二十三条规定,不执行公安机关决定的外国人,在强制其执行决定的同时,可以处警告或者1 000元以上、10 000元以下的罚款;情节严重的,并处限期出境。

第四十三条 对违反本实施细则第二十四、二十五条规定,不按要求缴验居留证,不随身携带护照或者居留证件,或者拒绝民警查验证件的外国人,可以处警告或者500元以下的罚款;情节严重的,并处限期出境。

第四十四条 对未经中华人民共和国劳动部或者其授权的部门批准私自谋职的外国人,在终止其任职或者就业的同时,可以处1 000元以下的罚款,情节严重的,并处限期出境。

对私自雇用外国人的单位和个人,在终止其雇用行为的同时,可以处5 000元以上、50 000元以下的罚款,并责令其承担遣送私自雇用的外国人的全部费用。

第四十五条 对违反本实施细则规定,不办理住宿登记或者不向公安机关申报住宿登记或者留宿未持有效证件外国人的责任者,可以处警告或者50元以上、500元以下的罚款。

第四十六条 对违反本实施细则第三十四、三十六、三十七条规定,未经批准前往不对外国人开放地区旅行的外国人,可以处警告或者500元以下的罚款,情节严重的,并处限期出境。

第四十七条 对伪造、涂改、冒用、转让、买卖签证、证件的外国人,在吊销或者收缴原签证、证件并没收非法所得的同时,可以处1 000元以上、10 000元以下的罚款,或者处3日以上、10日以下的拘留,也可以并处限期出境;情节严重,构成犯罪的,依法追究刑事责任。

第五十条 被处罚人对公安机关的罚款、拘留处罚不服的,在接到通知之日起15日内,可以通过原裁决机关或者直接向上一级公安机关申诉,上一级公安机关自接到申诉之日起15日内作出最后裁决。被处罚人也可以直接向当地人民法院提起诉讼。

第五十一条 本章规定的处罚,由公安机关执行。

第五十二条 外国人申请各项签证、证件的延期或者变更,须履行下列手续:

(一)交验护照和签证、证件;

(二)填写延期申请表或者变更申请表;

(三)提供与延期或者变更事由有关的证明。

第五十四条 不满16周岁的外国少年儿童,与其父母或者监护人使用同一护照的,随其父母或者监护人来中国时,可以不单独办理入境、过境、居留、旅行手续。

第五十五条 外国人所持中国的签证、证件如有遗失或者损坏,应当立即向当地公安局出入境管理部门报告,申请补领或者换发。遗失外国人居留证的,须在当地政府报纸上声明作废。

附录阅读4:

《中华人民共和国外国人入境出境管理法》(选载)

(1985年11月22日通过,1986年2月1日施行)

第一条 为维护中华人民共和国的主权、安全和社会秩序,有利于开展国际交往,特制定本法。

外国人入、出、通过中华人民共和国国境和在中国居留、施行适用本法。

第二条 外国人入境、过境和在中国境内居留，必须经中国政府主管机关许可。

第三条 外国人入境、出境、过境，必须从对外国人开放的或者指定的口岸通行，接受边防检查机关的检查。

外国的交通工具入境、出境、过境，必须从对外国人开放的或者指定的口岸通行，接受边防检查机关的检查和监护。

第四条 中国政府保护在中国境内的外国人的合法权利和利益。

外国人的人身自由不受侵犯，非经人民检察院批准或者决定或者人民法院决定，并由公安机关或者国家安全机关执行，不受逮捕。

第五条 外国人在中国境内，必须遵守中国法律，不得危害中国国家安全、损害社会公共利益、破坏公共秩序。

第六条 外国人入境，应当向中国的外交代表机关、领事机关或者外交部授权的其他驻外机关申请办理签证。在特定情况下，依照国务院规定，外国人也可以向中国政府主管机关指定口岸的签证机关申请办理签证。

同中国政府订有签证协议的国家的售货员入境，按照协议执行。

外国对中国公民入境、过境有专门规定的，中国政府主管机关可以根据情况采取相应措施。

持联程客票搭乘国际航班直接过境，在中国停留不超过24小时不出机场的外国人，免办签证。要求临时离开机场的，需经边防检查机关办理停留许可手续。

第七条 外国人申请各项签证，应当提供有效护照，必要时提供有关证明。

第八条 应聘或者受雇来中国工作的外国人，申请签证时，应当持有应聘或者受雇证明。

第九条 来中国定居的外国人，申请签证时，应当持有定居身份确认表。定居身份确认表，由申请人向申请定居地的公安机关申请领取。

第十条 中国政府主管机关根据外国人申请入境的事由，发给相应的签证。

第十一条 从事国际航行的航空器或者船舶抵达中国口岸时，机长、船长或者代理人必须向边防检查机关提交旅客名单；外国的飞机、船舶还必须提供机组、船员名单。

第十二条 被认为入境后可能危害中国的国家安全、社会秩序的外国人，不准入境。

第十三条 外国人在中国居留，必须持有中国政府主管机关签发的身份证件或者居留证件。

身份证件或者居留证件的有效期限，根据入境的事由确定。

在中国居留的外国人，应当在规定的时间内到当地公安机关缴验证件。

第十四条 依照中国法律在中国投资或者同中国的企业、事业单位进行经济、科学技术、文化合作以及其他需要在中国长期居留的外国人，经中国政府主管机关批准，可以获得长期居留或者永久居留资格。

第十五条　对因为政治原因要求避难的外国人,经中国政府主管机关批准,准许在中国居留。

第十六条　对不遵守中国法律的外国人,中国政府主管机关可以缩短其在中国停留的期限或者取消其在中国居留的资格。

第十七条　外国人在中国境内临时住宿,应当依照规定,办理住宿登记。

第十八条　持居留证件的外国人在中国变更居留地点,必须依照规定办理迁移手续。

第十九条　未取得居留证件的外国人和来中国留学的外国人,未经中国政府主管机关允许,不得在中国就业。

第二十一条　外国人前往不对外国人开放的地区旅行,必须向当地公安机关申请旅行证件。

第二十二条　外国人出境,凭本人有效护照或者其他有效证件。

第二十三条　有下列情形之一的外国人,不准出境:

(一)刑事案件的被告人和公安机关或者人民检察院或者人民法院认定的犯罪嫌疑人;

(二)人民法院通知有未了结公事案件不能离境的;

(三)有其他违反中国法律的行为尚未处理,经有关主管机关认定需要追究的。

第二十四条　有下列情形之一的外国人,边防检查机关有权阻止出境,并依法处理:

(一)持用无效出境证件的;

(二)持用他人出境证件的;

(三)持用伪造或者涂改的出境证件的。

第二十五条　中国政府在国外受理外国人入境、过境申请的机关,是中国的外交代表机关、领事机关和外交部授权的其他驻外机关。

中国政府在国内受理外国人入境、过境、居留、旅行申请的机关,是公安部、公安部授权的地方公安机关和外交部、外交部授权的地方外事部门。

第二十六条　受理外国人入境、过境、居留、旅行申请的机关有权拒发签证、证件;对已经发出的签证、证件,有权吊销或者宣布作废。

公安部和外交部在必要时,可以改变各自授权的机关所作出的决定。

第二十七条　对非法入境、非法居留的外国人,县级以上公安机关可以拘留审查、监视居住或者遣送出境。

第二十八条　县级以上公安机关外事民警在执行任务时,有权查验外国人的护照和其他证件。外事民警查验时,应当出示自己的工作证件,有关组织或者个人有协助责任。

第二十九条　对违反本法规定,非法入境、出境的,在中国境内非法居留或者停留的,未持有效旅行证件前往不对外国人开放的地区旅行的,伪造,涂改,冒用,转让入境、出境证件的,县级以上公安机关可以处以警告、罚款或者10日以下的拘留处罚;情节严重构成犯罪的,依法追究刑事责任。

受公安机关罚款或者挽留处罚的外国人,对处罚不服的,在接到通知之日起15日内,可以向上一级公安机关提出申诉,由上一级公安机关作出最后通牒的裁决;也可以直接向当地人民法院提起诉讼。

第三十条 有本法第二十九条所列行为情节严重的,公安部可以处以限期出境或者驱逐出境处罚。

本章围绕出入境的管理制度展开,分别研究了中国公民出入境管理制度、外国人入出境管理制度、出入境边防检查和卫生检疫管理制度,以及在此问题上涉及的国际旅游者的法律地位问题。通过系统的学习,要求掌握旅游出入境的知识,了解有关出入境管理的法规制度。本章涉及诸多规范及条例,因为具有涉外性,所以在学习过程中要明确我国相关规定,明确法规适用的各种情形并能运用规范解决实际中的具体问题。

1. 中国旅游者出入境的权利和义务是什么?
2. 公安机关不批准出境的有哪些情形?
3. 外国旅游者有哪些情形不允许入境?
4. 中国边防检查机关对入出境的人员在什么情形下有权限制其活动范围?

权益篇

旅游政策法律与法规

第九章 旅游安全与保险管理法律制度

学习目标

- 了解旅游安全管理工作的方针及旅游安全管理职责；
- 掌握旅游安全事故的等级划分、旅游安全事故的一般处理程序；
- 掌握旅游保险的特点及旅游保险合同的要素构成；
- 掌握旅行社意外保险合同的主要内容。

第一节 旅游安全管理法律法规制度

一、旅游安全管理概述

为了使我国旅游安全管理工作规范化和制度化，国家旅游局自1990年以来，先后制定了《旅游安全管理暂行办法》、《旅游安全管理暂行办法实施细则》以及《重大旅游安全事故报告制度试行办法》、《重大旅游安全事故处理程序试行办法》等一系列旅游安全规章制度，从而将我国的旅游安全管理工作初步纳入规范化和法制化的轨道，使旅游安全管理工作有法可依，有章可循。1998年国家旅游局又发布了《漂流旅游安全管理暂行办法》，使我国的安全管理工作从一般性管理走向了具体化管理。2001年1月国务院召开了全国旅游发展工作会议，会议要求：加强社会环境综合治理，创造一个安全、文明、健康的社会环境，为旅游业发展提供良好的外部条件。加强旅游安全保障，特别要做好旅游高峰期重点旅游景区和旅游城市的社会治安、交通疏导、卫生防疫和紧急救援工作。

（一）旅游安全管理工作的方针

根据《旅游安全管理暂行办法》的规定，旅游安全管理工作实行"安全第一，预防为主"的方针。

所谓"安全第一"，指在旅游活动中，无论是旅游行政管理部门，还是旅游经营单位，或是旅游从业人员，都必须自始至终把安全工作放在首位，丝毫不得懈怠。对旅游业来说，安全问题，是一个十分敏感的问题，不仅影响到旅游业的形象和信誉，也关系到旅游业的生存与发展。没有安全,就没有旅游业的发展,也就没有对外开放、经济繁荣和社会稳定。

所谓"预防为主",指对于旅游活动中可能发生的安全事故,一定要把预防工作做在前面,切不可待到安全事故发生后再去强调。这就要求各级旅游行政管理部门、旅游企业和旅游从业人员切实增加旅游安全责任心,建立健全各项旅游安全的规章制度,在实际工作中严格按照旅游安全规章制度去做,增强风险防范意识,切实做到"预防为主"。

(二) 旅游安全管理机关及其职责

依据《旅游安全管理暂行办法》规定,旅游安全管理工作实行"统一领导、分级管理,以基层为主"的原则。即对旅游安全管理工作实行在国家旅游局的统一领导下,地方各级旅游行政管理部门分级管理的体制。

1. 国家旅游局在旅游安全管理工作上的主要职责

(1) 制定国家旅游局安全管理规章,并组织实施;

(2) 会同国家有关部门对旅游安全实行综合治理,协调处理旅游安全事故和其他安全问题;

(3) 指导、检查和监督各级旅游行政管理部门和旅游企事业单位的旅游安全管理工作;

(4) 负责全国旅游安全管理的宣传、教育工作,组织旅游安全管理人员的培训工作;

(5) 协调重大旅游安全事故的处理工作;

(6) 负责全国旅游安全管理方面的其他有关事项。

2. 地方各级旅游行政管理部门在旅游安全管理工作上的职责

(1) 贯彻执行国家旅游局旅游安全法规;

(2) 制定本地区旅游安全管理的规章制度并组织实施;

(3) 协同工商、公安、卫生等有关部门,对新开业的旅游企事业单位的安全管理机构、规章制度及其消防、卫生防疫等安全设施、设备进行检查,参加开业前的验收工作;

(4) 协同公安、卫生、园林等有关部门,开展对旅游安全环境的综合治理工作,防止向旅游者敲诈、勒索、围堵等不法行为的发生;

(5) 组织和实施对旅游安全管理人员的宣传、教育和培训工作;

(6) 参与旅游安全事故的处理工作;

(7) 受理本地区涉及旅游安全问题的投诉;

(8) 负责本地区旅游安全管理的其他事项。

(三) 旅游经营企业的安全管理职责

旅游安全管理工作重点要以"基层为主",即旅游安全工作成效如何,关键在基层,也就在旅游企业。作为旅游企业的旅行社、旅游饭店、旅游汽车和游船公司、旅游购物商店、旅游娱乐场所和其他旅游经营企业就是旅游安全管理工作的基层单位。只有这些单位切实做好旅游安全管理,旅游安全工作才能收到实效。旅游企业安全管理工作的职责是:

(1) 设立安全管理机构,配备安全管理人员;

(2) 建立安全规章制度,并组织实施;

(3) 建立安全管理责任制,将安全管理的责任落实到每个岗位、每个职工;

(4) 接受当地旅游行政管理部门对旅游安全管理工作的行政管理和检查、监督;

(5) 把安全教育、职工培训制度化、经常化;培养职工的安全意识,普及安全常识,提高安全技能。对新招聘的职工,必须经过安全培训,合格后才能上岗;

(6) 新开业的旅游企事业单位,在开业前必须向当地旅游行政管理部门申请安全设施设备、安全管理机构、安全规章制度的检查验收,检查验收不合格者,不得开业;

(7) 坚持日常的安全检查工作,重点检查安全规章制度的落实情况和安全管理漏洞,及时消除安全隐患;

(8) 对用于接待旅游者的汽车、游船和设施,要定期进行维修和保养,使其始终处于良好的安全技术状况,在运营前进行全面的检查,严禁带故障运行;

(9) 对旅游者的行李要有完备的交接手续,明确责任,防止损坏或丢失;

(10) 在安排旅游团队的游览活动时,要认真考虑可能影响安全的诸项因素,制定周密的行程计划,并注意避免司机处于过分疲劳状态;

(11) 负责为旅游者投保;

(12) 直接参与处理涉及本单位的旅游安全事故,包括事故处理、善后处理及赔偿事项等;

(13) 开展登山、汽车、狩猎、探险等特殊旅游项目时,要事先制定周密的安全保护预案和急救措施,重要团队必须按规定报有关部门审批。

(四) 旅游安全事故

1. 旅游安全事故的概念

旅游安全事故指的是在旅游活动的过程中,涉及旅游者人身、财物安全的事故。

2. 旅游安全事故的分类

旅游安全事故分为轻微、一般、重大和特大事故 4 个等级:

(1) 轻微事故指一次事故造成旅游者轻伤,或经济损失在 1 万元人民币以下者;

(2) 一般事故指一次事故造成旅游者重伤,或经济损失在 1 万元至 10 万元(含 1 万)元人民币者;

(3) 重大事故指一次事故造成旅游者死亡或旅游者重伤致残,或经济损失在 10 万至 100 万(含 10 万)元人民币者;

(4) 特大事故指一次事故造成多名旅游者死亡,或轻济损失在 100 万元以上,或者性质特别严重、产生重大影响者。

(五) 旅游安全事故的处理

1. 旅游安全事故的一般处理程序

旅游安全事故一旦发生后,应当严格按照规定的程序处理。依照《旅游安全管理暂行办法》的规定,事故发生单位在旅游安全事故发生后,应按下列程序处理。

(1) 陪同人员应当立即上报主管部门,主管部门应当及时报告归口管理部门。导游人员在带团游览中,如果发生了旅游安全事故,导游人员应当立即向其所属旅行社和当地旅游行政管理部门报告。当地旅游行政管理部门在接到一般、重大、特别重大旅游安全事故报告后，要尽快向当地人民政府报告。对重大、特大旅游安全事故，要同时向国家旅游行政管理部门报告。

（2）要会同事故发生地的有关单位严格保护现场。因为事故现场直接涉及能否准确地确定事故性质，寻找破案线索，也关系到安全事故的妥善处理。所以，一旦发生旅游安全事故后，现场有关人员一定要配合公安或其他有关方面，严格保护事故发生地现场。

（3）协同有关部门进行抢救、侦查。当旅游安全事故发生后，地方旅游行政管理部门和有关旅游经营单位及人员要积极配合公安、交通、救护等有关方面，组织对旅游者进行紧急救援，并采取有效措施，妥善处理善后事宜。

（4）有关单位负责人应及时赶赴现场处理，这是对有关单位负责人的要求。当安全事故发生后，有关旅游经营单位和当地旅游行政管理部门的负责人应及时赶赴现场，以便于现场组织指挥，采取适当的处理措施。

（5）对特别重大事故，应当严格按照国务院《特别重大事故调查程序暂行规定》进行处理。

2. 重大安全事故的处理

重大旅游安全事故指一次事故造成旅游者死亡或者旅游者重伤致残，或经济损失在10万至100万（含10万）元人民币。具体地讲，重大旅游安全事故包括造成海外旅游者重伤、死亡的事故；涉外旅游安全住宿、交通、游览、餐饮、娱乐、购物场所的重大火灾及其他恶性事故；以及其他经济损失严重的事故。

对于重大安全事故的处理原则是由事故发生地的人民政府负责处理，牵头协调有关部门、事故责任方及其主管部门，必要时可成立事故处理领导小组。

（1）报告单位职责。在重大旅游安全事故发生后，报告单位应当立即派人赶赴现场，组织抢救工作，保护事故现场，并及时报告当地公安部门。报告单位如不属事故方或责任方的主管部门，应按照事故处理领导小组的部署做好有关工作。在旅游安全事故发生后，公安部门人员尚未进入事故现场前，如因现场抢救工作需要移动物证时，应作出标记，尽量保护事故现场的客观完整。如有伤亡情况的，应立即组织医护人员进行抢救，并及时报告当地卫生部门。在此同时，事故报告单位应当检查伤亡人员的团队名称、国籍、姓名、性别、年龄、护照号码以及在国内外的保险情况，并进行登记。有伤亡事故的，应注意保护好遇难者的遗骸、遗体。对事故现场的行李和物品，要认真清理和保护，并逐项登记造册。

（2）涉及海外旅游者的报告。如果伤亡者中有来自海外的旅游者，责任方和报告单位在对伤亡人员核实清查后，要及时报告当地外事部门及国家旅游局，由当地外事部门或国家旅游局负责通知外方。有关组团旅行社应及时抚慰伤亡者家属。

（3）出具有关证明。在伤亡事故的处理过程中，责任方及主管部门负责联系有关部门为伤残者或伤亡者家属提供证明文件。

3. 特别重大旅游安全事故处理的程序

所谓特别重大事故（简称特大事故）指造成特别重大人身伤亡或者巨大经济损失以及

性质特别严重、产生重大影响的事故。从旅游业来说,特别重大旅游安全事故指一次事故造成旅游者多名死亡,或经济损失在100万元人民币以上,或者性质特别严重、产生重大影响的事件。根据《旅游安全管理暂行办法》规定,对特别重大的旅游安全事故的调查处理适用国务院发布的《特别重大事故调查程序暂行规定》依据这一规定,当特别重大的旅游安全事故发生后,处理过程应注意下列问题。

(1) 及时报告。特大事故发生单位应立即将所发生特大事故的情况报告上级归口管理部门和所在地地方人民政府,并报告所在地的省、自治区、直辖市人民政府和国务院归口管理部门。在24小时内写出书面事故报告,报送上述部门。如涉及军民两个方面的特大事故,特大事故发生单位在事故发生后,必须立即将所发生特大事故的情况报告当地警备司令部或最高军事机关,并应当在24小时内写出事故报告,报上述单位。省、自治区、直辖市人民政府和国务院归口管理部门在接到特大事故报告后,应当立即向国务院作出报告。

按照《特别重大事故调查程序暂行规定》的规定,特大事故报告应当包括以下内容:事故发生的时间、地点、单位;事故的简要过程、伤亡人数、直接经济损失的初步估计;事故发生原因的初步判断;事故发生后采取的措施及事故控制情况;事故报告单位。

(2) 保护现场。特大事故发生地公安部门得知发生特大事故后,应当立即派人赶赴现场,负责事故现场的保护和证据收集工作。对于特大事故现场的勘查工作,由特大事故发生单位所在地地方人民政府负责组织有关部门进行。

(3) 事故调查。根据《特别重大事故调查程序暂行规定》,特大事故发生后,按照事故发生单位的隶属关系,由省、自治区、直辖市人民政府或国务院归口管理部门组织成立特大事故调查组,负责特大事故调查工作。对于某些特大事故,国务院认为应当由国务院调查的,则可以决定由国务院或者国务院授权的部门组织成立特大事故调查组。

特大事故调查组有权向事故发生单位、有关部门及有关人员了解事故的有关情况并索取有关资料,任何单位和个人必须予以协助,不得拒绝。同时,任何单位和个人也不得阻碍和干涉事故调查组的正常工作。经过调查,特别重大事故调查组在写出事故调查报告后,应当迅速报送组织调查的部门。经组织调查部门同意,调查工作即告结束。

4. 外国旅游者在华旅游期间发生伤亡情况的处理

在重大和特别重大旅游安全事故中,经常会发生外国旅游者伤亡的情况,对于外国旅游者伤亡事故的处理,应当特别注意下列事宜:

(1) 立即通过外事管理部门通知有关国家驻华使馆和组团单位;
(2) 为前来了解、处理事故的外国使领馆人员和组团单位及伤亡者家属提供方便;
(3) 与有关部门协调,为国际急救组织前来参与对在国外投保的旅游者的伤亡处理提供方便;
(4) 对在华死亡的外国旅游者严格按照外交部《外国人在华死亡后的处理程序》办理。

阅读材料

《外国人在华死亡后的处理程序》规定如下：

(1) 死亡性质的确定。死亡可分正常死亡和非正常死亡。因年迈或其他疾病而自然死亡的，属于正常死亡；因意外交通事故死亡的，属于非正常死亡。在旅游活动中，外国旅游者在华旅游期间的死亡情况也可分为正常死亡和非正常死亡。

一经发现外国人在华死亡，发现人（包括个人或单位）应当立即报告当地公安局、外办，并在上述部门同意后通知死者所属的旅游团组负责人。如属正常死亡，善后处理工作由特定单位负责；没有特定单位的（包括零散旅客），由公安机关会同有关部门共同处理。如属非正常死亡，应保护好现场，由公安机关进行取证并处理。一般尸体在处理前应妥为保存（如防腐、冷冻）。

(2) 通知外国使领馆及死者家属。一经确定死亡后，报《维也纳领事关系公约》或双边领事条约的规定，以及国际惯例，外国人在华死亡后应尽快通知死者家属及其所属国家驻华使领馆。

凡属正常死亡的外国人，在通报公安部门和地方外办后，由接待或聘用单位负责通知死者家属及其所属国在华使领馆；如死者在华无接待单位，由公安部门负责通知。如果死者所属国同我国签订的领事条约有通知时限规定的，按条约规定办；如无此类条约规定，应按《维也纳领事关系公约》的规定和国际惯例尽快通知。

(3) 尸体解剖。正常死亡者或者死因明确的非正常死亡者，一般不需做尸体解剖。若死者家属或其所属驻华使领馆要求解剖，我方可同意，但必须要有死者家属或使领馆有关官员签字的书面请求。对于非正常死亡者，为查明死因，需要进行解剖时，由公安、司法机关按有关规定办理。

(4) 出具证明。正常死亡，由县级或县级以上医院出具"死亡证明书"。如死者死前曾往医院治疗或抢救，应其家属要求，医院可提供"诊断书"或"病历纪要"。非正常死亡，由公安机关或司法机关的法医出具"死亡鉴定书"。县级或县级以上的医院出具的"死亡证明"、公安机关或司法机关的法医出具的"死亡鉴定书"，如死者家属要求办理认证手续（按规定这两种证书无需办理公证），可直接办理认证和有关外国驻华使领馆认证。

(5) 对尸体的处理。对在华死亡的外国人尸体的处理，可在当地火化，亦可将尸体运回其本国。究竟如何处理，应尊重死者家属或所属使领馆的意愿。如果死者家属要求火化尸体，必须由死者家属或所属使领馆提出书面请求并签字后进行，骨灰由他们带回或运送回国。如外方不愿在中国火化，可同意将尸体运送回国，但是，运输手续和费用原则上由外方处理。如果办理手续有困难，接待单位或有关部门可给予必要的协助。

为了做好外方工作和从礼节上的考虑，对受聘或有接待单位的死者，在火化或尸体运送回国前，可由聘用接待单位为死者举行一次简单的追悼仪式。如外方要求举行宗教仪式,应视当地条件而定,可安排举行一个简单的宗教仪式。

如外方要求将死者在中国土葬,可以我国"殡葬改革,提倡火葬"为由予以婉拒。如果外方要求将骨灰埋在中国或撒在中国的土地上,一般亦以婉拒。但如死者是对中国作出特殊贡献的友好知名人士,应报请省级或国家民政部门决定。

（6）骨灰和尸体运输出境。中国民航国内运输一般不办理尸体的运输业务。特殊情况需要向当地民航管理局提出申请。而且,应按照民航运输的规定包装,并提供必需的证明文件。

（7）死者遗物的清点处理。清点死者遗物应有死者偕行人员、所属使领馆人员和我方人员在场。如无偕行人员,使领馆人员又不能到场时,可请公证处公证人员到场。遗物必须清点造册,列出清单,清点人要愿意签字。接收遗物者要开出收据,注明接收时间、地点、在场人等,签字后办理公证手续。如死者有遗嘱,应将遗嘱拍照或复制,原件交死者家属或所属使领馆。

（8）写出《死亡善后处理情况报告》。死者善后事宜处理结束后,聘用或接待单位应写出《死亡善后处理情况报告》,报主管领导单位、外办、公安厅（局）、外交部。内容应包括死亡原因、抢救措施、诊断结果、善后处理情况及外方反应等。

（5）对于外国旅游者的赔偿,按照国家有关保险规定妥善处理。

（六）旅游安全管理的奖惩规定

1. 奖励

对于在旅游安全工作中做出显著成绩或有突出贡献的单位和个人给予表彰或奖励。

（1）受奖单位应具备的条件:旅游安全管理制度健全,预防措施落实,安全教育普及,安全宣传和培训工作扎实,在防范旅游安全事故方面成绩突出,一年内未发生一般性事故的;协助事故发生单位进行紧急救助,避免重大损失,成绩突出的;在旅游安全其他方面做出突出成绩的。

（2）受奖个人应具备的条件:热爱旅游安全工作,在防范和杜绝本单位发生安全事故方面成绩突出的;见义勇为、救助旅游者或保护旅游者财物安全不受重大损失的;及时发现事故隐患,避免重大事故发生的;在旅游安全其他方面做出突出成绩的。

2. 处罚

（1）应予处罚的情况:严重违反旅游安全法规,发生一般、重大、特大安全事故者;对可能引发安全事故的隐患,长期不能发现和消除,导致重大、特大安全事故发生者;旅游安全设施、设备不符合标准和技术要求,长期无人负责,不予整改的;旅游安全管理工作混乱,造成恶劣影响者。

（2）处罚的种类。对违反有关安全法规而造成旅游者伤亡事故和不履行《旅游安全管理暂行办法》的,由旅游行政管理部门会同有关部门分别给予直接责任人和责任单位以下处罚:警告、罚款、限期整改、停业整顿、吊销营业执照。触犯刑律者,由司法机关依法追究刑事责任。

二、旅游突发事件处理办法

(一) 旅游突发事件的概念及范围

根据国家旅游局于2005年8月9日发布的《旅游突发公共事件应急预案》，旅游突发公共事件是指旅游者因自然灾害、事故灾害、突发公共卫生事件和突发社会安全事件而发生的重大游客伤亡事件。

突发公共事件的范围包括：

(1) 自然灾害、事故灾难导致的重大游客伤亡事件，包括：水旱等气象灾害；山体滑坡和泥石流等地质灾害；重大交通运输事故；其他各类重大安全事故等。

(2) 突发公共卫生事件造成的重大游客伤亡事件，包括：突发性重大传染性疾病疫情、群体性不明原因疾病、重大食物中毒，以及其他严重影响公众健康的事件等。

(3) 突发社会安全事件特指发生重大涉外旅游突发事件和大型旅游节庆活动事故。包括：发生港澳台和外国游客死亡事件，在大型旅游节庆活动中，由于人群的过度拥挤、火灾、建筑物等造成人员伤亡的突发事件。

(二) 旅游突发事件的处理原则

为了迅速、有效地处置旅游者在旅游过程中所遇到的各种突发公共事件，尽可能为旅游者提供救援和帮助，保护旅游者的生命安全，维护中国旅游形象，在处理突发事件时，必须遵循以下原则。

1. 以人为本，救援第一

在处理旅游突发公共事件中以保障旅游者生命安全为根本目的，尽一切可能为旅游者提供救援、救助。

2. 属地救护，就近处置

在当地政府领导下，由当地旅游行政主管部门负责相关应急救援工作，运用一切力量，力争在最短时间将危害和损失降到最低程度。

3. 及时报告，信息畅通

各级旅游行政主管部门在接到有关事件的救援报告时，要在第一时间内，立即向上级部门及相关单位报告，或一边救援一边报告，并及时处理和做好有关的善后工作。

(三) 旅游突发事件处理的组织及职责

1. 组织领导机构

旅游突发事件处理的组织领导机构由国家行政部门和地方旅游行政部门主要领导成员组成，具体是：

(1) 国家旅游局设立旅游突发事件应急协调领导小组，组长为国家旅游局局长，副组长为国家旅游局副局长、党组成员、小组成员为国家旅游局机关各司司长。领导小组办公室设在国家旅游局综合司。

(2) 市级以上旅游行政管理部门设立旅游突发事件应急领导小组，由主要负责人担任组长。领导小组下设办公室,具体负责本地区旅游突发事件的应急指挥和相关的协调处理工作。

2. 工作职责

(1)国家旅游局旅游突发事件应急协调领导小组,负责协调指导涉及全国性、跨省发生的重大旅游突发事件的相关处置工作,涉及国务院有关部委参加的重大旅游突发事件的处置、调查工作;有权决定本预案的启动和终止;对各类信息进行汇总分析,并上报国务院。领导小组办公室主要负责有关突发事件应急信息的收集、核实、传递、通报,执行和实施领导小组的决策,承办日常工作。

(2)各级领导小组及其办公室负责监督所属地区旅游经营单位及旅游者安全的信息,适时向旅游企业和旅游者发出旅游警告或警示;本地区发生突发事件时,在本级政府领导下,积极组织协同相关部门为旅游者提供各种救援;及时向上级部门和有关单位报告有关救援信息;处理其他相关事项。

(四)旅游突发事件救援机制

1. 旅游突发公共事件等级

旅游突发公共事件按旅游者的伤亡程度分为重大、较大、一般三级,具体是:

(1)重大突发事件指一次突发事件造成旅游者10人以上重伤或5人以上死亡的,或一次造成50人以上严重食物中毒或造成5人以上中毒死亡的;

(2)较大突发事件指一次突发事件造成旅游者5—9人重伤或1—4人死亡的,或一次造成20—49人严重食物中毒且有1—4人死亡的;

(3)一般突发事件指一次突发事件造成旅游者1—4人重伤,或一次造成1—19人严重食物中毒的。

2. 旅游突发公共事件的分级响应

(1)当发生重大突发事件时,国家旅游局启动应急预案,做好协调、信息掌握等相关工作;事发所在地省级旅游行政管理部门启动相应应急预案,在省级人民政府领导下,进行具体的响应,参与和协调相关单位及时采取应急处置措施。

(2)发生较大以下突发事件时,由省级行政管理部门决定启动相应的旅游应急预案,在省级人民政府领导下,参与和协调相关部门和单位及时采取应急处置措施。

(五)旅游突发事件的应急救援处置程序

1. 突发自然灾害和事故灾难事件的应急救援处置程序

(1)当自然灾害和事故灾难影响到旅游团队的人身安全时,随团导游人员在与当地有关部门取得联系争取救援的同时,应立即向当地旅游行政管理部门报告情况。

(2)当地旅游行政管理部门在接到旅游团队、旅游景区(点)等发生突发自然灾害和事故灾难报告后,应积极协助有关部门为旅游团队提供紧急救援,并立即将情况汇报上一级旅游行政管理部门。同时,及时向组团旅行社所在地旅游行政管理部门通报情况,配合处理有关事宜。

(3)国家旅游局在接到相关报告后,要主动了解、核实有关信息并及时上报国务院;

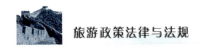

协调相关地区和部门做好应急救援工作。

2. 突发公共事件的应急救援处置程序

(1) 突发重大传染病疫情应急救援处置程序。

① 旅游团队在行程中发现疑似重大传染病疫情时,随团导游人员应立即向当地卫生防疫部门报告,服从卫生防疫部门做出的安排。同时向当地旅游行政管理部门报告,并提供团队的详细情况。

② 旅游团队所在地旅游行政管理部门接到疫情报告后,要积极主动配合当地卫生防疫部门做好旅游团队住宿的旅游饭店的消毒防疫工作,以及游客的安抚、宣传工作。如果卫生防疫部门做出就地隔离观察的决定后,旅游团队所在地旅游行政主管部门要积极安排好旅游者的食宿等后勤保障工作;同时,向上一级旅游行政管理部门报告情况,并及时将有关情况通报组团社所在地旅游行政管理部门。

③ 经卫生防疫部门正式确诊为传染病病例后,旅游团队所在地旅游行政管理部门要积极配合卫生防疫部门做好消毒防疫工作,并监督相关旅游经营单位按照国家有关规定采取消毒防疫措施;同时,向团队需经过地旅游行政管理部门通报有关情况,以便及时采取相应防疫措施。

④ 发生疫情所在地旅游行政管理部门接到疫情确诊报告后,要立即向上一级旅游行政管理部门报告。省级旅游行政管理部门接到报告后,应按照团队的行程路线,在本省范围内督促该团队所经过地区的旅游行政管理部门做好相关的消毒防疫工作。同时,应及时上报国家旅游局。国家旅游局在接到相关报告后,要主动了解、核实有关信息,及时上报国务院,并协调相关地区和部门做好应急救援工作。

(2) 重大食物中毒事件应急救援处置程序。

① 旅游团队在行程中发生重大食物中毒时,随团导游员应立即与卫生医疗部门取得联系救助,同时向所在地旅游行政管理部门报告。

② 事发地旅游行政管理部门接到报告后,应立即协助卫生、检查防疫等部门认真检查团队用餐场所。找出毒源,采取相应措施。

③ 事发地旅游行政管理部门在向上级旅游行政管理部门报告的同时,应向组团旅行社所在地旅游行政管理部门通报有关情况,并积极协助处理有关事宜。国家旅游局在接到相关报告后,要主动了解、核实有关信息,并及时协调相关地区和部门做好应急救援工作。

3. 突发社会安全事件的应急救援处置程序

① 当发生港澳台和外国旅游者伤亡事件时,除积极采取救援外,要注意核查伤亡人员的团队名称、国籍、性别、护照号码以及在国内外的保险情况,有省级旅游行政管理部门或通过有关渠道,及时通知港澳台地区的急救组织或有关国家的急救组织,请求配合处理有关救援事项。

② 在大型旅游节庆活动中发生突发事件时,由活动主办部门按照活动应急预案,统一指挥协调有关部门维持现场秩序,疏导人群,提供救援,当地旅游行政管理部门要积极

配合,做好工作,并按照规定及时上报事件有关情况。

4. 国(境)外发生突发事件的应急救援处置程序

在组织中国公民出国境旅游中发生突发事件时,旅行社领队要及时向所属旅行社报告,同时报告我国驻所在国或地区使(领)馆或有关机构,并通过所在国家或地区的接待社或旅游机构等相关组织进行救援,要接受我国驻所在国或地区使(领)馆或有关机构的领导和帮助,力争将损失降到最低程度。

第二节 旅游保险法律法规制度

一、旅游保险制度概述

在当今时代,旅游业已成为现代经济中一个十分重要的产业,它是当代社会人们生活质量不断提高的一个重要标志。但是,在旅游活动中,无论是旅游者,还是旅游业经营者,都会存在着各种风险,如旅游者在旅游中可能发生的人身重大伤害、财物丢失等等;而旅游业经营者则要承担可能出现的各种经营风险。于是,旅游保险便应运而生了。在国外,旅游保险如同其他保险,十分发达,保险法律制度也较为完善。但在我国,旅游保险如同整个保险业,经历了一个发展缓慢、充满曲折的过程。随着我国经济建设的迅速发展和经济体制改革的不断深入,保险业在国民经济中的地位越来越显得重要,保险法体制必将会日趋完善。

(一)保险

1. 保险的概念

根据我国《保险法》规定,保险指投保人根据合同的约定,向保险人支付保险费;保险人对于合同约定的可能发生的事故原因及发生所造成的财产损失承担赔偿保险金责任,或者当被保险人死亡、伤残、患病或者达到合同约定的年龄、期限时承担给付保险金责任的商业保险行为。

2. 保险的意义

保险,是多数人的互助协作行为,其实现必须靠多数人的互助共济,且只限于具备一定条件的人才能利用,其意义在于:

(1)保险是对意外事故造成的经济损失采取的补救措施;

(2)可以应付个别单位或者个人难以预测的意外事故,用较少的支出取得经济上较大的保险收益。

(二)旅游保险

1. 旅游保险的概念

旅游保险是保险业在人们旅游活动中的体现。它指投保人根据合同的约定,向保险人支付保险费;保险人对于合同约定的在旅游活动中可能发生的事故所造成的财产损失承担赔偿保险金责任,或者当被保险人在旅游活动中死亡、伤残、疾病时承担赔偿保险金责任的商业保险行为。

2. 旅游保险的特点

(1)保证性。是指保险人对被保险人在旅游全过程中的安全负责,即对被保险人在旅游全过程中的人身和财产安全负责。保险人向旅游者保证在其遭受自然灾害或意外事故时,给予经济赔偿。

(2)补偿性。是指被保险人所得到的补偿费,具有补救的性质。它包含两层含义:第一,被保险人财产和人身在旅游中完好无损,不能得到赔偿;若其财产或人身虽有损伤,但不是自然灾害或意外事故造成的,仍不能获得赔偿。第二,这种赔偿是以保险金额来确定的,其最高赔偿额只能以保险金额为限度,超过部分保险人不承担赔偿责任。

(3)短期性。是指与其他保险相比,旅游保险的有效性是比较短的。其中有的以旅行的旅程计算;有的以游览景点或游览次数计算等。

二、旅游保险合同

(一)保险合同的概念与构成要素

保险是基于保险合同而产生的,保险合同是保险关系得以产生的依据。根据我国《保险法》的规定,保险合同指投保人与保险人约定保险权利义务关系的协议。一个保险合同必须具备保险合同主体、客体和内容三个要素。

1. 保险合同的主体

保险合同的主体指保险合同的参加者或当事人和关系人。保险合同的参加者或当事人包括保险人和投保人。保险人又称承保人,指依法成立的、在保险合同成立时有权收取保险费、并于保险事故发生时承担赔偿责任的人,即经营保险事业的组织。我国《保险法》第九条将保险人定义为:"保险人是指与投保人订立保险合同,并承担赔偿或者给付保险金责任的保险公司。"投保人,又称要保人,指对保险标的具有保险利益,向保险人申请订立保险合同,并负有交付保险费义务的人。我国《保险法》第九条规定:"投保人是指与保险人订立保险合同,并按照保险合同负有支付保险费义务的人。"投保人可以是自然人,也可以是法人,必须具有可保利益。可保利益可以是自己的,也可以是他人的。

保险合同的关系人,包括被保险人和受益人。被保险人,指保险事故发生时,遭受损害、享有赔偿请求权的人。我国《保险法》第二十一条将被保险人定义为:"被保险人是指其财产或者人身受保险合同保障,享有保险金请求权的人。"投保人与被保险人在有的保险合同中是同一人,有的又不是同一人。

受益人,又称保险金受领人,指由投保人或者被保险人在保险合同中指定的,于保险事故发生时,享有赔偿请求权的人。我国《保险法》第二十一条规定:"受益人是指人身保险合同中由被保险人或者投保人指定的享有保险金请求权的人。"受益人可以是投保人或被保险人,也可以是第三人。如果投保人或者被保险人没有在保险合同中指明受益人,则被保险人的法定继承人为受益人。

2. 保险合同的客体

保险合同的客体,又称保险标的,是指保险合同双方当事人权利和义务指向的对象。我国《保险法》规定:"保险标的是指作为保险对象的财产及其有关利益或者人的寿命和身体。"由此,保险标的可分为两类:一类是财产及其有关利益;一类是人的寿命和身体。

(1) 财产及其有关利益。财产,指现实存在的、并为人们所控制和利用而具有经济价值的生产资料和消费资料。它包括动产和不动产、有形物和无形物。财产保险合同的客体一般是有形物,但当财产遭受损失时,除了财产本身的经济损失外,还会连带引起各种利益以及责任和信用等无形物的损失,后者也往往成为财产保险合同的标的。

(2) 人的寿命和身体。这里所说的人,是指已经出生且具有生命的自然人,尸体、胎儿以及法人等不能列入其内。人身保险合同的客体不是物,而是人,即人的寿命和身体。这种保险标的无法用价值来衡量,因而在订立保险合同时,预先由双方当事人约定保险金额。因此,在人身保险中,保险标的与被保险人往往是合二为一的。

保险按照保险标的的分类,可分为财产保险和人寿保险。财产保险可分为财产保险、责任保险、信用保险等;人寿保险可分为意外保险、健康保险、医疗保险等。

3. 保险合同的内容

保险合同的内容,即保险合同双方当事人的权利和义务。由于保险合同一般都是依照保险人预先拟订的保险条款订立的,因而在保险合同成立后,双方当事人的权利和义务就主要体现在这些条款上。

按照我国《保险法》规定,保险合同的主要条款一般应包括以下几个方面的事项:

(1) 保险人名称和住所;

(2) 投保人、被保险人名称和住所,以及人身保险的受益人的名称和住所;

(3) 保险标的;

(4) 保险责任和责任免除;

(5) 保险期间和保险责任开始时间;

(6) 保险价值;保险金额;

(7) 保险费以及支付办法;

(8) 保险金赔偿或者给付办法;

(9) 违约责任和争议处理;

(10) 订立合同的年、月、日。

根据《保险法》的规定,订立保险合同,保险人应当向投保人说明合同条款内容,并可以就保险标的或者被保险人的有关情况提出询问,投保人应当如实告知。

(二) 旅游保险合同的特征和形式

旅游保险合同是保险合同中的一种,是各类旅游保险合同的总称。它是指旅游保险关系双方当事人之间,即投保人与保险人之间约定在旅游活动中的保险权利和义务关系的协议,是保险合同在旅游活动中的一种体现。

1. 与其他保险合同相比旅游保险合同的特征

(1)合同约定的赔偿范围发生在旅游期间;

(2)投保人可以是旅游企业,也可以是旅游者个人或旅游团队,被保险人一般是旅游者;

(3)保险标的具有综合性,既有财产,也有人身。

2. 旅游保险合同的形式

在我国,旅游保险合同采取书面形式,最常见的有三种:

(1)保险协议形式。即双方必须共同签订旅游保险协议,并在保险协议上签名盖章,保险协议才能生效。

(2)保险单形式。即由投保人提交旅游保险申请书,由保险人即保险公司签发保险单,形成旅游保险合同。

(3)保险凭证。是一种简化的保险单。目前主要应用于旅游交通工具保险和其他旅行游览保险,如有些旅游风景区出售门票,就兼做旅游保险凭证。

三、旅游意外保险合同

目前,在我国主要有旅游意外保险、旅行社责任保险两大种类。旅行社责任保险已在第三章旅行社管理法规与制度中进行了介绍,在此仅对旅游意外保险合同作一探讨。

1. 旅游意外保险的概念

旅游意外保险是指旅游者参加旅游时,为保护自身利益,向保险公司支付保险费,一旦旅游者在旅游期间发生事故,按合同约定由承保保险公司向旅游者支付保险金的保险行为。因此,从目前看,旅游意外保险是旅游保险中的一个主要险种。

2. 旅游意外保险合同

旅游意外保险合同是指旅游者与承保保险公司约定在旅游活动中权利和义务的协议。旅游意外保险合同的特点在于它是以被保险人的生命和财产为保险标的,具有综合性。

(1)旅游保险合同的主体。

一是投保人。旅游意外保险合同的投保人是旅游者,即旅游者为了保护自身利益,向保险公司投保,从而成为旅游意外保险合同的投保人。

二是被保险人。旅游意外保险合同的被保险人是旅游者。国家旅游局《关于旅行社接待的海外旅游者在华旅游期间统一实行旅游意外保险的通知》中规定:"在保险有效期间内,凡由我国旅行社外联组织接待的海外来华旅游者,包括华侨、港、澳、台同胞在内(以下通称海外旅游者)均为保险对象。"

三是受益人。旅游意外保险合同的受益人可以是被保险人,即旅游者,也可以是由他指定的第三人。如果旅游者没有指定受益人的,则旅游者的法定继承人是受益人。

四是保险人。旅游意外保险合同的保险人是承保的保险公司。即旅游意外保险合同的保险人是我国境内的各类保险公司。

(2) 旅游意外保险合同的客体。

旅游意外保险合同的客体,亦即旅游意外保险标的,是旅游者的人身、生命和财产。一般来说,旅游者办理的旅游意外保险的赔偿范围应包括旅游者在旅游期间发生意外事故而引起的下列赔偿:

① 人身伤亡、急性病死亡引起的赔偿;
② 受伤和急性病治疗支出的医疗费;
③ 死亡处理或遗体遣返所需的费用;
④ 旅游者所携带的行李物品丢失、损坏或被盗所需的赔偿;
⑤ 第三者责任引起的赔偿。

(3) 旅游意外保险合同的内容。

旅游意外保险合同的内容,也就是旅游意外保险合同双方当事人的权利和义务,一般都是依照保险公司预先拟定的保险条款订立的。主要有:

① 保险期限。所谓保险期限,又称保险期间,是指保险合同的有效期限,也即保险人依约承担保险责任的期限,也叫保险责任的起讫期限。对于旅游意外保险期限,旅行社组织的入境旅游,旅游意外保险期限从旅游者入境后参加旅行社安排的旅游行程时开始,直至该旅游行程结束,办完出境手续出境为止。而旅行社组织的国内旅游、出境旅游,旅游意外保险期限从旅游者在约定的时间登上由旅行社安排的交通工具开始,直至该次旅行结束离开旅行社安排的交通工具为止。如果旅游者自行终止旅行社安排的旅游行程,其保险期限至其终止旅游行程的时间为止。此外,旅游者在中止双方约定的旅游行程后自行旅游的,不在旅游意外保险之列。

② 保险金额。保险金额,简称保额,是指保险人承担赔偿或者给付保险金责任的最高限额,也是投保人对保险标的的实际投保金额。旅游者办理的旅游意外保险金额一般不低于以下基本标准:

入境旅游,每位旅游者30万元人民币;
出境旅游,每位旅游者30万元人民币;
国内旅游,每位旅游者10万元人民币;
一日游(含入境旅游、出境旅游与国内旅游),每位旅游者3万元人民币。

旅游者参加登山、狩猎、漂流、汽车及摩托车拉力赛等特种旅游项目,可在上列旅游意外保险金额基本标准之上,按照该项目的风险程度,与保险公司商定保险金额。

③ 保险金赔偿或者给付办法。旅游意外保险索赔有效期限,一般应自事故发生之日起180天内为限;还规定了当旅游者在保险有效期限内发生保险责任范围内的事故时,旅游者应及时取得事故发生地公安、医疗、承保保险公司或其分、支公司等单位的有效凭证,并由旅游者同承保保险公司办理理赔事宜。

(4) 旅游意外保险的性质。

根据我国《保险法》的规定:"投保人和保险人订立保险合同,应当遵守公平互利、协

第九章 旅游安全与保险管理法律制度

商一致、自愿订立的原则,不得损害社会公共利益。""除法律、行政法规规定必须保险的以外,保险公司和其他单位不得强制他人订立保险合同。"

保险合同可分为自愿保险合同和强制保险合同两种。旅游意外保险属于自愿保险。《旅行社条例实施细则》第51条规定:"旅行社从事旅游业务经营活动,必须投保旅行社责任保险。旅行社在与旅游者订立旅游合同时,应当推荐旅游者购买相关的旅游者个人保险。"由此可见,旅行社投保旅行社责任险,属于强制保险,而旅游意外保险是由旅游者自主决定是否购买的个人保险,属于自愿保险的性质。保险公司和旅行社或其他单位不得强制旅游者购买旅游意外保险。

 本章小结

本章主要学习了旅游安全及旅游保险的法律知识。在实践中,旅游者的安全和保障是旅行社与旅游者都最为关心的内容。在旅游安全中,国家及旅游经营的企业都承担着保障旅游者安全的职责。面对安全事故,要履行法律规定的程序。为了保障在旅游安全中可能出现的事故,旅游保险作为一种特殊的保险形式,用以保障旅游者在旅行游览中遭遇意外事件造成损失时获得经济赔偿。旅游安全与旅游保险相辅相成、互为补充,是旅游法规中的重要的组成部分。

 思考与练习

1. 外国旅游者在华旅游期间发生伤亡情况应该如何处理?
2. 简述旅游安全事故的分类。
3. 旅游安全事故的一般处理程序是什么?
4. 旅游保险合同的形式有哪些?
5. 旅游意外保险合同的内容有哪些?

第十章 旅游者权益保护

学习目标

- 了解《消费者权益保护法》的概念；
- 掌握《消费者权益保护法》的基本原则；
- 识记旅游消费者法律地位的确立；
- 掌握旅游消费者争议的解决及法律责任。

第一节 消费者权益保护法律制度概述

一、消费者和消费者权益保护法

（一）消费的概念及分类

消费是社会再生产过程中的一个重要环节，也是最终环节。它是指利用社会产品来满足人们各种需要的过程。

消费又分为生产消费和个人消费。前者指物质资料生产过程中的生产资料和活劳动的使用和消耗。后者是指人们把生产出来的物质资料和精神产品用于满足个人生活需要的行为和过程，是"生产过程以外执行生活职能"。它是恢复人们劳动力和劳动力再生产不可少的条件。通常讲的消费，是指个人消费。旅游活动则属于个人消费。

（二）消费者和特征

1. 消费者的含义

消费，对于每一个人来说，都是无法回避的。消费自始至终伴随着生命存在的全过程。那么，应该给消费者一个什么样的定义呢？《中华人民共和国消费者权益保护法》规定："消费者为生活消费需要购买、使用商品或者接受服务，其合法权益受本法保护；本法未作规定的，受其他有关法律、法规保护。"从上述规定中可以看出，法律上的消费者，是指为生活消费需要而购买、使用商品或者接受服务的个人和单位。

消费者的定义主要包括了两个方面的内容，使用商品及其服务。消费者的特征如下：

（1）消费者的主体是购买、使用商品或接受服务的人。

《消费者权益保护法》的根本目的是为了保护人们在生活消费过程中的消费权利不受经营者的侵害。个人作为消费者是不受年龄、种族、性别、职业、教育程度、财产状况、社会地位等条件的限制，任何人无论其自身的具体情况如何，都可以成为消费者。个人为了生活需要而购买商品或服务，或使用他人购买的商品或接受由他人支付费用的服务。例如：购买房子的人，他自己在交易过程中，享有消费者的各项权利。同时消费该房子的子女、亲属等也是居住过程享有各种权利的消费者。这就是说，无论对前者而言，还是对后者来说，一旦他们的权益因消费该房屋而受到损害时，都有权依照《消费者权益保护法》的规定，要求经营者赔偿损失。

（2）消费者的消费客体包括商品和服务。

商品和服务是多种多样的，有的是用于生产消费过程中，有的是用于生活消费过程中。《消费者权益保护法》规定的消费者消费的商品和服务是指用于生活消费的那部分商品和服务。这里的商品是指通过流通过程销售的那部分产品。这里的服务是指与生活消费有关的，经营者提供的有偿的可供消费者享有的任何种类的服务。

被消费的商品和服务覆盖了人们生活的方方面面。这里需要特别注意的是，商品和服务本身必须是在法律允许提供的范围之内，消费者应当通过合法的方式或手段获得商品或接受服务，否则消费很难得到法律的保护。

（3）消费者的消费方式包括购买、使用商品和接受服务。

被消费的商品和服务是消费者自己或其他人通过一定的方式从经营者那里获得的。这里说的方式，一般包括购买、使用商品和接受服务。购买是人们有偿获得商品的直接手段，使用是人们实际消费商品的行为和过程，接受是人们直接获得、利用服务的手段。消费方式在法律允许的范围之内的，都受《消费者权益保护法》的保护。

（4）消费者的消费是生活性消费活动。

消费者是为满足生活需要而购买或使用经营者提供的商品或服务的人。这一定义告诉我们，任何人只有在其进行消费活动时才是消费者。消费活动的主要内容，一是为了生活需要而购买、使用商品；二是为了生活需要接受他人提供的服务。消费者消费的目的是为了满足个人或家庭生活需要，而不是为了生产经营的需要，这也是消费者与经营者的根本区别。

（5）消费者的权利由法律确认并得到特定保护。

作为与政府、经营者并列构成并参与市场经济运行的三大法律主体之一，消费者这一概念是人类社会发展到一定历史阶段才出现的概念，它是具有特定的经济和法律含义的概念。消费者这一概念由国家以专门的法律即《消费者权益保护法》规定和确认后，才具有了法律意义。

（三）消费者权益保护法

消费者权益保护法是调整在保护公民消费权益过程中所产生的社会关系的法律规范的总称。

我们所称的消费者保护法分为广义和狭义两种。广义的消费者保护法，是指所有涉及消费者权益保护的各种法律法规所组成的一个法律部门，又称实质意义上的消费者保护法。狭义的消费者保护法，一般仅指国家有关消费者保护的专门立法，又称形式意义上的消费者保护法，一般被冠名为某国消费者权益保护法。

我国的许多的法律都是和消费者权益有密切的关系，从全国人大的法来说，中华人民共和国的合同法中规定了买东西、接受服务怎么订合同，合同遇到了问题怎么做；民法通则中有关个人法律责任权利受到了侵害，怎样寻求补救的措施；《广告法》、《价格法》、《食品卫生法》、《产品质量法》、《航空法》、《铁路法》等关于消费者民事方面的内容。从行政法规、政府规章等方面保护消费者权益内容的法律就更多了。这些法律和消费者权益共同构成广义上的消费者权益法。从狭义上来说，我国的消费者保护基本法是1993年10月31日由第八届全国人大常委会第四次会议通过的《中华人民共和国消费者权益保护法》。该法的颁布实施，是我国第一次以立法的形式全面确认消费者的权利。此举对保护消费者的权益，规范经营者的行为，维护社会经济秩序，促进社会主义市场经济健康发展具有十分重要的意义。

从狭义的法律，到行政法规规章，再到其他的规范性的文件，这样一个系统就构成了一个我国保护消费者权益的法律体系。

二、《消费者权益保护法》的基本原则

（一）《消费者权益保护法》的特征

1. 消费者权益保护的特殊性

《消费者权益保护法》是以消费者权益为保护对象的法律，该法充分认识到消费者的弱者地位。《消费者权益保护法》特别保护消费者权益，而给予经营者一定限制，这是消费者权益保护法的最根本特征。因为消费者问题的突出（以上已论述）和消费者在经济上的弱者地位，消费者权益保护法界定了消费者阶层，对其进行特殊保护。这是其保护的特殊权益。其范围从一般日用品到高档消费品，直到服务领域，不仅涉及消费者的人身健康与安全，也涉及消费交易的公平、消费环境的改善和消费者的社会角色等各方面，涉及生活消费的各个领域。

2. 《消费者权益保护法》多为强制性、禁止性规范

传统民商法则倡导"契约自由"、"意思自治"，并以任意性规范为主。而消费者权益保护法则体现了国家对市场经济进行干预的特点，这种干预的典型特点是对"契约自由"进行限制，因此多为强制性、禁止性规范。许多国家规定生产经营者的义务，以及对标准合同条款的限制。这类规定多为禁止性的，如有违反，则对其追究法律责任。民商法一般不涉及行政责任和刑事责任，而消费者权益保护法则往往直接明确行政、刑事责任，如我国《消费者权益保护法》、《产品质量法》、《刑法》等规定，生产者、销售者如果在产品中掺杂、掺假，以假充真，以次充好，除应给予消费者民事赔偿外，有关主管行政部门可予以罚款、

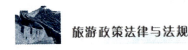

没收违法所得、吊销许可证或营业执照等行政处罚,并针对一定的销售金额而规定了刑罚。

3. 确立了无过错责任原则

消费者权益保护法的重要突破在于无过错责任的确定。民商法一般实行过错责任,而消费者权益保护法则更多采取严格的无过错责任。即产品如有缺陷并使消费者受到损失时,即使经营者在制造或销售过程中已经尽到了一切可能的注意,仍需对消费者承担责任,而消费者无须承担举证责任。此外,这种归责原则还扩大了合同效力的所及范围,即卖方不仅包括零售商,还包括批发商、制造商及为制造该产品提供零部件的供应商等;而作为消费者的买方不仅包括直接购买者,还包括其亲属、亲友以及受到该产品伤害的其他人。

4. 调整方式的直接性

消费者权益保护立法的产生与发展,经历了三个时期:萌芽时期;传统民商法间接调整时期;消费者权益保护法直接调整时期。从19世纪末开始,最早的消费者保护法律产生,伴随着对传统民商法的平等、诚实、公平等原则加以修正,而对消费者权益直接加以特别保护。

5. 在立法形式方面有了突破

目前,各国消费者权益保护立法已形成相对完善的法律体系,许多国家制定了保护消费者权益的基本法,与各种具体保护消费者权益的法律规范相配套,形成了庞大的消费者权益保护体系,是经济法中市场规制方面的重要法律。

(二)《消费者权益保护法》的调整对象

根据消费者权益保护法第2、3、54条的规定,该法的适用对象可以从以下三方面理解:

(1)消费者为生活消费需要购买、使用商品或者接受服务的,适用消费者权益保护法。

(2)农民购买、使用直接用于农业生产的生产资料时,参照消费者权益保护法执行。消费者保护法的宗旨在于保护作为经营者对立面的特殊群体——消费者的合法权益。农民购买直接用于农业生产的生产资料,虽然不是为个人生活消费,但是作为经营者的相对方,其弱者地位是不言而喻的。所以,消费者保护法第54条将农民购买、使用直接用于农业生产的生产资料行为纳入该法的保护范围。

(3)经营者为消费者提供其生产、销售的商品或者提供服务,适用消费者权益保护法。消费者权益保护法以保护消费者利益为核心,在处理经营者与消费者的关系时,经营者首先应当遵守该法的有关规定;该法未做规定的,应当遵守其他有关法律、行政法规的规定。

所以,消费者权益保护法的调整对象包括消费者、经营者、农民三类。

(三)《消费者权益保护法》的基本原则

《消费者权益保护法》的原则是指贯彻于消费者权益保护法之中的、保护消费者利益的基本准则,是在市场经济条件下国家将消费者作为特殊主体对其权益加以保护的客观要求在法律上的反映。它对《消费者权益保护法》的制定、执行、使用以及解释具有普遍指导意义,是贯穿于《消费者权益保护法》始终的基本准则和基本精神。

1. 自愿、平等、公平、诚实信用的原则

(1) 自愿原则。是指消费者在与生产经营者进行商品或服务的交易活动中,双方均能充分自主地表达自己的真实意愿,一方不得对另一方施以强迫,也不允许第三者从中干预,任何采用欺诈、强迫、胁迫等手段进行的交易都应归于无效。自愿原则给予了消费者一方充分的自由,这种自由主要表现在以下两个方面:第一,消费者可以根据自己的意愿决定进行某种交易或不进行某种交易。也就是消费交易的进行是消费者真实意思表示,生产经营者无权干涉。第二,消费者有权根据自己的意志选择交易行为的对象和相对人。

(2) 平等原则。这是指在消费活动中当事人法律地位平等,任何一方不得把自己的意志强加给对方,当事人平等地享受权利和负担义务,其合法权益受法律平等保护,平等地承担相应的责任。

(3) 公平原则。这是指消费法律关系当事人从事交易,要符合等价交换这一商品经济本质要求。

(4) 诚实信用原则。这是指交易双方恪守诺言,诚实不欺,在追求自己利益的同时不损害他人和社会利益。

2. 国家对消费者利益保护的原则

(1) 消费者依法行使权利。消费者在法定的范围内,以法定的方式行使权利,国家法律予以保护,否则就有可能自行承担不利后果。

(2) 国家对消费者的合法权益不受侵害负有法律义务。相关国家机关要履行法定职责,加强监督,预防和及时制止危害消费者人身、财产安全的行为,对经营者在提供商品和服务过程中侵害消费者合法权益的违法犯罪行为进行惩处。

(3) 国家采取措施,保障消费者依法行使权利,维护消费者的合法权益。如行政处罚等。

3. 动员社会力量保护消费者利益原则

保护消费者权益仅凭有关国家机关的工作是难以胜任的,必须依靠全社会的力量,才能建立起消费者权益的保护机制,使消费者的合法权益得到最充分、最有效的保护。

第二节　旅游消费者的法律地位

一、旅游消费者的概念及特征

旅游者如果通过旅行社进行旅游消费,享受旅游服务,就是旅游消费者。旅游消费者具备消费者的一般共性,但是也有其自己的个性。旅游消费者的显著特性是外出旅游,主要是指不在本地。根据旅游消费者的这个特性,旅游消费者指的是,离开居住地,时间为

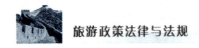

24小时以上，1年以下，不是为了定居或者谋求职业，而是进行观光、购物或者游览的人。

根据《消费者权益保护法》规定，我们知道，如果是单纯个体旅游，不依靠、不通过旅行社，也不享受旅行社的服务，当然就不能同旅行社发生任何联系，也不属于我们要讨论的旅游者范畴。综上所述，旅游者是旅游消费者，是指为了满足自身精神生活的需要，从旅游市场进行购买、使用旅游商品或者接受旅游服务的自然人。从对旅游消费者的分析中，我们知道旅游消费者具有以下三个特点：一是离开惯常住所到国内另一地方或另一国参观游览访问；二是在访问地至少停留一夜；三是不为就业或经济目的。

二、旅游消费者法律地位的确立

旅游消费者是旅游活动的重要主体，也是旅游法律关系的主体之一。保护旅游消费者的合法权益是旅游者的愿望和要求，也关系到旅游业的发展。旅游消费者通过旅行社提供的各种旅游服务来享受旅行，从而使自己的精神生活得到满足。为了使自己的这个旅行目的得以实现，旅游消费者要求自己的合法权益得到保障。从旅游业的角度来看，为旅游消费者提供高效、优质的旅游服务，保护旅游者的合法权益，是其职责所在。如果旅游业的经营活动侵犯了旅游消费者的合法权益，就会使其对旅游业丧失信心，长此以往，旅游业会受到严重的影响。从这个意义上讲，对旅游消费者合法权益的保护是为了激励和推动旅游业的发展。而旅游消费者法律地位的确立是保护其合法权益的重要因素。

（一）旅游消费者的法律地位

旅游消费者的法律地位是指世界旅游组织通过召开旅游国际会议或国家与国家通过双边、多边会议及国家通过法律确认旅游消费者在旅游活动中的性质、作用、权利和义务。它是旅游消费者在旅游活动中所处地位的法律表现。

旅游消费者通过与旅游经营者签订合同，以支付货币的方式，在旅游经营者的协助下到达旅游目的地。旅游目的地对于旅游消费者来说是生疏、陌生的，因此，旅游消费者在旅游市场交易中处于弱者地位。旅游消费者在旅游目的地进行旅游消费，包括旅游服务、旅游商品等在内的旅游消费品具有特殊性，不是旅游消费者日常生活中能够常接触到的。因此旅游消费者有可能会承担经济风险，甚至是承担生存风险。旅游消费者的利益是在旅游活动进行中实现的，利益实现的方式也不尽相同。这些原因导致了旅游消费者对旅游经营者的依赖性，使得前者在旅游市场中处于弱者地位。因此，旅游消费者的合法权益更需要法律的特殊保护。

（二）中国旅游消费者的法律地位

在我国，旅游消费者的合法权益主要由《消费者权益保护法》、《合同法》的相关规定保护。根据相关法律规范性文件规定，旅游消费者享有知情权、自主选择权、公平交易权、求偿权、受尊重权、监督权等。在这些权利中，尤以人身和财产安全不受侵害为重。旅游消费者在充分享有权利的同时，还需要自觉地履行义务，这样其需求才能得到满足。旅游消费者还应履行下列义务：

(1) 应当遵守国家的法律、法规和社会公德；
(2) 应当按照合同约定协助导游完成旅游行程计划；
(3) 尊重旅游目的地的民族风俗习惯和宗教信仰；
(4) 在旅游活动中，应当保护旅游资源，爱护旅游设施，自觉遵守旅游秩序和旅游景区、景点的安全规定和卫生规定。

第三节　旅游消费者权益保护

一、旅游消费者的合法权益与经营者的义务

（一）旅游消费者的合法权益

1. 消费者的权利

根据《消费者权益保护法》的相关规定，消费者具有下列权利：

（1）安全权。消费者在购买、使用商品和接受服务时，享有人身、财产安全不受损害的权利。消费者有权要求经营者提供的商品和服务符合保障人身、财产安全的要求。

（2）知情权。消费者享有知悉其购买、使用的商品或者接受的服务的真实情况的权利。消费者有权根据商品或者服务的不同情况，要求经营者提供商品的价格、产地、生产者、用途、性能、规格、等级、主要成分、生产日期、有效期限、检验合格证明、使用方法说明书、售后服务，或者服务的内容、规格、费用等有关情况。

（3）自主选择权。消费者有自主选择商品或者服务的权利。消费者有权自主选择提供商品或者服务的经营者，自主选择商品品种或者服务方式，自主决定购买或者不购买任何一种商品、接受或者不接受任何一项服务。消费者在自主选择商品或者服务时，有权进行比较、鉴别和挑选。

（4）公平交易权。消费者享有公平交易的权利。消费者在购买商品或者接受服务时，有权获得质量保障、价格合理、计量正确等公平交易条件，有权拒绝经营者的强制交易行为。

（5）获得赔偿权。消费者因购买、使用商品或者接受服务受到人身、财产损害的，享有依法获得赔偿的权利。

（6）依法成立维护自身合法权益的社会团体的权利。

（7）消费者享有获得有关消费和消费者权益保护方面的知识的权利。

（8）人格尊严、民族风俗习惯得到尊重的权利。消费者在购买、使用商品和接受服务时，享有其人格尊严、民族风俗习惯得到尊重的权利。

（9）监督权。消费者享有对商品和服务以及保护消费者权益工作进行监督的权利。

（10）检举、控告权。消费者有权检举、控告侵害消费者权益的行为和国家机关及其工作人员在保护消费者权益工作中的违法失职行为，有权对保护消费者权益工作提出批

评、建议。

2. 旅游消费者的合法权益

基于旅游消费者的特性,我们可以从以下几个方面具体分析旅游消费者的合法权益。

(1)旅游消费者对旅游服务真实情况有知情权。旅游消费者享受约定服务权,有权要求旅游经营者详细提供服务的内容、服务档次、服务费用的情况。

(2)旅游消费者不受欺诈权。旅游消费者享有自主选择旅游服务的权利,有权拒绝旅游经营者的强行交易行为。

(3)旅游消费者享有宗教信仰和民族风俗习惯受到尊重的权利。

(4)旅游消费者享有人身、财产安全权。旅游消费者受到损害或旅游经营者未向其提供规定旅游服务,旅游消费者可有向旅游管理部门、有关部门和组织投诉或向人民法院起诉的权利。

(5)旅游者的损害赔偿请求权和诉讼权。

(二)旅游经营者的义务

(1)经营者有义务按照法律、法规的规定或者双方的约定为消费者提供商品或者服务;

(2)经营者有听取消费者意见和接受消费者监督的义务;

(3)经营者有保障消费者人身和财产安全的义务;

(4)经营者有不作虚假宣传的义务;

(5)经营者有向消费者出具购货凭证或服务单据的义务;

(6)承担"三包"和其他责任的义务;

(7)经营者不得从事不公平、不合理的交易;

(8)尊重消费者人身权利的义务。

二、旅游消费者合法权益的保护

(1)旅行社应当维护旅游消费者的合法权益。旅行社向旅游消费者提供的旅游服务信息必须真实可靠,不得有虚假宣传。

(2)旅行社组织旅游,应当为旅游消费者办理旅游责任保险,并保证所提供的服务符合保障旅游消费者人身、财物安全的要求;对可能危及旅游消费者人身、财物安全的事宜,应当向旅游消费者作出真实的说明和明确的警示,并采取防止危害发生的措施。对旅游地可能引起旅游消费者误解或产生冲突的法律规定、风俗习惯、宗教信仰等,应事先给旅游消费者以明确的说明和忠告。

(3)旅行社组织旅游消费者旅游,应当与旅游消费者签订旅游合同,双方应就下列内容作出明确、具体的约定:旅游行程(包括乘坐交通工具、游览景点、住宿标准、餐饮标准、娱乐标准、购物次数等)安排;旅游价格;违约责任。

旅游合同签订后,旅行社应当遵守合同约定,切实注意维护旅游消费者的合法权益。

因旅行社的原因不能成团,将已签约的旅游消费者转让给其他旅行社出团时,须征得旅游消费者的书面同意。未经旅游消费者书面同意,擅自将旅游消费者转让给其他旅行社的,转让的旅行社应当承担法律责任。

（4）旅行社应当为旅游消费者提供约定的各项服务,所提供的服务不得低于国家标准或行业标准。旅行社对旅游消费者就其服务项目和服务质量提出的询问,应作出真实、明确的答复。

（5）旅行社对旅游消费者提供的服务项目,按照国家规定收费,旅行中增加服务项目需要加收费用的,应当事先征得旅游消费者的同意。旅行社提供有偿服务,应当按照有关规定向旅游消费者出具服务单据。

（6）旅行社组织旅游消费者出境旅游,应当选择有关国家和地区依法设立的信誉良好的旅行社,并在与之签订书面协议后,方可委托其承担接待工作。境外旅行社违约,使旅游消费者权益受到损失的,组织出境旅游的境内旅行社应当承担赔偿责任,然后再向违约的境外旅行社进行追偿。

（7）旅行社招徕、接待旅游消费者,应当制作和保存完整的业务档案。其中,出境旅游档案保存期最低 3 年,其他旅游档案保存期最低为 2 年。

三、旅游消费者争议的解决及法律责任

（一）争议解决的途径

《消费者权益保护法》规定,消费者和经营者发生消费者权益争议的,可以通过下列途径解决:

1. 与经营者协商和解

协商和解,是指消费者与经营者在发生争议后,就与争议有关的问题进行协商,达成和解协议,使纠纷得以解决的活动。协商和解的性质属于当事人自力救济的一种形式。因此,协商和解中,应当坚持自愿原则,并不得损害第三方利益。

2. 请求消费者协会调解

调解,是由第三人对争议双方当事人进行说服劝导、沟通调和,以促成争议双方达成解决纠纷的协议的活动。调解的性质属于私力救济,因此,消费者协会在调解中,应认真履行监督职责,严格遵守自愿原则,不得拒绝调解,调解中坚持依法公正,并且不妨碍当事人行使诉讼权。

3. 向有关行政部门申诉

行政申诉,是指公民或法人认为自己的合法权益受到损害而向行政部门提出的、要求行政部门依法保护的请求。行政申诉提出后,由行政部门依法作出处理决定,即行政裁决。行政裁决行为具有准司法行为的性质。

4. 根据与经营者达成的仲裁协议提请仲裁机构仲裁

仲裁,是由第三方根据当事人之间的仲裁协议,以中间者的身份,按照一定的程序,对

纠纷进行审理,并作出裁决的活动。仲裁具有法律强制力,可以作为法院强制执行的依据,一般应当由仲裁机构进行。

5. 向人民法院起诉

消费者争议从性质上看,一般为民事案件,对消费者而言,适用最为普遍的司法救济途径就是民事诉讼。这是指人民法院在当事人及其他诉讼参与人的参加下,依照法定程序,审理和解决民事纠纷的活动。

(二) 损害赔偿责任的承担

(1) 消费者在购买、使用商品时,其合法权益受到损害的,可以向销售者要求赔偿。销售者赔偿后,属于生产者的责任或者属于向销售者提供商品的其他销售者的责任,销售者有权向生产者或者其他销售者追偿;消费者或者其他受害人因商品缺陷造成人身、财产损害的,可以向销售者要求赔偿,也可以向生产者要求赔偿。属于生产者责任的销售者赔偿后,有权向生产者追偿。属于销售者责任的,生产者赔偿后,有权向销售者追偿。消费者在接受服务时,其合法权益受到损害的可以向服务者要求赔偿。

(2) 消费者在购买、使用商品或者接受服务时,其合法权益受到损害,因原企业分立、合并的,可以向变更后承受其权利义务的企业要求赔偿。

(3) 使用他人营业执照的违法经营者提供商品或者服务,损害消费者合法权益的,消费者可以向其要求赔偿,也可以向营业执照的持有人要求赔偿。

(4) 消费者在展销会、租赁柜台购买商品或者接受服务,其合法权益受到损害的,可以向销售者或者服务者要求赔偿。展销会结束或者柜台租赁期满后,也可以向展销会的举办者、柜台的出租者要求赔偿。展销会的举办者、柜台的出租者赔偿后,有权向销售者或者服务者追偿。

(5) 消费者因经营者利用虚假广告提供商品或者服务,其合法权益受到损害的,可以向经营者要求赔偿。广告的经营者发布虚假广告的,消费者可以请求行政主管部门予以惩处。广告的经营者不能提供经营者的真实名称、地址的,应当承担赔偿责任。

(三) 侵犯旅游消费者合法权益应承担的法律责任

1. 经营者损害旅游消费者权益行为的民事责任

经营者承担民事责任的法律依据,一是《消费者权益保护法》;二是有关法律、法规的规定。

经营者的违法行为表现为:商品存在缺陷不具备商品具备的使用性能而出售时未做说明书的;不符合在商品或者包装上注明采用的商品标准的,不符合商品说明、实物样品等方式表明的质量状况;生产国家明令淘汰的商品或者销售失效、变质商品的;销售的商品数量不足的;服务内容违反约定的;对旅游消费者提出的修理、重作、更换、退货、补充商品数量、退还货款和服务费用或者赔偿损失的要求,故意刁难或者无理拒绝的;法律、法规规定的其他损害旅游消费者权益的情形。

经营者应承担的民事责任是:

(1) 提供商品或者服务造成消费者或他人人身伤害的,应当支付医疗费、治疗期间的护理费、因误工减少的收入等费用;造成残疾的,还应支付残疾者自助用具费、生活补助费、残疾赔偿金,以及由其抚养的人所必需的生活费用等,造成死亡的,应当支付丧葬费、死亡赔偿金及死者生前抚养的人所必需的生活费用。

（2）对消费者侮辱、诽谤、搜查消费者的身体及其携带的物品,侵犯消费者人身自由的,应当停止侵害、恢复名誉、消除影响、赔礼道歉,并赔偿损失。

（3）造成消费者财产损害的,应按消费者的要求,以修理、重作、更换、退货、补足商品数量,退还货款和服务费用或赔偿损失等方式承担民事责任,有约定的,按约定履行。

（4）对国家规定或者经营者与消费者约定的"三包"的商品,要负责修理、更换或者退货,对"三包"的三大件商品,消费者要求修理、更换、退货的,经营者应当承担运输等合理费用。

（5）经营者以邮购方式、预收款方式提供商品的,应当按照约定提供,未按约定期提供的,应当按照消费者的要求履行约定或退回货款预付款,并应当承担消费者必须支付的合理费用、预付款的利息。

（6）有欺诈行为的,应当按照消费者的要求增加赔偿其受到的损失;增加后的赔偿金额为消费者购买商品价款或者接受服务费用的1倍。

2. 经营者损害旅游消费者权益行为的行政责任

经营者承担行政责任的法律依据为:《消费者权益保护法》列举的损害消费者权益的行为与其他有关法律、法规发生竞合,并且其他有关法律、法规对处罚机关和处罚方式有明确规定的,转至适用其他有关法律、法规;没有规定,或者虽有规定但未明确处罚机关和处罚方式的,由《消费者权益保护法》规定处罚机关和处罚方式。

经营者的违法行为表现为:生产、销售的商品不符合保障人身、财产安全的要求;在商品中掺杂、掺假,以假充真,以次充好,或者以不合格商品冒充合格商品的;生产国家明令淘汰商品或者销售失效、变质商品的;伪造商品的产地,伪造或者冒用他人的厂名、厂址,伪造或者冒用认证标志、名优标志等质量标准的;销售的商品应当检验、检疫而未检验、检疫或者伪造检验、检疫结果的;对其商品做引人误解的虚假宣传;对旅游消费者提出的修理、重作、更换、退货、补足商品数量、退还货款和服务费或赔偿损失的要求,故意拖延或者无理拒绝的;侵害消费者人格尊严或者侵犯消费者人身自由的;法律、法规规定的对损害消费者权益应当予以处罚的其他情形。

经营者应承担的行政责任,工商行政管理部门依《消费者权益保护法》行使处罚权。处罚方式有:责令改正、警告、没收违法所得、罚款、责令停业整顿、吊销营业执照。

3. 经营者损害旅游消费者权益应承担的刑事责任

根据《消费者权益保护法》第41、第42条的规定,经营者提供商品或者服务,造成旅游消费者或者他人人身伤害或者死亡,构成犯罪的,依法追究刑事责任。

4. 国家机关工作人员的法律责任

国家机关工作人员有玩忽职守或者包庇经营者侵害消费者合法权益行为的,由其所在单位或者上级机关给予行政处分;情节严重,构成犯罪的,依法追究刑事责任。

5. 阻碍行政执法人员依法执行职务的法律责任

以暴力、威胁方法阻碍有关行政部门工作人员依法执行职务的,依法追究刑事责任;

拒绝、阻碍有关行政管理部门工作人员依法执行职务，未使用暴力、威胁方法的，由公安机关依照《治安管理处罚条例》的规定处罚。

案例阅读

【案情介绍】

2006年6月4日李女士一家一行6人报名参加某旅行社组织的华东五市双卧7日游，当日签订旅游合同，并按照每人850元缴纳了旅游费。该旅游团为散客拼团，旅游过程中地接社导游未征得游客同意，也未向旅行社报告，擅自增加苏州乘船游运河、购买珍珠等旅游项目。同团其他游客的旅游费分别是：770元/人和780元/人。李女士知情后，要求旅行社赔礼道歉，并退还增加自费项目款和旅游费差价。

【分析与提示】

（1）关于增加自费项目的问题。游客抵达旅游目的地后，地接社导游未征得游客同意，也未向旅行社报告，擅自增加苏州乘船游运河、购买珍珠等旅游项目。旅游合同已经签订生效后，当事双方应当按照约定全面履行自己的义务，不得擅自变更和解除合同。导游人员是经旅行社委派，负责按照旅行社确定的接待计划安排旅游者游览，在游览过程中地接社导游员未征得游客同意擅自增加旅游项目，其行为违反《导游员管理条例》，导游在旅游过程中的行为属于职务行为，应认定为旅行社违反合同约定，未征得游客同意擅自增加自费项目，旅行社应承担违约责任。导游员违反《导游员管理条例》另案处理。

（2）关于旅游报价的问题。李女士旅游费850元/人，而为同团其他游客签订合同的其他两家旅行社报价分别是770元/人、780元/人。旅游合同已经签订生效后，对当事人具有法律约束力，当事双方应当按照约定全面履行自己的义务，不得擅自变更或者解除合同，也就是说，旅游者应当按照合同约定向旅行社缴纳旅游费，旅行社收到旅游者缴纳旅游费后，按照双方合同约定的行程安排旅游者游览。旅游报价属于市场调节价格，不属于政府定价范围，当事双方签订合同时对旅游价格已经有明确约定，旅游者应当按照合同约定的旅游报价向旅行社支付旅游费，旅行社不承担退还部分旅游费责任。

本章小结

旅游业的健康有序发展，要求旅游企业做到诚信，也要求对旅游消费者的合法权益予以保护。国家制定了一系列法律、法规及其他规范性文件，对旅游法律关系进行调整。本章主要学习和掌握：消费者权益保护法的基本原则、旅行社经营者对消费者权益的保护、消费者权益争议的解决及侵犯消费者合法权益应承担的法律责任。

 思考与练习

1. 简述《消费者保护法》的概念和特点。
2. 《消费者保护法》的基本原则是哪些？
3. 旅游消费者的权利与义务有哪些？
4. 消费者和经营者发生权益争议的解决的途径是什么？
5. 侵犯旅游消费者合法权益应承担哪些法律责任？

第十一章 旅游投诉处理法规与制度

学习目标

- 了解旅游投诉的概念；
- 识记旅游投诉的原因；
- 掌握旅游投诉的管理部门；
- 掌握旅游投诉的受理程序。

第一节 旅游投诉制度概述

一、旅游投诉的概念和特点

（一）旅游投诉的概念

旅游投诉，是指旅游者、海外旅行商、国内旅游经营者为维护自身和他人的旅游合法权益，对损害其合法权益的旅游经营者和有关服务单位，以书面或口头形式向旅游行政管理部门提出投诉，请求处理的行为。

1. 旅游投诉者

旅游投诉者指的是认为自己的合法权益受到侵害，以自己的名义请求旅游行政管理部门维护旅游权而使投诉成立的人。主要指旅游者、海外旅行商、国内旅游经营者。

根据投诉规定，旅游投诉者的权利包括：有权了解投诉的处理情况；有权请求调解；有权与被投诉者和解；有权放弃或者变更投诉请求。旅游投诉者的义务包括：按旅游投诉规定的条件、范围投诉；按投诉要求向投诉管理机关递交诉状，并按被投诉者人数提出副本。递交诉状确有困难的，可以口诉，由旅游投诉管理机关记入笔录，并由本人签字。

2. 旅游被投诉者

旅游被投诉者，是与旅游投诉相对的一方，指的是被投诉侵犯旅游投诉者合法权益，可能被追究责任的人。主要指海外旅行商、国内旅游经营者和旅游从业人员。

根据投诉规定，旅游被投诉者的权利包括：有权与投诉者自行和解；有权依据事实，反驳投诉请求,提出申辩,请求保护其合法权益。旅游被投诉者的义务包括：在接到通知之日起 30 日内做出书面答复；应当协助旅游投诉机关调查核实旅游投诉,提供证据,不得隐情阻碍调查工作；确有过错并损害投诉者利益的,应主动赔礼道歉、赔偿损失,争取与投诉者和解。

从本质上讲,旅游投诉是一种顾客在认为自身合法权益受到侵害时,对旅游管理部门或是旅游企业实施服务的质量进行反馈,从而使得自身权益得到保护的制度。旅游投诉也是对旅游业者进行有效监督的一种方式。

(二) 旅游投诉的特点

1. 投诉者必须是旅游活动中的直接利害关系人

只有参与了具体的旅游活动,活动的双方才有机会发生纠纷,因此,要求投诉人为旅游活动中的直接利害关系人。从广义而言,受到损害找到第三方进行倾诉、控告的行为泛称投诉。在旅游投诉中,直接利害关系人是指在旅游活动中,人身、财产等合法权益受到旅游经营者和有关服务单位行为侵害而依法向有关机关寻求救济的旅游者、海外旅行商、国内旅游经营者。

2. 必须有合法权益受到损害行为的存在

这里有两层内容：① 合法权益。在我国,法定权益主要包括人身权和财产权。当合法权益受到侵害时,投诉人可以投诉。② 有损害行为的存在。在此,损害行为应当具有违法或是违纪及违反旅游服务相关规则的性质。

3. 必须有明确的被投诉者

该特征要求投诉人在投诉时必须明确提出谁是被投诉人。如果没有明确的被投诉人,投诉也就不能成立。

4. 具体的投诉请求和事实根据

具体的投诉请求是指投诉人请求相关管理机构,通过法定程序保护自身合法权益的具体内容。

投诉者在向相关机关进行投诉时,在提出请求的同时,应当一并提交受到侵害的事实证据。

(三) 旅游投诉与其他诉讼的区别

旅游投诉是旅游者和旅游经营者在旅游活动中,认为为其提供服务的旅游经营者侵害其合法权益,向相关部门用书面或是口头形式提出投诉请求处理的行为。这与民事诉讼等其他诉讼有相似之处。为了正确把握旅游投诉,必须了解它们之间的区别。

1. 旅游投诉与民事诉讼

民事诉讼是指人民法院、当事人和其他诉讼参与人,在审理民事案件的过程中,所进行的各种诉讼活动,以及由这些活动所产生得各种关系的总和。旅游投诉与民事诉讼的主要区别表现在：

(1) 解决机构不同。旅游投诉的解决机关是各地旅游行政管理机关或是当地的消费者协会。民事诉讼的受理机关为各级人民法院。

(2) 依据的法律不同。旅游投诉解决时所依据的是《旅游投诉暂行规定》。法院在审理民事案件时,依据的是《民事诉讼法》。前者是由国家旅游局发布的,属于部门规章,而后者是由全国人民代表大会常务委员会发布的,属于法律。两者在法律效力上有着明显的区别。

2. 旅游投诉与行政复议

行政复议是公民、法人或其他组织认为行政机关的具体行政行为侵犯其合法权益,依法向法定的行政机关提出申请,由受理机关根据法定程序对具体行政行为的合法性和适当性进行审查并作出相应决定的活动。它与旅游投诉相似之处在于都是由行政机关解决争议,都属于行政机关作出的具体行政行为,都是在行政程序中进行。旅游投诉与行政复议的主要区别表现在:

(1) 发生的时间不同。旅游投诉发生在行政复议之前。旅游投诉是向旅游管理部门提出的申请,而行政复议是当事人对旅游行政机关的处理结果不满时,向旅游行政机关的上一级行政机关或是同级人民政府提出的。行政复议具有监督行政的作用,这对投诉者的权利提供了进一步的保障。

(2) 依据的法律不同。旅游投诉解决时是根据《旅游投诉暂行规定》。行政复议在解决旅游投诉相关问题时,依据的是《行政复议法》的相关规定。根据《旅游投诉暂行规定》的相关规定,投诉人或者被投诉人对旅游投诉管理机关作出的处理决定或行政处罚决定不服的,可以在接到处理决定通知书之日起15日内,向处理机关的上一级旅游投诉管理机关申请复议。

3. 旅游投诉与行政诉讼

行政诉讼是公民、法人或其他组织认为行政机关的具体行政行为侵犯其合法权益时,依法向人民法院提起诉讼,由人民法院进行审理并作出裁决的活动。旅游投诉与行政诉讼的主要区别表现在:

(1) 性质不同。旅游投诉是行政行为,是行政机关根据相关规定行使行政权的具体行政行为;行政诉讼属于诉讼行为,是人民法院行使审判权的活动。

(2) 受理机关不同。旅游投诉的受理机关是相关的旅游行政机关,或是消费者协会;而行政诉讼的受理机关只能是享有审判权的人民法院。

(3) 主体不同。旅游投诉的主体是投诉者和被投诉者。行政诉讼程序一旦启动,争议双方就由原来的投诉者与被投诉者转变为投诉者或是被投诉者与行政机关了。

(4) 发生的时间不同。行政诉讼是发生在旅游投诉或是行政复议之后的活动,是对投诉者或是被投诉者权利的再次救济。当投诉者或是被投诉者对旅游机关作出的投诉处理决定不服或是对复议机关的复议决定不服时,可以向人民法院提起行政诉讼。

二、旅游投诉的原因

旅游是一种消费,近年来,随着经济的发展,这种消费所占的比重越来越高,相应的旅游纠纷也在增多。旅游纠纷一般是指在旅游活动过程中,活动各方之间发生的与旅游相关的各种争议。这些争议包括合同、服务及侵权等多方面。从旅游纠纷具体内容上看常见的有旅游服务纠纷、旅游餐饮纠纷、旅游交通纠纷等;从旅游纠纷的主体上看常见的有旅游者与旅游经营单位之间的纠纷、旅游经营单位之间的纠纷、旅游单位与旅游相关部门之间的纠纷等。发生纠纷后,纠纷各方主体通过各种方式解决争议,如协商、调解及仲裁等,以求纠纷得以解决,权益受损方得到合理赔偿。旅游投诉是解决旅游纠纷的方式之一。

投诉是因为投诉者的某种需求没有得到满足,或是投诉者认为自己的合法权益受到为其提供服务的对象的侵害,而对其批评,要求对投诉者的精神或是物质损失进行赔偿。从这一角度出发引起投诉的原因可从以下几方面分析。

(一) 以主、客观原因为划分标准

理论上,与旅游活动相关的各方都可以投诉,但实践中,作为旅游消费者的游客投诉旅游经营者的占绝大多数。

1. 主观原因

旅游本身具有新奇性、体验性及旅游者的差异性。旅游本身不是以具体物体的形式存在,它的特殊性在于旅游是一种高级的精神享受,会作为一种心灵体验保存在旅游者的记忆中。在旅游活动中,每个旅游者都存在着差异,包括性别、年龄、性格、文化修养等。这些因素决定了他们对旅游有着不同的消费需求和消费心理。当旅游者对旅游本身的满意度小于期望值时,就会产生心理落差。当这种落差积累到一定程度时,便会引起投诉。

2. 客观原因

旅游经营者的服务和管理存在不足。为了追求自身利益最大化,旅游经营者提供的服务标准会降低,甚至出现延误、临时变更行程、擅自增加购物点等行为,以及在未经游客同意或在游客不明真相的情况下违规转、拼团,导游综合素质较低,旅游景点无讲解或讲解质量较差等等。由此产生的投诉,要求旅游经营者必须从自身查找原因,提高服务质量。

(二) 以旅游投诉的具体内容为划分标准

1. 对旅游质量不满引起的投诉

认为旅游经营者没有切实履行旅游合同或协议,提供价质相符的旅游服务。旅行社在给旅游者提供的旅游说明材料中,必须对所提供的旅游服务作真实、清楚和全面的说明。如果所作说明与实际情况不符,或是模糊说明也会导致旅游者的投诉行为。如对交通工具、住宿条件、餐饮质量、旅游线路、虚假广告宣传等不满。

2. 对服务不当引起的投诉

旅游具有休闲性、意志性特点。旅游者希望通过旅游得到身心享受,旅游服务在其中起着至关重要的作用,服务质量的高低直接影响着旅游的目的。因服务不当引起的投诉主要包括服务人员的态度恶劣、旅游信息有较大偏差、导游服务质量差、自费旅游项目过多、行程规定的活动项目被轻易改变或削减等。

3. 因外界因素引起的投诉

战争、天灾、交通事故、火灾等偶发事件影响旅游活动,旅游者发生被伤害、生病、被盗

等事故。

此外,还包括其他旅游者认为旅游经营者侵害其合法权益的事件。

第二节　旅游投诉的受理与处理

一、旅游投诉受理

(一) 旅游投诉与受理机构

1. 旅游投诉受理的概念及其特征

旅游投诉受理,指的是投诉者向有管辖权的旅游投诉管理机构提出投诉,旅游投诉管理机构经审查认定为符合受理条件,予以立案的具体行政行为。

旅游投诉受理应当符合旅游投诉的立案条件,并且属于受理机关的管辖范围。作出受理与否的决定是旅游投诉管理机构所作出的具体行政行为。

2. 旅游投诉管理部门与受理机构

我国旅游投诉管理部门是县级以上(含县级)的旅游行政主管部门。

旅游投诉受理部门是旅游行政主管部门依法设置的旅游投诉的管理机构。

旅游投诉的管理机构是旅游行政主管部门的内设机构。现阶段,我国的旅游投诉机构的实际名称是根据分级原则设置的旅游质量监督管理所,由它来具体负责旅游投诉工作,代表设置它的各级旅游行政管理部门受理投诉案件,做出处理决定。

我国旅游投诉管理机构依其职责不同,分为国家旅游行政主管部门设立的国家旅游投诉管理机关和县级以上地方旅游行政主管部门设立的地方旅游投诉管理机关。

在这里需要注意的是,旅游投诉的受理管理机构只是旅游行政管理部门的一个内设机构,只是受旅游行政管理部门委托,具体负责受理旅游投诉工作,它本身不具有行政主体资格,因此它不能以自己的名义独立地作出行政行为,投诉处理决定的作出,是以它所隶属的旅游行政管理部门的名义,由此产生的法律后果也因此由旅游行政管理部门承担。

在现实中,旅游者认为自己的合法权益受到侵害时,经常会直接向为其提供旅游服务的旅游经营者投诉,要求补偿所受损失。这样的投诉与本节所说投诉是不同的两个概念,它们有着本质的区别。旅游经营者是营利性企业法人,不具有行政权。在接到投诉后,旅游经营者的职责是调查取证,核实事实,然后与旅游者协商解决矛盾。旅游管理部门是行政机关,在解决旅游投诉时,运用的是行政权。旅游者可以直接向行政机关投诉,也可以先向旅游经营者提出,如果协商不成,再向旅游行政机关提出投诉申请。

(二) 旅游投诉管理机构的职责

1. 国家旅游投诉管理机关的职责

根据投诉规定第五条,国家旅游投诉管理机关的职责是:

(1) 制定全国旅游投诉管理的规章制度并组织实施。

（2）指导、监督、检查地方旅游行政管理部门的旅游投诉管理工作。

（3）对收到的投诉，可以直接组织调查并作出处理，也可以转送有关部门处理。

（4）受理对省、自治区、直辖市旅游行政管理部门作出的投诉处理决定不服的复议申请。

（5）表彰或者通报地方旅游投诉处理工作，组织交流投诉管理工作的经验与信息。

（6）管理旅游投诉的其他事项。

2. 地方旅游投诉管理机关的职责

根据投诉规定第六条，地方旅游投诉管理机关的职责是：

（1）贯彻国家的旅游投诉规章制度。

（2）受理本辖区内的旅游投诉。

（3）受理对下一级旅游投诉管理机关作出的投诉处理决定不服的复议申请。

（4）协助上一级旅游投诉管理机关调查涉及本辖区的旅游投诉。

（5）向上一级旅游投诉管理机关报告本辖区内重大旅游投诉的调查处理情况。

（6）建立健全本辖区旅游投诉管理工作的表彰或通报制度。

（7）管理本辖区内旅游投诉的其他事项。

二、旅游投诉受理程序

旅游投诉的受理程序，指的是旅游投诉管理机构接到投诉案件后，立案审查所应遵循的方式、步骤、顺序和期间的总和。

投诉受理的程序主要包括：

（1）投诉人递交符合投诉规定的投诉状；

（2）作出受理与否的决定。

旅游投诉管理机关接到投诉状或者口头投诉，经审查，符合投诉规定受理条件的，应当及时处理；不符合投诉规定受理条件的，应当在7日内通知被投诉者不予受理，并说明理由。不符合受理条件的，主要有以下几种情况：

（1）不属于旅游投诉管理机关管辖范围；

（2）投诉者不是与本案有直接利害关系的旅游者、海外旅行商、国内旅游经营者和作业人员；

（3）没有明确的被投诉者，或者虽有明确的被投诉者，却没有具体的投诉请示和事实根据；

（4）不属于投诉规定所列的旅游投诉范围；

（5）超过投诉时效。

三、旅游投诉处理程序

旅游投诉的处理程序，是指旅游投诉管理机构受理投诉案件后，调查核实案情，作出处理决定所遵循的方式、步骤、顺序和时间。旅游处理程序主要为：

（一）通知

旅游投诉机构作出受理决定后，应当及时通知被投诉者，被投诉者应在接到通知之日起 30 日内作出书面答复。

书面答复应当载明下列事项：

(1) 被投诉事由；

(2) 调查核实过程；

(3) 基本事实与证据；

(4) 责任及处理意见。

（二）调解

调解是指旅游投诉管理机关主持投诉双方通过和解解决纠纷，达成协议的行为。

旅游投诉管理机关处理投诉案件，能够调解的，应当在查明事实、分清责任的基础上进行调解，促使投诉者与被投诉者互相谅解，达成协议。调解由行政机关主持，选择以调解的方式解决纠纷或是调解达成协议，都要求纠纷双方必须是自愿的，投诉管理机构不得强迫。

（三）投诉处理决定

旅游投诉管理机关处理投诉案件，应当以事实为根据，以法律为准绳。经调查核实，认为事实清楚、证据充分，可以分别作出如下几种决定：

(1) 属于投诉者自身的过错，可以决定撤销立案，通知投诉者并说明理由。对投诉者无理投诉，故意损害被投诉者权益的，可以责令投诉者向被投诉者赔礼道歉，或者依据有关法律、法规承担赔偿责任。

(2) 属于投诉者与被投诉者的共同过错，可以决定由双方各自承担相应的责任。双方各自承担责任的方式，可以由双方当事人自选协商确定，也可以由投诉管理机关决定。

(3) 属于被投诉者的过错，可以决定由被投诉者承担责任。可以责令被投诉者向投诉者赔礼道歉或赔偿损失及承担全部或部分调查处理投诉费用。

(4) 属于其他部门的过错，可以决定转送有关部门处理。

（四）作出旅游投诉处理决定书

旅游投诉处理决定书是旅游投诉管理机关对投诉案件作出处理决定的书面文书。

旅游投诉管理机关应当以旅游投诉处理决定的形式作出处理决定，并在 15 日内送达投诉者和被投诉者。

旅游投诉管理机关作出投诉处理决定时，可以依据有关法律法规、规章的规定，对损害投诉者合法权益的旅游经营者给予行政处罚。旅游行政机关根据《旅游投诉暂行规定》可以单独或者合并对作出损害行为的被投诉者给予以下处罚：

(1) 警告；

(2) 没收非法收入；

(3) 罚款；

(4) 限期或停业整顿；

(5) 吊销旅游业务经营许可证等有关证件；

(6) 建议工商行政管理部门吊销其工商营业执照。

旅游投诉管理机关作出的行政处罚决定应当写入投诉处理决定书。

凡涉及对直接责任人给予行政处分的，由其所在单位根据有关规定处理。

案例阅读

【案情介绍】

十一黄金周期间，王先生等30名游客参加了某旅行社组织的某地旅游活动。黄金周期间铁路运力紧张，旅行社原预定的火车票在临出团时被告知已没有。旅行社经过努力，更改了车次及火车站。由于车次的变更，游客的行程比合同约定的时间少了半天，游客提出顺延一天返回的要求。但是某地地接旅行社已按照原计划购买了回程火车票。旅行社与王先生等游客协商，提出可赔偿少旅游半天的损失，但是双方未能达成一致，王先生等30名游客拒绝返回。王先生等30名游客在旅游目的地滞留多日。返回出发地后王先生等30名游客，以旅行社违约为由，向旅游行政主管部门提出投诉，要求旅行社赔偿他们减少半天游览的损失和在旅游目的地滞留期间的食宿费用。

【分析与提示】

(1) 旅行社违反合同约定，应当承担违约责任。旅行社应当赔偿由此造成的火车票价格差额及减少半天游览的损失及违约金。

(2) 旅游者扩大的损失不能得到赔偿。旅游者以旅行社违约为由，不顾旅行社愿意赔偿的表示，强行滞留使食宿费用增加。根据《中华人民共和国民法通则》第一百一十四条规定："当事人一方因另一方违反合同受到损失的，应当及时采取措施，防止损失扩大。没有及时采取措施致使损失扩大的，无权就扩大的损失要求赔偿。"因此，王先生等30名旅游者应当自行承担在旅游目的地滞留期间的食宿费用。

本章小结

旅游投诉是保护旅游者、旅游经营者的合法权益的一种手段。及时、公正处理旅游投诉，有利于规范旅游活动，维护国家声誉。本章通过了解旅游投诉的概念，识记旅游投诉的原因，掌握旅游投诉受理和处理的程序引导学生掌握旅游投诉这一重要制度。

思考与练习

1. 简述旅游投诉的概念和特点。

2. 旅游投诉的原因是什么?
3. 旅游投诉中投诉者的权利和义务有哪些?
4. 被投诉者的义务有哪些?
5. 简述旅游投诉的处理程序。

图书在版编目(CIP)数据

旅游政策法律与法规/吴璇欧、张岩岩主编.
—上海:复旦大学出版社,2010.4(2015.6重印)
(复旦卓越·21世纪旅游管理系列)
ISBN 978-7-309-07170-2

Ⅰ.旅… Ⅱ.①吴…②张… Ⅲ.①旅游业-方针政策-中国
②旅游业-法规-中国 Ⅳ.①F592.0②D922.296

中国版本图书馆 CIP 数据核字(2010)第 051564 号

旅游政策法律与法规
吴璇欧 张岩岩 主编
责任编辑/罗 翔

复旦大学出版社有限公司出版发行
上海市国权路 579 号 邮编:200433
网址:fupnet@fudanpress.com http://www.fudanpress.com
门市零售:86-21-65642857 团体订购:86-21-65118853
外埠邮购:86-21-65109143
上海浦东北联印刷厂

开本 787×1092 1/16 印张 17.75 字数 370 千
2015 年 6 月第 1 版第 4 次印刷
印数 9 301—11 400

ISBN 978-7-309-07170-2/F·1584
定价:35.00 元

如有印装质量问题,请向复旦大学出版社有限公司发行部调换。
版权所有 侵权必究